唐宋湖南移民史研究

A Study of the History of Hunan Immigration in the Tang and Song Dynasties

薛政超 著

中国社会科学出版社

图书在版编目（CIP）数据

唐宋湖南移民史研究／薛政超著．—北京：中国社会科学出版社，2015.12
（中国社会科学博士后文库）
ISBN 978-7-5161-7226-1

Ⅰ.①唐… Ⅱ.①薛… Ⅲ.①移民—研究—湖南省—唐宋时期 Ⅳ.①D691

中国版本图书馆 CIP 数据核字（2015）第 291095 号

出 版 人	赵剑英
责任编辑	刘　芳
责任校对	王　斐
责任印制	王　超

出　　版	中国社会科学出版社
社　　址	北京鼓楼西大街甲 158 号
邮　　编	100720
网　　址	http://www.csspw.cn
发 行 部	010-84083685
门 市 部	010-84029450
经　　销	新华书店及其他书店
印刷装订	北京君升印刷有限公司
版　　次	2015 年 12 月第 1 版
印　　次	2015 年 12 月第 1 次印刷
开　　本	710×1000　1/16
印　　张	17.75
字　　数	300 千字
定　　价	66.00 元

凡购买中国社会科学出版社图书，如有质量问题请与本社营销中心联系调换
电话：010-84083683
版权所有　侵权必究

第四批《中国社会科学博士后文库》
编委会及编辑部成员名单

（一）编委会

主　任：张　江

副主任：马　援　张冠梓　俞家栋　夏文峰

秘书长：张国春　邱春雷　刘连军

成　员（按姓氏笔画排序）：

卜宪群　方　勇　王　巍　王利明　王国刚　王建朗　邓纯东
史　丹　刘　伟　刘丹青　孙壮志　朱光磊　吴白乙　吴振武
张车伟　张世贤　张宇燕　张伯里　张星星　张顺洪　李　平
李　林　李　薇　李永全　李汉林　李向阳　李国强　杨　光
杨　忠　陆建德　陈众议　陈泽宪　陈春声　卓新平　房　宁
罗卫东　郑秉文　赵天晓　赵剑英　高培勇　曹卫东　曹宏举
黄　平　朝戈金　谢地坤　谢红星　谢寿光　谢维和　裴长洪
潘家华　冀祥德　魏后凯

（二）编辑部（按姓氏笔画排序）：

主　任：张国春（兼）

副主任：刘丹华　曲建君　李晓琳　陈　颖　薛万里

成　员（按姓氏笔画排序）：

王　芳　王　琪　刘　杰　孙大伟　宋　娜　苑淑娅　姚冬梅
郝丽梅　枚　章　瑾

序　言

　　2015年是我国实施博士后制度30周年，也是我国哲学社会科学领域实施博士后制度的第23个年头。

　　30年来，在党中央国务院的正确领导下，我国博士后事业在探索中不断开拓前进，取得了非常显著的工作成绩。博士后制度的实施，培养出了一大批精力充沛、思维活跃、问题意识敏锐、学术功底扎实的高层次人才。目前，博士后群体已成为国家创新型人才中的一支骨干力量，为经济社会发展和科学技术进步作出了独特贡献。在哲学社会科学领域实施博士后制度，已成为培养各学科领域高端后备人才的重要途径，对于加强哲学社会科学人才队伍建设、繁荣发展哲学社会科学事业发挥了重要作用。20多年来，一批又一批博士后成为我国哲学社会科学研究和教学单位的骨干人才和领军人物。

　　中国社会科学院作为党中央直接领导的国家哲学社会科学研究机构，在社会科学博士后工作方面承担着特殊责任，理应走在全国前列。为充分展示我国哲学社会科学领域博士后工作成果，推动中国博士后事业进一步繁荣发展，中国社会科学院和全国博士后管理委员会在2012年推出了《中国社会科学博士后文库》（以下简称《文库》），迄今已出版四批共151部博士后优秀著作。为支持《文库》的出版，中国社会科学院已累计投入资金820余万元，人力资源和社会保障部与中国博士后科学基金会累计投入160万元。实践证明，《文库》已成为集中、系统、全面反映我国哲学社会科学博士后优秀成果的高端学术平台，为调动哲学社会科学博士后的积极性和创造力、扩大哲学社会科学博士后的学术影响力和社会影响力发挥了重要作用。中国社会科学院和全国博士后管理委员会将共同努力，继续编辑出版好《文库》，进一步提高《文库》的学术水准和社会效益，使之成为学术出版界的知名品牌。

哲学社会科学是人类知识体系中不可或缺的重要组成部分，是人们认识世界、改造世界的重要工具，是推动历史发展和社会进步的重要力量。建设中国特色社会主义的伟大事业，离不开以马克思主义为指导的哲学社会科学的繁荣发展。而哲学社会科学的繁荣发展关键在人，在人才，在一批又一批具有深厚知识基础和较强创新能力的高层次人才。广大哲学社会科学博士后要充分认识到自身所肩负的责任和使命，通过自己扎扎实实的创造性工作，努力成为国家创新型人才中名副其实的一支骨干力量。为此，必须做到：

第一，始终坚持正确的政治方向和学术导向。马克思主义是科学的世界观和方法论，是当代中国的主流意识形态，是我们立党立国的根本指导思想，也是我国哲学社会科学的灵魂所在。哲学社会科学博士后要自觉担负起巩固和发展马克思主义指导地位的神圣使命，把马克思主义的立场、观点、方法贯穿到具体的研究工作中，用发展着的马克思主义指导哲学社会科学。要认真学习马克思主义基本原理、中国特色社会主义理论体系和习近平总书记系列重要讲话精神，在思想上、政治上、行动上与党中央保持高度一致。在涉及党的基本理论、基本路线和重大原则、重要方针政策问题上，要立场坚定、观点鲜明、态度坚决，积极传播正面声音，正确引领社会思潮。

第二，始终坚持站在党和人民立场上做学问。为什么人的问题，是马克思主义唯物史观的核心问题，是哲学社会科学研究的根本性、方向性、原则性问题。解决哲学社会科学为什么人的问题，说到底就是要解决哲学社会科学工作者为什么人从事学术研究的问题。哲学社会科学博士后要牢固树立人民至上的价值观、人民是真正英雄的历史观，始终把人民的根本利益放在首位，把拿出让党和人民满意的科研成果放在首位，坚持为人民做学问，做实学问、做好学问、做真学问，为人民拿笔杆子，为人民鼓与呼，为人民谋利益，切实发挥好党和人民事业的思想库作用。这是我国哲学社会科学工作者，包括广大哲学社会科学博士后的神圣职责，也是实现哲学社会科学价值的必然途径。

第三，始终坚持以党和国家关注的重大理论和现实问题为科研主攻方向。哲学社会科学只有在对时代问题、重大理论和现实问题的深入分析和探索中才能不断向前发展。哲学社会科学博士后要根据时代和实践发展要求，运用马克思主义这个望远镜和显微镜，增强辩证思维、创新思维能力，善于发现问题、分析问题，积极推动解决问题。要深入研究党和国家面临的一系列亟待回答和解决的重大理论和现实问题，经济社会发展中的全局性、前瞻性、战略性问题，干部群众普遍关注的热点、焦点、难点问题，以高质量的科学研究成果，更好地为党和国家的决策服务，为全面建成小康社会服务，为实现"两个一百年"奋斗目标和中华民族伟大复兴中国梦服务。

第四，始终坚持弘扬理论联系实际的优良学风。实践是理论研究的不竭源泉，是检验真理和价值的唯一标准。离开了实践，理论研究就成为无源之水、无本之木。哲学社会科学研究只有同经济社会发展的要求、丰富多彩的生活和人民群众的实践紧密结合起来，才能具有强大的生命力，才能实现自身的社会价值。哲学社会科学博士后要大力弘扬理论联系实际的优良学风，立足当代、立足国情，深入基层、深入群众，坚持从人民群众的生产和生活中，从人民群众建设中国特色社会主义的伟大实践中，汲取智慧和营养，把是否符合、是否有利于人民群众根本利益作为衡量和检验哲学社会科学研究工作的第一标准。要经常用人民群众这面镜子照照自己，匡正自己的人生追求和价值选择，校验自己的责任态度，衡量自己的职业精神。

第五，始终坚持推动理论体系和话语体系创新。党的十八届五中全会明确提出不断推进理论创新、制度创新、科技创新、文化创新等各方面创新的艰巨任务。必须充分认识到，推进理论创新、文化创新，哲学社会科学责无旁贷；推进制度创新、科技创新等各方面的创新，同样需要哲学社会科学提供有效的智力支撑。哲学社会科学博士后要努力推动学科体系、学术观点、科研方法创新，为构建中国特色、中国风格、中国气派的哲学社会科学创新体系作出贡献。要积极投身到党和国家创新洪流中去，深入开展探索性创新研究，不断向未知领域进军，勇攀学术高峰。要大力推进学术话语体系创新，力求厚积薄发、深入浅出、语言朴实、文风清新，力戒言之无物、故作高深、食洋不化、食古不化，不断增强我国学术话语体系的说服力、感染力、影响力。

"长风破浪会有时，直挂云帆济沧海。"当前，世界正处于前所未有的激烈变动之中，我国即将进入全面建成小康社会的决胜阶段。这既为哲学社会科学的繁荣发展提供了广阔空间，也为哲学社会科学界提供了大有作为的重要舞台。衷心希望广大哲学社会科学博士后能够自觉把自己的研究工作与党和人民的事业紧密联系在一起，把个人的前途命运与党和国家的前途命运紧密联系在一起，与时代共奋进、与国家共荣辱、与人民共呼吸，努力成为忠诚服务于党和人民事业、值得党和人民信赖的学问家。

是为序。

张江

中国社会科学院副院长

中国社会科学院博士后管理委员会主任

2015 年 12 月 1 日

序

中国历史上的断代区域移民研究，近百年来已取得丰硕成果，具体到唐宋时期的湖南移民研究，谭其骧、曹树基、吴松弟、张国雄、张伟然等先生，各有重要成果问世。有见于此，本课题要取得进展、突破，难度是非常大的。政超知难而进，以《唐宋时期的湖南移民研究》作为博士学位选题，自2004年开始，自甘寂寞，孜孜矻矻，只身在长沙等地搜集史料，达年余之久。而后又对琐碎的史料，予以细致的排比、归纳，工作量是极其巨大的，这从正文的论述及所列诸表中，便不难体会得到。自兹以后，政超历时12载，教学科研之余，仍不懈地刮垢磨光，数易其稿。迄于今日，终于杀青，将此一部沉甸甸的度越前人的著作奉献于学界。

是书在潜心研究的基础上，相当全面、深入地探讨唐、宋两代660年湖南地区的移民情况，对移民的过程、原因、影响，及其在湖南移民史上的地位与特点，提出了自己的观点。与此前成果比较而言，是书有着明显的优长之处：

其一，资料基础扎实，种类丰富。是书广泛地搜集了正史、野史、笔记、碑刻等资料，充分地考辨与利用了县志氏族志、姓氏源流、家谱等资料。资料覆盖的地域全面，其中，氏族资料的移民个案超过1万余例，覆盖面超过了湖南90%的地域。由此，是书的研究方法，便从此前的典型举例，进步到系统描述，此为是书最为重要的学术贡献。

其二，内容系统充实。举凡区域移民研究的主要方面，如动因、对策、数量、性质、路线、方式、影响等，文中都有并不流于空泛的叙述、分析、统计、考论。于移民的迁入与迁出、省际移民与县际移民、域内移民、世俗移民与非世俗移民、汉族与少数民族移民等方面，均有论列，无所偏废，尤能显示研究的周密。特别是作者将僧道移民列入考察范围，是很有见地的。将迁出移民纳入研究范围，也弥补了过去移民史的欠缺。是书认为，少数民族地区移民的迁入和迁出，影响了该地区的政治、经济和文化建设，促进了少数民族的汉化和少数民族与汉族关系的发展。作为结论，可谓发人深省，具有相当的现实意义。

其三，研究方法得当。是书虽以历史文献法为主体，但社会统计学、社会心理学、历史地理学，人口史学等方法运用得也比较自然、妥当、到位。从某种意义上说，就唐宋时期区域移民研究而言，是书是具有一定示范意义的。

李昌宪

2015年7月20日于南京大学

摘 要

全书共分为七部分。绪论综述以往湖南移民史研究的主要成果及选题意义；研究中所利用的正史、野史、笔记、碑刻等史料和县志、姓氏源流、家谱解读与家谱等资料各自的特点及使用时所遵循的一些原则；研究中所涉基本概念、研究范围和研究方法。第一章叙述唐宋时期湖南政区的沿革。第二章详述唐宋时期湖南移民的过程。一是分别叙述域际迁入移民、域际迁出移民和域内移民，各类移民中又分为官僚士大夫、割据势力和僧道等上层移民与一般民户移民加以论述；二是将大的人口迁徙背景和具体移民个案相结合论述，从唐宋湖南区域内户口的变化来探求湖南移民的情况；三是对《中国移民史》所列唐宋湖南移民实例作了全面的考证，详细说明了这些移民实例在史料、史源和史实上所存在的错误或不当之处；四是将唐宋移民个案列成表，其中来源于正史、野史、笔记和碑刻等史料者有241例，来源于氏族资料者有1374例（另见《湖南移民表》）。第三章对唐宋时期湖南移民的时空分布作了详细分析。一是域际迁入移民之时间及迁出地和迁入地的分布特征，所依据者为第二章所列1239例个案，其中来源于正史、野史、笔记和碑刻资料者183例，来源于氏族资料者1056例；二是域际迁出移民之时间及迁出地和迁入地的分布特征，所依据者是第二章所列88例个案，其中来源于正史、野史、笔记和碑刻资料者53例，来源于氏族资料者35例；三是域内移民之时间及迁出地和迁入地的分布特征，所依据者为第二章所列283例个案，全部来源于氏族资料。由于正史、野史、笔记和碑刻资料只载有5例域内移民个案，缺乏统计学意义，因而不对其作统计分析。前两部分均将正史类移民个案与氏族资料移民个案分别统计，并比较两者的差异，而这些差异实际上大体反映了上层移民与下层移民时空分布的不同之处。后一部分因正史类个案太少，只对氏族资料个案之时间、迁出地与迁入地分布及其相互关系作出分析。第四章分别论述移民的原因及其主要类型。移民原因既包括社会动乱、人稠地狭和赋役繁苛等迁出地之推力，也包括战乱时相对稳定安全、地多人少以及自然环境和社会风俗等方面的有利条件等迁入地之拉力，还包括各级政府对移民加以诱导和鼓励、政府强制性迁徙等政府力量之推动。移民类型主要有三种，一是生存性移民，包括战乱移民和部分因人稠地狭而迁的移民；二是发展性移民，一部分上层移民和大部分的开垦移民均属此类；三是强制性移民，包括政府对少数民族首领及战俘的安置、官员谪居等。第五章叙述唐宋时期湖南移民之路线和信息传递。移民路线包括水路和陆路，水路主要指洞庭湖及湘、资、沅、澧等主要水系，陆路主要有湘赣边境之袁州——醴陵线、吉州——攸县线、筠州——浏阳线和南昌——平江线，湘南与岭南间之越城岭道、萌渚岭道、骑田岭道和零陵、桂阳峤道，还有西南溪洞的交通线等。信息传递包括政府榜告、社会传闻、亲友相告和亲身游历等。第六章论述唐宋移民对湖南的影响及唐宋湖南移民在湖南移民史上之地位。唐宋湖南移民影响主要有：一是移民对区域人口的影响，其中，域际迁入移民会使本区域人口增加，域际迁出移民会使本区域人口减少，但后者的影响要远远小于前者；域内移民主要调整邻县和各区域之内的人口分布，在调整异区人口的分布上也发挥着一定的作用。二是移民对湖南区域经济发展的影响，包括对农业、手工业和商业发展的促进作用等。三是移民对湖南区域文化发展的影响，包括移民与湖南整体文化水平的提高，移民与湖湘学派的兴起，僧道移民对湖南宗教文化的影响等。四是移民对湖南区域政治的影响，包括移民促进湖南割据政权的建立和湖南政区地位的提高等。最后是移民对湖南民族关系的影响，包括促进少数民族汉化、加快少数民族地区开发等积极影响，也包括不利于边境稳定等消极影响。此外，通过从域际迁入移民（历代总计5641例）、域际迁出移民（历代总计752例）和域内移民（历代总计4184例）三个方面分别比较唐宋移民与历代移民在个案总数与比重、年平均个案等方面的差异，以及在历代移民趋势中的独特之点，从而得出有关唐宋湖南移民在湖南移民史上之地位的一些看法。

Abstract

This book consists of seven parts. The introduction reviews the main achievements and insufficiencies of formerly research on the history of Hunan immigration in Tang and Song Dynasties; the significance of this topic; the characteristics of all the materials used in this research and the principles must be followed to use them, such as official and unofficial historical materials, notes and stone inscriptions, county annals, the material of family origination, genealogies and interpretations of genealogies, and so on; the basic concepts, research scope and research methods involved in the study. Chapter 1 narrates the evolution of Hunan administrative zones in Tang and Song Dynasties. Chapter 2 relates in detail the process of Hunan migration in Tang and Song Dynasties, including types of immigrants, which are elaborated respectively according to the different historical backgrounds, such as those moved between different areas and in the same area, the upper immigrants (bureaucrats, scholars and gentry) and general civilian immigrants, the loaf invaders and common soldier immigrates in the later period of Tang and five Dynasties and the earlier period of Southern Song Dynasty. In addition, this chapter narrates the immigration of Hunan ethnic minorities and ethnic minority areas, of Hunan Buddhist monks and Daoist priests in Tang and Song Dynasties. Chapter 3 has made the multianalysis in the chapter 2 of foundation to the space – time distribution of Hunan immigrant in Tang and Song Dynasties. Chapter 4 separately describes the cause and the main type of Hunan immigration in Tang and Song Dynasties. The cause includes the thrust force of places from which immigrants moved out, such as social turmoil, too many people and too little land, the arduous payment of taxes, and so on; the pulling force of places that immigrants move to, such as chaos caused by wars, relatively peaceful environments, many lands and few population, advantages of natural environment and social custom, and so on; the strong impetus of government, such as the induce and encourage of all levels of governments, the migration forced by governments, and so on. The type of immigrants mainly consists of three categories: the survivable immigration, the developmental immigration, the compulsory immigration. Chapter 5 narrates the route and the information transmission of Hunan immigrants in Tang and Song Dynasties. The immigration route includes waterways and land routes. The waterway mainly consists of Dongting Lake and the main rivers system, such as Xiang, Zi, Yuan and Li rivers, and so on. The land route mainly consists of Yuan state – Liling county line, Ji state – You county line, Jun state – Liuyang county and Nanchang – Pingkiang line, Shao state- Yizhang county line, Zhao state – Lingling line, Xidong（溪峒）lines in southwest national minority areas. Chapter 6 elaborates the influence of Hunan immigration in Tang and Song Dynasties, and it's status in the Hunan immigration history.

Key words: Immigration; Hunan; Tang and Song Dynasties

目 录

绪 论 ·· (1)
 第一节 湖南移民史研究现状及选题意义 ···························· (1)
 第二节 研究所利用之基本史料及相关问题之说明 ················ (10)
 第三节 研究所涉及之基本概念、研究范围和研究方法 ··········· (13)

第一章 唐宋时期湖南政区沿革 ··· (16)
 第一节 唐代湖南政区沿革 ·· (16)
 第二节 五代湖南政区沿革 ·· (19)
 第三节 宋代湖南政区沿革 ·· (21)

第二章 唐宋时期湖南移民之过程 ·· (24)
 第一节 唐五代湖南之域际迁入移民 ································· (24)
 第二节 宋代湖南之域际迁入移民 ···································· (78)
 第三节 唐宋时期湖南之迁出移民 ···································· (120)
 第四节 唐宋时期湖南少数民族与少数民族地区之移民 ········· (125)
 第五节 唐宋时期湖南之僧道移民 ···································· (135)
 第六节 唐宋时期湖南之域内移民 ···································· (151)

第三章 唐宋时期湖南移民之时间与地理分布特征 ··············· (154)
 第一节 域际迁入移民之时间与地理分布特征 ···················· (154)
 第二节 域际迁出移民之时间与地理分布特征 ···················· (172)
 第三节 域内移民之时间和地理分布特征 ··························· (183)

第四章 唐宋时期湖南移民之原因与类型 ……………… (192)
    第一节 移民之原因 …………………………………… (192)
    第二节 移民之类型 …………………………………… (202)

第五章 唐宋湖南移民迁徙之路线与信息之传递 ……… (205)
    第一节 迁徙之路线 …………………………………… (205)
    第二节 信息之传递 …………………………………… (209)

第六章 唐宋湖南移民之影响及在湖南移民史上之地位 …… (213)
    第一节 唐宋湖南移民之影响 ………………………… (213)
    第二节 唐宋湖南移民在湖南移民史上之地位 ……… (238)

参考文献 ………………………………………………… (243)

索引 ……………………………………………………… (254)

跋一 ……………………………………………………… (257)

跋二 ……………………………………………………… (259)

Contents

Introduction ··· (1)

    Section 1 Research Actuality of Hunan Migration History and
Significance of the Topic ··· (1)

    Section 2 Basic Historical Materials Used in Research and
Explanation of Related Questions ························· (10)

    Section 3 Basic Concepts, Research Scope and Research
Methods Involved in the Study ····························· (13)

Chapter Ⅰ   The Evolution of Hunan Administrative Zones in the
Tang and Song Dynasties ·· (16)

    Section 1 Evolution of Hunan Administrative Zones in the Tang
Dynasty ·· (16)

    Section 2 Evolution of Hunan Administrative Zones in the Five
Dynasties ··· (19)

    Section 3 Evolution of Hunan Administrative Zones in the
Song Dynasty ·· (21)

Chapter Ⅱ   The Process of Hunan Migration in the Tang and Song
Dynasties ·· (24)

    Section 1 Hunan Interprovincial Immigrants in the Tang and
Five Dynasties ·· (24)

    Section 2 Hunan Interprovincial Immigrants in the Song
Dynasty ·· (78)

    Section 3 Hunan Interprovincial Out-migrants in the Tang and
Song Dynasties ·· (120)

Section 4 Hunan Migration of Ethnic Minorities and Ethnic Minorities areas in the Tang and Song Dynasties ...... (125)

Section 5 Hunan Migration of Buddhist Monks and Daoist priests in the Tang and Song Dynasties .... (135)

Section 6 Hunan Internal Migration in the Tang and Song Dynasties .... (151)

Chapter III The Character of Space – time Distribution of Hunan Migration in the Tang and Song Dynasties .... (154)

Section 1 Characters of Space – time Distribution of Interprovincial Immigrants .... (154)

Section 2 Characters of Space – time Distribution of Interprovincial Out – migrants .... (172)

Section 3 Characters of Space – time Distribution of Internal Migration .... (183)

Chapter IV The Cause and the Type of Hunan Migration in the Tang and Song Dynasties .... (192)

Section 1 Causes of Migration .... (192)
Section 2 Types of Migration .... (202)

Chapter V The Route and The Information Transmission of Hunan Migration in the Tang and Song Dynasties .... (205)

Section 1 Migration Routes .... (205)
Section 2 Information Transmission .... (209)

Chapter VI The Influence of Hunan Migration in the Tang and Song Dynasties, and It's Status in the Hunan Migration History .... (213)

Section 1 Influence of Hunan Migration in the Tang and Song Dynasties .... (213)

Section 2 Status of Hunan Migration of Tang and Song Dynasties in the Hunan Migration History .... (238)

Contents

References ··· (243)

Index ·· (254)

Postscript Ⅰ ··· (257)

Postscript Ⅱ ·· (259)

表目录

表2-1-1：唐五代湖南移民个案 ……………………………（58）
表2-1-2：唐代湖南州郡户数之变迁 ………………………（76）
表2-2-1：宋代湖南移民个案 ………………………………（106）
表2-2-2：北宋湖南州郡户数之变迁 ………………………（118）
表2-5-1：唐宋时期湖南僧道移民个案 ……………………（145）
表3-1-1：唐宋湖南域际迁入移民之迁出地分布之一
　　　　（正史类史料）………………………………（156）
表3-1-2：唐宋湖南域际迁入移民之迁出地分布之二
　　　　（氏族资料）…………………………………（158）
表3-1-3：唐宋湖南域际迁入移民之迁出地分析一和
　　　　分析二之时间分布差异 ………………………（160）
表3-1-4：唐宋湖南域际迁入移民之迁出地分析一和
　　　　分析二之地理分布差异 ………………………（162）
表3-1-5：氏族资料所载唐宋湖南官僚士大夫等上层
　　　　移民个案之分布 …………………………………（162）
表3-1-6：唐宋湖南域际迁入移民之迁入地分布之一
　　　　（正史类史料）………………………………（164）
表3-1-7：唐宋湖南域际迁入移民之迁入地分布之二
　　　　（氏族资料）…………………………………（167）
表3-1-8：唐宋湖南域际迁入移民之迁入地分析一和
　　　　分析二之地理分布差异 ………………………（171）
表3-2-1：唐宋湖南域际迁出移民之迁出地分布之一
　　　　（正史类史料）………………………………（173）

表3-2-2：唐宋湖南域际迁出移民之迁出地分布之二
（氏族资料）……………………………………（175）
表3-2-3：唐宋湖南域际迁出移民之迁出地分析一和
分析二之时间分布差异 ………………………（176）
表3-2-4：唐宋湖南域际迁出移民之迁出地分析一和
分析二之地理分布差异 ………………………（178）
表3-2-5：唐宋湖南域际迁出移民之迁入地分布之一
（正史类史料）…………………………………（180）
表3-2-6：唐宋湖南域际迁出移民之迁入地分布之二
（氏族资料）……………………………………（181）
表3-2-7：唐宋湖南域际迁出移民之迁入地分析一和
分析二之地理分布差异 ………………………（183）
表3-3-1：唐宋湖南域内移民之迁出地分布 ……………（185）
表3-3-2：唐宋湖南域内移民之迁入地分布 ……………（188）
表3-3-3：唐宋湖南域内移民之迁出地与迁入地分布之一致性 …（190）
表3-3-4：唐宋湖南域内移民各类型迁距个案及比重 ……（191）
表4-1-1：唐宋湖南北方迁入移民在主要动乱时期的分布 ………（193）
表4-1-2：唐宋湖南南方迁入上层移民在主要战乱时期的分布 …（194）
表4-1-3：唐宋湖南域际迁出之南方移民在主要动乱
时期的分布 ……………………………………（194）
表4-1-4：唐宋湖南自江西迁入移民在各个时段之分布 …………（195）
表6-1-1：唐宋正史列传湘籍人物分布 ……………………（222）
表6-1-2：唐宋湖南进士分布 ………………………………（224）
表6-1-3：唐宋湖南著作分布 ………………………………（225）
表6-1-4：域际迁入移民与文化发展指标在时间分布上的对比 …（228）
表6-1-5：域际迁入移民与文化发展指标在地理分布上的对比 …（229）
表6-2-1：湖南历代域际迁入移民之分布 …………………（239）
表6-2-2：湖南历代域际迁出移民之分布 …………………（240）
表6-2-3：湖南历代域内移民之分布 ………………………（241）

绪 论

第一节 湖南移民史研究现状及选题意义

一 研究现状

关于湖南移民史研究，最早发轫于20世纪30年代初谭其骧先生所撰《湖南人由来考》[①]，该文利用湖南地方志中涉及邵阳等七县的五种氏族资料，进行了详细的统计学分析，得出的结论是：湖南人来自天下，江、浙、皖、闽、赣东方之人居其什九，江西一省又居东方之什九，而庐陵一道、南昌一府，又居江西之什九；赣北之人多移湘北，赣南之人多居湘南，长沙则五方杂陈。湖南人来自历古，五代至明居其什九，元明又居此间之什九，元末明初又居元明之什九。五代以前移民多来自北方，五代后则多来自东方，南宋以前几尽为江西人，南宋后他地人渐多。清代以前，外省移民多于本省移民，外省移民又以江西人为多，清代以后本省移民渐重，而外省移民中又有福建和湖北崛起与江西并驾齐驱。自东方江西人之来湖南多为耕稼，他地之人多为官宦商贾。此外，他还在文末就谱牒史料的可信度问题提出了一些见解，认为其中有关族姓迁移的资料是可靠的（他后来关于这一问题的看法有所改变，强调谱牒中有关族姓迁移的史料不可完全相信）。谭先生此文虽未能穷尽湖南移民之史料，但其本身分析

---

① 谭其骧：《湖南人由来考》，载《长水粹编》，河北教育出版社2000年版，第163—233页。此系燕京大学研究生院硕士学位论文（1932），原名为《中国内地移民史·湖南篇》，首刊于燕京大学历史学会主办的《史学年报》1932年第4期，后被南京中央大学《方志月刊》1933年第9期转载时改为此名。

之缜密，统计之科学，在移民史研究有关理论与方法上具有首创之功，是为湖南移民史乃至区域移民史和中国移民史研究的开山力作。另外，谭先生发表于1938年的《近代湖南人中之蛮族血统》[①]一文，结合正史史料，揭露了氏族资料中所记载的湖南杨、向等大族都是中原汉族移民的假象，认为这些湖南的大族多数是当地"蛮夷"的后裔。

自此两文以后，谭先生的研究重点转向他处，其他学者也很少涉及这个领域，在相当长的时间里，湖南移民史研究陷入沉寂。直到20世纪80年代末、90年代初，湖南移民史研究才出现一些新的成果。曹树基《湖南人由来新考》[②]一文将所依据的氏族资料扩充至近20种，所覆盖的区域由《湖南人由来考》的11%扩大至20%，在分区与典型个县分析相结合的基础上，对不同原籍、不同历史时期迁来的各个氏族到民国时期的人口增长与人口分布数据进行了比较科学的统计，所得结论也更为精确：一是原籍，就氏族而论，江西、广东、苏闽各占60%—64%、12%—15%、5%—7%；就人口而言，江西、广东、江苏、福建各占70%、6%、7%、2%。二是移民时代，就氏族而论，宋以前、宋代、元代、明初、明中后期、清代各占2%—6%、13%—17%、8%—12%、31%—34%、13%—17%、22%—26%；就人口而论，宋以前、宋代、元代、明初、明中后期、清代各占17%、39%、11%、24%、4%、5%。张国雄的专著《明清时期的两湖移民》[③]对湖北、湖南在明清时期移民的过程、地理特征、动因与类型、迁移路线和信息传递，以及移民对两湖地区的人口、经济和环境的影响等作了系统的论述。其中对湖南地区移民的论述主要依据197种家谱资料（洞庭平原28种、湘中地区99种、湘南23种、湘西47种）和湖南县志，其论述固然别开生面，但其所引用资料却略显单薄。同时还有

[①] 谭其骧：《近代湖南人中之蛮族血统》，载《长水粹编》，河北教育出版社2000年版，第234—271页。此文原载于《史学年报》1938年第5期。

[②] 曹树基：《湖南人由来新考》，《历史地理》第9辑，上海人民出版社1990年版，第114—129页。此文内容后被作者等合著的《简明中国移民史》和《中国移民史》引用。

[③] 张国雄：《明清时期的两湖移民》，陕西人民教育出版社1995年版。学界对之已多有评论，主要有吴宏歧：《评张国雄〈明清时期的两湖移民〉》，《中国历史地理论丛》1996年第1期；梅莉：《〈明清时期的两湖移民〉评介》，《江汉论坛》1996年第10期；辛德勇：《读〈明清时期的两湖移民〉》，《中国史研究动态》1997年第2期；鲁西奇：《移民史研究的又一力作——张国雄著〈明清时期的两湖移民〉评介》，《人口与经济》1997年第2期。这些评论中有不少涉及该书有关湖南移民史的内容。

田方、陈一筠所著《中国移民史略》①，石方所著《中国人口迁移史稿》②，吴松弟所著《北方移民与南宋社会变迁》③ 等，对湖南人口迁移及相关问题均有涉及。张伟然《湖南历史文化地理研究》④ 则对历代移民在湖南文化发展中的影响多有论及。

随着湖南移民史研究以及其他区域与断代移民史研究的深入，葛剑雄、吴松弟、曹树基在自己及前人研究成果的基础上，先后推出《简明中国移民史》⑤ 和六卷本的《中国移民史》⑥。后者对湖南移民进行了分时段、分区域的研究。研究广泛搜集了正史、野史、笔记、墓志和碑刻等方面的资料，既勾勒出各个主要历史时期湖南移民过程和影响之大势，又详细罗列出特定时段移民之个案，点面结合，构建了迄今为止最为详细、系统的湖南移民图景。尤其对于氏族资料非常缺乏的宋代以前的湖南移民史来说，这一系统研究的意义是不言而喻的。此外，葛剑雄在《中国移民史》第一卷"导论"中首次对移民史所涉及的基本理论和概念作了全面的阐述，对湖南移民史研究无疑具有重要的指导意义。

人口迁徙与区域移民的历史过程也是历史人口地理学研究中重要的方面，其研究成果对湖南移民史研究亦具有重要参考价值，主要有：梁方仲《中国历代户口、田地、田赋统计》⑦、翁俊雄有关唐代政区与人口的

---

① 田方、陈一筠：《中国移民史略》，知识出版社1986年版。
② 石方：《中国人口迁移史稿》，黑龙江人民出版社1990年版。
③ 吴松弟：《北方移民与南宋社会变迁》，台北文津出版社1993年版。
④ 张伟然：《湖南历史文化地理研究》，复旦大学出版社1995年版。
⑤ 葛剑雄、曹树基、吴松弟：《简明中国移民史》，福建人民出版社1993年版。
⑥ 葛剑雄主编，葛剑雄、吴松弟、曹树基著：《中国移民史》（第1—6卷），福建人民出版社1997年版。学界对之评论主要有虞云国：《评〈中国移民史〉——以辽宋金元时期为中心》，《浙江学刊》1998年第1期；关文：《追寻中国历史的潜流——葛剑雄等〈中国移民史〉评价》，《中国社会经济史研究》1998年第2期；赵发国、安介生：《〈中国移民史〉的成就与特点——多卷本〈中国移民史〉讨论会报道》，《复旦学报（社会科学版）》1998年第4期；包伟民：《明代以降六百年间中国的人口流动——评〈中国移民史〉明清近代分卷》，《浙江大学学报（人文社会科学版）》1999年第6期；包伟民：《试评六卷本〈中国移民史〉——兼谈学术批评的规范问题》，《历史研究》2001年第3期；孟彦弘：《〈中国移民史〉的史料及史实问题》，《历史研究》2001年第3期；李祖基：《论清代移民台湾之政策——兼评〈中国移民史〉之"台湾的移民垦殖"》，《历史研究》2001年第3期。这些评论中有的涉及该书有关湖南移民史的部分，有的则完全没有涉及，但他们所提出的一些比较重要的问题，如史料、史源与史实等问题，对湖南移民史研究不无借鉴意义。
⑦ 梁方仲：《中国历代户口、田地、田赋统计》，中华书局2008年版。

系列论文与著作[1]、葛剑雄《西汉人口地理》[2]、冻国栋《唐代人口问题研究》[3]，以及葛剑雄、冻国栋、吴松弟、曹树基等合著的六卷本《中国人口史》[4]和王勇《湖南人口变迁史》[5]等。另外，有关历史上一些重要人口迁徙的文章，如谭其骧《晋永嘉丧乱后之民族迁徙》[6]、周振鹤《唐代安史之乱和北方人民的南迁》[7]、徐泓《明洪武年间的人口移徙》和《明永乐年间的户口移徙》[8]等，有利于深化对湖南移民在不同时期历史地位的认识。

以上是自20世纪30年代以来湖南移民史研究的一些主要成果，这些成果一方面表明了在这一领域研究已达到的高度，另一方面也反映出在湖南移民史研究中有待进一步完善、提高和深化的一些问题。

首先是资料的搜集、整理和利用。

一是氏族资料的利用范围有待进一步扩大。湖南氏族资料相对集中，所以谭其骧的区域移民史研究是选择从湖南开始的，他的《湖南人由来考》主要利用了五种氏族资料，即道光《宝庆府志·氏族表》[9]、光绪《邵阳县乡土志·氏族》[10]、光绪《武冈州乡土志·氏族志》[11]、光绪《湘阴县图志·氏族表》[12]和光绪《靖州乡土志·氏族志》[13]，覆盖湘西南、湘北

---

[1] 翁俊雄：《唐初政区与人口》，北京师范学院出版社1990年版；《唐朝鼎盛时期政区与人口》，首都师范大学出版社1995年版；《唐后期政区与人口》，首都师范大学出版社1999年版；《唐后期民户大迁徙与两税法》，《历史研究》1994年第3期。
[2] 葛剑雄：《西汉人口地理》，人民出版社1986年版。
[3] 冻国栋：《唐代人口问题研究》，武汉大学出版社1993年版。
[4] 葛剑雄主编，葛剑雄、冻国栋、吴松弟、曹树基著：《中国人口史》（第1—6卷），复旦大学出版社2000—2002年版。
[5] 王勇：《湖南人口变迁史》，湖南人民出版社2009年版。
[6] 谭其骧：《晋永嘉丧乱后之民族迁徙》，载《长水粹编》，河北教育出版社2000年版，第272—298页。此文原载于《燕京学报》1934年第15期。
[7] 周振鹤：《唐代安史之乱和北方人民的南迁》，《中华文史论丛》1987年第2、3期合刊。
[8] 徐泓：《明洪武年间的人口移徙》，载《第一届历史与中国社会变迁研讨会论文集》，台北"中央研究院三民主义研究所"1982年版；《明永乐年间的户口移徙》，《（台湾）国家科学委员会研究汇刊·人文及社会科学》1991年第2期。
[9] 道光《宝庆府志》，清道光二十九年廉溪书院刻本。
[10] 光绪《邵阳县乡土志》，清光绪三十三年刻本。
[11] 光绪《武冈州乡土志》，清光绪三十四年活字印本。
[12] 光绪《湘阴县图志》，清光绪六年湘阴县志局刻本。
[13] 光绪《靖州乡土志》，清光绪三十四年刊本。

七县，涉及湖南11%的区域。曹树基《湖南人由来新考》增至近20种，除上述四种外（光绪《武冈州乡土志·氏族志》除外），还有湘北地区：民国《南县志备忘录·氏族统计》[①]、1986年《平江县氏族档案》[②]、1988年《岳阳县氏族档案》[③]；湘南地区：民国《宜章县志·氏族》[④]、民国《嘉禾县图志·先民列传》[⑤]、民国《蓝山县图志·户籍》[⑥]、民国《汝城县志·氏族》[⑦]、光绪《永兴乡土志·氏族志》[⑧]（实际没纳入统计）；湘中地区：民国《醴陵县志·氏族志》[⑨]、1988年《长沙县氏族档案》[⑩]、光绪《耒阳乡土志·氏族》[⑪]（实际没纳入统计）；湘西地区：民国《溆浦县志·氏族志》[⑫]、民国《石门县志稿·氏族志》[⑬]、光绪《永定县乡土志·氏族》[⑭]，覆盖湖南20%的区域。在后来的《中国移民史》中，曹树基又增加了民国《桃源县志初稿·氏族志》[⑮]、民国《益阳县志·氏族》[⑯]、1989年《汉寿县志·人口志》[⑰]、1987年《安化县氏族档案》[⑱]，覆盖湖南30%左右的区域。应该说作者在搜集湖南氏族史料上是下了一番功夫的，但还是遗漏了一些重要的氏族资料，其中最主要者莫过于从民国三十六年至1949年由湖南省文献委员会主持编写的湖南200余姓《氏族源流》[⑲]，

[①] 民国《南县志备忘录》，湖南图书馆藏民国二十六年稿本。
[②] 《平江县氏族档案》，平江县志办公室1986年稿本。今见于《平江县志》，国防大学出版社1994年版。
[③] 由曹树基收集，收集时尚未完稿。
[④] 民国《宜章县志》，民国三十年活字印本。
[⑤] 民国《嘉禾县图志》，民国二十年刻本。
[⑥] 民国《蓝山县图志》，民国二十二年刻本。
[⑦] 民国《汝城县志》，民国二十一年活字印本。
[⑧] 光绪《永兴乡土志》，清光绪三十二年活字本。
[⑨] 民国《醴陵县志》，民国三十七年长沙湘行印刷厂铅印本。
[⑩] 由曹树基据1988年新修《长沙县志》及湖南社科院图书馆资料整理。
[⑪] 光绪《耒阳乡土志》，清光绪三十二年木活字印本。
[⑫] 民国《溆浦县志》，民国十年活字印本。
[⑬] 民国《石门县志稿》，民国三十三年石印本。
[⑭] 光绪《永定县乡土志》，民国九年铅印清光绪三十二年刻本。
[⑮] 民国《桃源县志初稿》，湖南图书馆藏民国三十七年稿本。
[⑯] 民国《益阳县志》，民国三十三年稿本。
[⑰] 《汉寿县志》，1989年稿本。
[⑱] 《安化县氏族档案》，1987年稿本。今见《安化县志》，社会科学文献出版社1993年版。
[⑲] 民国湖南诸姓《氏族源流》（200余册），湖南图书馆藏民国三十六年—1949年稿本。

并在此基础上编成的 12 册《湖南省志稿氏族志稿初编》①，有些县的姓氏源流还被集结成册，如《汝城姓氏源流》②《蓝山县氏族源流调查表》③和《桃源县氏族志》④。湖南各姓氏族源流记载了自战国到民国时期 2000 余家族或自外地迁入湖南，或在湖南地域迁移，或由湖南迁往他地的移民过程，覆盖湖南 80% 以上的地域。此外还有一部分县志和乡土志所记载的氏族资料，如光绪《会同乡土志拟稿·氏族》⑤ 记载 20 余族、民国《常宁文献四辑》⑥ 10 余族、光绪《浏阳乡土志·氏族》⑦ 196 族，光绪《郴州直隶州乡土志·氏族》⑧ 30 余族、民国《湘阴县高明乡志》⑨ 近 60 族、1994 年《道县志·姓氏》⑩ 近 20 族、1994 年《桂阳县志·姓氏》⑪ 20 余族、1991 年《衡山县志·姓氏》⑫ 近 50 余族、1992 年《零陵县志·姓氏》⑬ 近 10 族、1993 年《桃江县志·姓氏》⑭ 270 余族、1999 年《通道县志·姓氏》⑮ 17 族、1995 年《湘潭县志·姓氏》⑯ 30 余族、1993 年《双峰县志·姓氏》⑰ 70 余族，以及胡能改《梅山客户：新化姓氏探源》⑱ 根据家谱搜集的 200 余族、谭宗林《麻阳姓氏》⑲ 根据家谱整理的近 120 族、邹华享《湖南家谱解读》⑳ 根据湖南图书馆所收藏家谱整理的 600 余

---

① 民国《湖南省志稿氏族志稿初编》（12 册），湖南图书馆藏民国三十六年—1949 年稿本。
② 民国《汝城姓氏源流》，湖南图书馆藏民国三十六年—1949 年稿本。
③ 民国《蓝山县氏族源流调查表》，湖南图书馆藏民国三十六年—1949 年稿本。
④ 民国《桃源县氏族志》，湖南图书馆藏民国三十六年—1949 年稿本。
⑤ 光绪《会同乡土志拟稿》，湖南图书馆藏光绪抄本。
⑥ 民国《常宁文献四辑》，1949 年常宁德泰生石印本。
⑦ 光绪《浏阳乡土志》，湖南图书馆藏光绪三十四年稿本。
⑧ 光绪《郴州直隶州乡土志》，湖南图书馆藏 1978 年传抄光绪三十二年刊本。
⑨ 民国《湘阴县高明乡志》，湖南图书馆藏民国三十七年稿本。
⑩ 《道县志》，中国社会出版社 1994 年版。
⑪ 《桂阳县志》，中国文史出版社 1994 年版。
⑫ 《衡山县志》，岳麓书社 1991 年版。
⑬ 《零陵县志》，中国社会出版社 1992 年版。
⑭ 《桃江县志》，中国社会出版社 1993 年版。
⑮ 《通道县志》，民族出版社 1999 年版。
⑯ 《湘潭县志》，湖南出版社 1995 年版。
⑰ 《双峰县志》，中国文史出版社 1993 年版。
⑱ 胡能改：《梅山客户：新化姓氏探源》，香港国际炎黄文化出版社 2001 年版。
⑲ 谭宗林：《麻阳姓氏》，政协麻阳苗族自治县委员会文史资料研究委员会文史资料专辑 1994 年版。
⑳ 邹华享：《湖南家谱解读》，湖南人民出版社 2004 年版。

族、陈良学《湖广移民与陕南开发》①所搜集的与湘中和湘西南移民有关的25种家谱资料、马亮生《湖南回族史料辑要》②所搜集整理的有关长沙、桃江等20余县回族家谱、墓志资料。除湘西部分地区之外，以上氏族资料几乎覆盖了湘北、湘东、湘中、湘西南和湘南所有的地区，甚至存在一县有多种氏族资料的情况，如新化地区就同时有道光《宝庆府志·氏族表》、各姓《氏族源流》和《梅山客户》三种资料，汝城、蓝山、邵阳、武冈、桃源、浏阳、湘阴等县也有三种以上，靖州、醴陵、新宁、溆浦、会同、石门、永定、耒阳等县则有两种以上。对这些资料加以比较、整理，可以利用于湖南移民史研究，而材料的扩充与资料覆盖面的扩大无疑有利于提高研究结论的正确性。

二是对正史、野史、笔记和碑刻等资料的利用。对湖南移民史研究最系统的《中国移民史》对这方面的资料搜集相对比较全面，就目前来讲还有历代石刻史料所记录的一些家族迁移湖南的珍贵资料（主要是唐宋时期）③，以及《高僧传》④《续高僧传》⑤《宋高僧传》⑥《五灯会元》⑦《景德传灯录》⑧等佛教典籍所记载的湖南僧道移民资料（主要是唐宋时期）。另外，《中国移民史》在史料、史源和史实上也存在一些问题（本书第二章第一节和第二节对之考证就可见一斑），这些都是在以后研究中所应注意的。

其次是有关湖南移民史的研究范围。

一是湖南移民史研究应包括域际（或曰省际）移民与域内（县际以上）移民两个层次，而域际移民又分为域际迁入移民和域际迁出移民两个方面，以往的湖南移民史研究注重域际迁入移民（所谓"湖南人由来"者是也），而对域内移民和域际迁出移民研究不够。目前对于域内

---

① 陈良学：《湖广移民与陕南开发》，三秦出版社1998年版。
② 马亮生：《湖南回族史料辑要》，湖南出版社1995年版。
③ 参见新文丰出版公司编辑部《石刻史料新编》（第1—4辑），台北新文丰出版公司1977—2006年版。
④ （梁）慧皎：《高僧传》，中华书局1992年校注整理本。
⑤ （唐）道宣：《续高僧传》，《中华大藏经》，中华书局1993年影印本，汉文部分，第61册。
⑥ （宋）赞宁：《宋高僧传》，中华书局1987年点校本。
⑦ （宋）普济：《五灯会元》，中华书局1984年点校本。
⑧ （宋）道原：《景德传灯录》，《永乐北藏》，线装书局2001年影印本，第153册。

移民研究几乎还是一片空白（谭其骧先生《湖南人由来考》稍有论及），而对于域际迁出移民而言，其重心多放在明清时期（如江西填湖广、湖广填四川等），这一方面与资料的客观限制有关，另一方面也与研究者的主观认识有关。笔者认为，湖南域内移民一部分是土著的迁移与再迁徙，更多的是域际迁入移民之后裔的再迁徙，有的地区以域际迁入移民为主，有的地区则以域内移民为主，还有一些地区两者平分秋色；区域内的各个小区域的县际移民尤为频繁，形成一个个颇具特色的移民圈。舍此不论无助于全面了解湖南移民史的实际面貌；从深一层次的影响来说，域内移民在域内土著与始迁地各异的域际迁入移民后裔之血统融合、民俗交融、地域认同和心理趋同上，扮演着重要的角色，换言之，域际迁入性移民和本地土著构成了今日湖南人最原始之血统渊源，而域内移民对真正"湖南人"作为一个整体的精神特质的形成起着至关重要的作用。域际迁出移民也是湖南移民史研究中一个重要的方面，就笔者所掌握的资料而言，湖南民众迁移出去，在时段上不限于明清，明清以前亦有之；在地域上其迁往地不限于四川等西南省份，还包括江西等作为湖南迁入移民来源地的东、南、北部省份，其迁出地又带有比较明显的地域特征，如湘北地区的移民多迁湖北，湘东者多往江西，西南者多徙川、贵。

二是所研究移民类型既应包括官宦、工商与农耕等世俗移民，也应包括僧道等非世俗移民；既应注重汉族之迁徙，也不可忽视少数民族之迁移。对非世俗移民的忽视，是湖南移民史研究中的一个突出特征，据笔者推测，大概是因为这类移民在血缘上繁衍的可能性较小，研究者根据移民的定义而将其排除在外，或认为其作为移民的意义殊小，可以忽略不计。其实不然，非世俗性移民虽不能延续于血缘，但可以传承于文化，他们生活于斯、与斯地各阶层民众交往，死后焚化、埋葬于斯，精研释、道之深理，宣讲佛、玄之大意，对于本地区宗教文化的发展和民风世俗的演变都具有重要的影响，所以很有必要对之进行研究。对少数民族地区移民的研究也是湖南移民史研究中较为薄弱的一环。这主要是由两方面的原因造成的：第一，氏族资料本身所具有的缺陷。许多少数民族地区的氏族在修谱牒时冒认中原或江西等地的汉族为始祖，和与其杂居的真正汉族后裔相混淆（谭其骧先生《近代湖南人中之蛮族血统》就针对此而作，但要真正区分还是很难），有的真假莫辨，难以取舍。第二，根据葛剑雄先生移民定义中"一定距离"的要求以及研究者倾向于域际移民研究的传统,湖南溪峒之民向省地的迁徙(侵占)、汉族之民进入(或被掠入)溪峒就不能算作移民,自然谈不上对之进行研究了。笔者认为,溪峒之民进入(侵占)省地居住达一定的时间,或汉民进入溪峒居住达一定的时间,即应视为移民,主要理由是:虽然两者所跨越的地理距离相对较近,有的为县际以上,有的在县际以内,但他们所跨越的文化距离却相对较大,迁移后相互影响较深,对湖南少数民族地区的开发、少数民族的汉化和湖南民族关系的发展都具有重要的影响。通过将这一部分人口迁移纳入移民研究的范围,将会使湖南移民史研究更加丰富、饱满。在资料上,正史、野史等对之都有一定的记载(如就宋代而言,《长编》与《宋史》所载相关资料就颇为详备),前文所列《湖南回族史料辑要》也可以帮助区分一部分氏族资料之真伪。

最后是要丰富关于湖南移民过程的研究。

以往的研究大多长于统计与推断,而对湖南移民过程的真实场景缺乏直接的描绘,张国雄先生在这一方面做出了有益的尝试,他的《明清时期的两湖移民》第五章第二节"信息传递"就写得非常生动,值得借鉴。移民资料中这类内容比较少,但只要能得到充分的利用,还是能使湖南移民史研究有血有肉,更加丰富,避免只见数字、不见事实本身的研究倾向。

二 选题意义

本书将在前人研究成果的基础上,充分利用所搜集到的新材料,对唐宋时期湖南移民的过程、移民原因与类型、迁徙路线和信息传递、唐宋移民影响及其在湖南移民史上的地位作一系统梳理。本书将在断代区域移民研究的理论体系和方法上做出有益的尝试,以提炼出有关唐宋湖南移民的独特表征,由此推动湖南移民史研究走向深入,为湖南乃至中国的寻根文化添上浓墨重彩的一笔。从学术研究的规律来看,扎实、详细的断代湖南移民研究将为以后湖南移民通史的撰写奠定可靠的基础。

第二节 研究所利用之基本史料及相关问题之说明

本书所利用的基本史料主要有两大类：一类是正史、野史、笔记和碑刻等，文中统称为正史类史料；① 另一类是县志氏族志、姓氏源流和家谱等，文中统称为氏族类资料。这两类资料在史实的可靠性与材料的丰富性上是有区别的，在同一类资料内部，这两者也有差别。以下分而叙之。

一 史实的可靠性问题

一般来说，正史类史料的可靠性要高于氏族类资料。这主要是因为正史类史料多为当时人所写，年代接近，相对可靠；氏族类资料多撰写于明清以后，族众相传，容易误载，还有后人有意无意地曲解先祖之迁徙历程，因而其可靠性不如正史类史料。就各类内部而言，正史类史料以正史与碑刻最为可靠，而野史和笔记要稍逊一筹。正史多为官修，又据官方国史、实录、日历等，考证更为精审；碑刻的撰写多为迁移者之亲友同僚和门人弟子等，比较熟悉其人其事，所载一般可靠。野史、笔记等之内容有作者亲眼所见者，有口耳相传者，有时并不一定真实，因而在可靠性上不如正史和碑刻。因此，在正史、碑刻有载者，则不引野史、笔记；野史、笔记有载而正史、碑刻无载者，则以正史与碑刻所提供的大的背景加以甄别。若同一类史料记载同一事物，则取史源较前者。氏族类资料中，家谱的可靠性要优于各姓氏族源流、县志氏族志和各类家谱解读，这是因为后三者皆是依据家谱而来的。各姓氏族源流的可靠性次之，其主要内容包括两大部分：一是氏族申请登记表，民国时由族人填报，其中大部分都能根据家谱填报正确，也有一些填报错误，当与填报人知识水平有关；另一部分为各姓家谱之历修序和家族姓氏源流，氏族申请登记表填报错误者大都能据之加以更正，但其文本大都为抄录，有搜集而无多少整理，造成不少

---

① 本书所谓"正史类史料"只是一种泛称或统称，并非将野史、笔记和碑刻等亦视为正史。

出错之处。各类家谱解读与县志氏族志的可靠性要具体分析。目前有关的家谱解读主要有三种:《麻阳姓氏》《梅山客户》《湖南家谱解读》。其中《梅山客户》堪称最佳,基本与家谱所载相吻合,但校勘稍差。《湖南家谱解读》的可靠性也较好,但也有一些明显的错误,如有甲姓混为乙姓者。《麻阳姓氏》为三种之中最芜杂难信者,不仅没将家谱中的一些明显错误指正,还牵强附会地衍生出一些新的错误。在各种县志氏族志中,有些没有比较,为独家之资料,其中少数可用正史类史料来加以甄别,多数则无旁证。有些县志可与家谱或相关家谱解读互校,如谭其骧先生与曹树基先生先后利用过的道光《宝庆府志·氏族表》和光绪《邵阳县乡土志·氏族》中有不少错误或不详之处,通过与《梅山客户》比较,可更正其误,能补其不详。若同一类史料记载同一事物,则取史源较前者,如同一家族可能有多次修撰之家谱,同一家谱中可能有历修以来之谱序,其所记载始祖迁徙过程有时并不完全一致,甚至于大相径庭,取舍标准一般以年代在先者为是。另外,湖南图书馆编著有《湖南氏族源流》[①]一书,也主要参考了其馆藏各类氏族资料,但由于其内容均没有说明资料来源,难以作为可靠文献而加以直接引用。

  本书的移民研究主要利用氏族资料中的迁徙始祖之迁移过程及其迁移时的身份(为官宦或为一般民户)等资料,这两方面的记载在氏族类资料中的可靠性也是有差别的。一般说来,关于其迁移过程的资料大都可信,而关于其身份的资料多有不实之处,有的移民后裔为先祖尊荣而妄加谀献之词,甚至强以君相贤人为始祖。这在《梅山客户》所引用的家谱中多有体现,如有陈伯万者身居都督之职而于五代征蛮迁新化,家谱传其始迁之盛,同地他姓家谱也有相似记载者,可知都是后裔为得夸饰之资而竞相编造而来。此为明误者,可以剔除,但更多的是看起来合情合理,让人无法辨其真伪。氏族类资料所记载的唐宋 1056 例移民个案中,属于官宦士大夫等上层移民者就达 309 例,比重之大,不得不令人存疑。所以文中在对上层移民与一般民户移民进行单独统计分析时,并不将氏族类资料中的上层移民与正史类史料中的上层移民混合分析,而是仍然将其放在一般民户中分析。当然,其中肯定有一部分是真实的,但在无法辨明之前,姑且作此处理。

[①] 湖南图书馆编著:《湖南氏族源流》,岳麓书社 2006 年版。

二 史料的丰富性问题

就整体而言，正史类史料所记载的移民资料大不如氏族类资料记载丰富，如正史类史料所记载的湖南历代移民个案不会超过1千例，而氏族类资料记载的超过1万例，相差10余倍。就唐宋时期而言，正史类史料记载者仅241例，而氏族类资料记载者达1374例，后者为前者之5.7倍，且正史类史料记载者多为官宦士大夫等上层移民，氏族类资料记载者多为一般民户移民，而后者恰恰是湖南移民之主体。但就非个案移民史料而言，两类史料各有千秋，例如关于移民之背景，大的移民迁徙行动，移民迁徙原因及对迁入地的信息获取，移民对湖南之影响等，正史类史料能提供一个整体的框架，而氏族类资料则能提供一家一族之具体情况。

三 两类史料结合使用的问题

正史类史料与氏族类资料各有优长，亦各有短劣，须将两者适当结合以各扬其长，同时各避其短。具体有如下一些原则：一是对于氏族类个案尽可能地运用正史类史料加以甄别、校补。如宋代之薛昂，氏族资料载为绍兴初随岳飞征蛮而迁，而据《要录》与《宋史》所载，薛昂在此之前已去世，《湖南移民表》[①] 将其录入时则稍加校正。少数正史类个案也可以用氏族资料加以补充。如宋代之刘宝，《要录》与《大明一统志》载其来征杨么及迁入华容之事，不详其始迁地，氏族资料则有详载，表2-2-1将其列入时就参考氏族资料进行了补充。二是对两类移民个案分别进行统计，不将氏族资料中的上层移民个案与正史类史料中的上层移民个案混合统计（原因见前述），然后进行对比分析，以得出上层移民与一般民户移民之不同特点。三是关于移民背景、迁徙原因与类型、迁徙路线与信息传递以及移民影响等，基本以正史类史料为主，在其大的框架之下运用氏族资料加以丰富、补充。关于唐宋移民在湖南移民史

[①] 薛政超：《湖南移民表：氏族资料所载湖南移民史料考辑》（以下简称《湖南移民表》），中国戏剧出版社2008年版。

上的地位，则主要对在不同时段均有分布、且数量极其丰富的氏族移民个案进行比较分析。

第三节 研究所涉及之基本概念、研究范围和研究方法

一 基本概念

（一）移民定义

葛剑雄先生在《中国移民史·第一卷：导论》中对移民所下定义为：具有一定数量，一定距离，在迁入地居住了一定时间的迁移人口，并在这三个方面都作了详细、具体的规定。实际上，《中国移民史》的各卷作者并没有完全遵循葛剑雄先生的移民标准，而是在具体内涵方面有所扩展。本书也基本采取葛先生的移民定义，在具体内涵上亦借鉴《中国移民史》各卷作者的一些成法，并加以补充："一定数量"，只要有一人以上迁徙；"一定距离"，指县级政区及其以上人口之迁移，还包括溪峒与省地之间的人口迁徙；"一定时间"，以迁于此且终老在此者为标准，另外还将在战乱时避地来居住者亦视为移民，而乱后因宦游来暂居者则不视为移民。有时史料并不能完全提供上述三个方面的具体情况，在此种情况下，只能对那些史载不明的方面做一大体的推断。

（二）域际移民与域内移民

域际移民亦称省际移民，是指今湖南地域与其他地域（省）之间的移民，包括两类：一类是域际迁入移民，这是指迁出地在其他地域，而迁入地在湖南地域的人口迁徙。域际迁出移民则指迁出地在今湖南地域，而迁入地在其他地域的人口迁徙。域内移民指迁入地和迁出地均在湖南、且迁移距离在县级政区以上的人口迁移。

（三）世俗移民与非世俗移民

世俗移民是指官宦、工商与农耕等非宗教移民，非世俗移民则指僧、道等宗教移民。

（四）上层移民与一般民户移民

上层移民是指官僚士大夫、割据势力、僧道等具有较高社会地位和知识文化水平的移民群体。一般民户移民则指为农垦和贸易等而迁徙的移民群体。

二 研究范围

（一）唐宋湖南移民之迁移过程

这是指唐宋时期在今湖南及相关区域内发生的总的移民过程，包括域际迁入移民、域际迁出移民、少数民族与少数民族地区的移民、僧道移民与域内移民等所有的移民运动及其大致历史背景。

（二）唐宋湖南移民之时间与地理分布特征

时间分布是指唐宋移民在各个不同时段内的分布情况，地理分布则指各类移民在迁出地与迁入地的分布状况。由于正史类史料与氏族类资料所记载的移民类型不同，文中将分别做统计分析，并加以比较。

（三）唐宋湖南移民之迁徙原因与类型

迁徙原因主要从迁出地的推力、迁入地的拉力、政府力量推动，以及宦游、游学、讲道、隐居、避罪等方面加以剖析。移民的类型主要从生存性移民、发展性移民和强制性移民三种类型上去作分析。

（四）唐宋湖南移民之路线与信息之传递

移民路线主要有水路与陆路，水路包括湘、资、沅、澧四水系及洞庭湖等，陆路主要有湘赣边境线，湘南、岭南线和溪峒线。信息传递主要包括政府之榜告、社会之传闻、亲友之相告和亲身游历等。

（五）唐宋湖南移民之影响及其在湖南移民史上之地位

移民影响主要分析移民对湖南区域人口、经济、文化和政治等方面的影响。移民地位则依氏族资料所记载之历代移民个案加以比较分析。

三 研究方法

（一）历史文献学法

搜集资料主要使用此方法，这是因为有关移民的资料主要集中在正史、野史、笔记、碑刻、墓志、地方志、姓氏源流和家谱之中。

（二）社会统计学的方法

使用此方法对从各类资料中所搜集到的大量移民个案做出整体性的分析。还将对移民个案统计分析的结果与文化发展指标和社会动乱分布之间的吻合程度做出比较分析，以探讨其中的内在联系。

（三）社会心理学的方法

此方法探求移民选择湖南为定居地，以及定居下来之后如何适应新环境的种种心理。

（四）历史地理学方法与人口史学方法

第一章　唐宋时期湖南政区沿革

第一节　唐代湖南政区沿革

一　道、州（郡）和县的设置

唐代地方行政体制前后均有变革，并逐渐形成了道、州（郡）、县三级统领体制。唐高祖受命之初，改隋郡为州，太守并称刺史；天宝年间又改州为郡，故唐代常以州郡并称。州郡之上设道。贞观元年（627），省并州县，始于山河形便，分设十道，但仅代表地理区划，无固定治所；开元二十一年（733），增为十五道，每道置采访使，检察非法，以加强对地方州郡的控制与管理，成为监察区划，并有固定治所；唐代后期，道兼理民政，统辖数州，完成了由虚的监察区划向实的行政区划的转变。州郡之下则设县以分治。另于周边蛮夷之地先后设立850余羁縻州府，作为对少数民族管理的机构。今湖南地区在唐代始属江南道，后分属江南西道（开元中分江南道改，治洪州，今江西南昌）、山南东道（开元中分山南道置，天宝初并入江南西道澧、朗二州，治襄州，今湖北襄阳）和黔中道（开元中分江南道置，治黔州，即今四川彭水）。

（一）隶属江南西道州县

岳州（治巴陵，今岳阳市），本巴州，武德六年（623）更名，天宝元年（742）改为巴陵郡，乾元元年（758）复为岳州。领县五：巴陵（今岳阳、临湘县地）、华容（今县及南县地）、沅江（今沅江市地）、湘阴（今县及汨罗市地）和昌江（今平江县地）。

潭州（治长沙，今长沙市），天宝元年（742）改为长沙郡，乾元元

（758）复为潭州。领县六：长沙（约今长沙、望城县地）、湘潭①（今县及株洲、宁乡县地）、湘乡（今市及双峰、涟源、宁乡县地）、益阳（今益阳市及桃江、宁乡、安化县地）、醴陵（今醴陵市）和浏阳（今浏阳市地）。

衡州（治衡阳，今衡阳市），天宝元年（742）改为衡阳郡，乾元元年（758）复为衡州。领县六：衡阳（今衡阳市、衡阳、衡南、安仁县地）、攸县（今县地）、茶陵（今县及炎陵县地）、耒阳（今耒阳市地）、常宁（今县地）和衡山（今县及衡东、安仁县地）。

永州（治零陵，今永州市），天宝元年（742）改为零陵郡，乾元元年（758）复为永州。领县四，在今湖南境者二：零陵（今县及东安县地）和祁阳（今县及祁东县地）。

道州（治营道，今道县西），本武德四年（621）所置营州，次年改南营州，贞观八年（634）改道州，十七年（643）并入永州，上元二年（675）复析置，天宝元年（742）改为江华郡（治所营道县改名弘道，并移于今道县），乾元元年（758）复为道州。领县五：弘道、延唐（今宁远县地）、江华（今县地）、永明（今江永县地）和大历（今新田县地）。

郴州（治郴县，今郴州市），天宝元年（742）改为桂阳郡，乾元元年（758）复为郴州。领县八：郴县、义章（今宜章县地）、义昌（今汝城、桂东县地）、平阳（今桂阳、嘉禾县地）、资兴（今县地）、高亭（今永兴县地）、临武（今县地）和蓝山（今县地）。

邵州（治邵阳，今邵阳市），本南梁州，武德四年（621）析潭州之邵阳县置，贞观十年（636）更名，天宝元年（742）改为邵阳郡，乾元元年（758）复为邵州。领县二：邵阳（今县及新邵、邵东、隆回、新化、涟源市地）和武冈（今市及新宁、洞口、隆回、城步县地）。

---

① 《新唐书》卷41《地理志五·江南西道·潭州》载："湘潭，本隶衡州，元和后来属。"（中华书局1975年标点本，第1071页）考《隋书》卷31《地理志下·长沙郡》："衡山，旧置衡阳郡。"（中华书局1973年标点本，第895页）（唐）李吉甫：《元和郡县图志》卷29《江南道五·潭州》载："湘潭县，本汉湘南县地，吴分立衡阳县，晋惠帝更名衡山，历代并属衡阳郡，隋改属潭州。天宝八年改名湘潭。"（中华书局1983年点校本，第704页）又《旧唐书》卷40《地理三·江南西道·潭州》载："湘潭，后汉湘南县地，属长沙郡。吴分湘南立衡阳县，属衡阳郡。隋废郡，县属潭州。天宝八年，移治于洛口，因改为湘潭县。"（中华书局1975年标点本，第1612页）据上可知，唐湘潭县原名衡山县，隋朝时即已隶属潭州，天宝八年（749）改名。《新唐书》载元和后来属，应误。

(二) 隶属山南东道州县①

澧州（治澧阳，今澧县），天宝元年（742）改为澧阳郡，乾元元年（758）复为澧州。领县四：澧阳（今津市、澧县、临澧县地）、安乡（今县及南县地）、石门（今县地）和慈利（今县及临澧、大庸、桑植县地）。

朗州（治武陵，今常德市），天宝元年（742）改为武陵郡，乾元元年（758）复为朗州。领县二：武陵（今常德、桃源县地）和龙阳（今汉寿县地）。

(三) 隶属黔中道州县

辰州（治沅陵，今沅陵县），天宝元年（742）改为泸溪郡，乾元元年（758）复旧。领县五：沅陵、卢溪（今泸溪县及吉首市地）、溆浦（今县地）、麻阳（今县地）和辰溪（今县地）。

锦州（治卢阳，今麻阳西南锦和西），垂拱二年（686）分辰州麻阳县地及开山洞置，天宝元年（742）改名卢阳郡，乾元元年（758）复旧。领县五，在今湖南境内者四：卢阳（今麻阳县西南）、招谕（今麻阳东北及凤凰县地）、洛浦（今保靖县西北）和渭阳（今凤凰县西南）。

叙州（治龙标，今黔阳西南黔城），贞观八年（634）分辰州龙标县置，天授二年（691）改为沅州，开元十三年（725）改巫州，天宝元年（742）更名潭阳郡，乾元元年（758）复为巫州，大历五年（770）再改叙州。领县三：龙标、朗溪（今黔阳西南）和潭阳（今芷江县及怀化市地）。

溪州灵溪郡（治大乡，今永顺县东南），天授二年（691）割辰州大乡、三亭二县立。领县二：大乡（今龙山、永顺、古丈县地）和三亭（今保靖、花垣县地）。

奖州龙溪郡（治峨山，今芷江西便水市），本长安四年（704）分沅州夜郎、渭溪县所设舞州，开元十三年（725）更名鹤州，二十年（732）改为业州，大历五年（770）又改为奖州。领县三，在今湖南境者二：峨山和渭溪（治今新晃县西北）。

---

① （唐）李吉甫：《元和郡县图志·阙卷逸文》卷1附澧、朗二州于"山南道"条下（中华书局1983年点校本，第1058—1060页），《新唐书》卷40《地理志四》亦将澧、朗二州系山南东道（中华书局1975年标点本，第1029页），《旧唐书》卷40《地理志三》系二州于江南西道，又载二州于天宝初割属山南东道（中华书局1975年标点本，第1614、1615页）。由此可知澧、朗二州本属江南西道，天宝初后改隶山南东道。

（四）羁縻州

晃州，隶黔州都督府，在今麻阳县南境（一说在今贵州玉屏南）。

二　防御使、团练使、观察使和节度使

唐至德后，刺史皆治军务，遂有防御、团练、制置之名。而要冲大郡，皆有节度之额；寇盗稍息，则易以观察之号。在今湖南地域内亦有这些名号之设。

（一）衡州防御使和湖南观察使

肃宗至德二年（757），设衡州防御使，领衡、涪、岳、潭、郴、邵、永、道八州，治衡州，上元二年（761）废。广德二年（764），置湖南都团练守捉观察处置使，简称湖南观察使，仍治衡州，领衡、潭、邵、永、道五州，"湖南"之名自此始。大历四年（769）徙治潭州，中和三年（883）升为钦化军节度使，次年改武安军节度使。

（二）辰州等州观察使、武泰军节度使

大历四年（769），置辰、溪、巫、锦、业五州都团练守捉观察处置使，治辰州。大历十二年（777），置黔州经略招讨观察使，领辰、叙、锦等十二州，治黔州。贞元元年（785），徙治辰州，增领奖、溪二州，贞元三年（787）复徙治黔州。大顺元年（890），赐黔州观察使号武泰军节度。

（三）武贞军节度使和武昌军节度使

光化元年（898），置武贞军节度使，领澧、朗、叙三州，治澧州。乾元二年（759），岳州隶鄂岳团练使，永泰后，隶鄂岳观察使。元和元年（806），鄂岳观察使升武昌军节度使，治鄂州（今湖北武汉）。

第二节　五代湖南政区沿革

五代时，湖南入马楚政权。楚国极盛时，建长沙为府，辖二十余州，疆域相当于今湖南全省、广西大部及贵州和广东之一部分。其中，湖南辖境所设州县，大都为唐代故州县。另外还有武安等节度使之设。

一 王国、州（府、监）、县

（一）马楚王国

后唐天成二年（927），明宗封马殷为楚国王。马殷以潭州为长沙府，建国承制，自署官吏，征赋不供。总领二十余州，湖南为其主要辖境。

（二）州（府、监）、县

长沙府，本唐潭州（治所与唐代同，此处不再载明，以下同），马殷建国时置。领县八：长沙、龙喜［后汉乾祐二年（949）析长沙东界置①］、湘潭、湘乡、益阳、醴陵、浏阳和攸县（原属衡州）。

衡州，领县五：衡阳、衡山（曾改属潭州）、耒阳、常宁和茶陵。

道州，领县五：弘道、延喜［本唐延唐，马楚改为延昌，后唐同光中复为延唐，后晋天福七年（942）改为延喜］、江华、大历和永明。

永州，领县二：零陵和祁阳。

郴州，后晋天福时改敦州，后汉乾祐间复为郴州。领县五：郴县、高亭、义章、蓝山和郴义（本唐义昌县，后唐同光中改名郴义）。

桂阳监，唐于郴州置桂阳监铸钱，马殷于天祐元年（904）废郴州平阳来属，后晋天福四年（939）废郴州临武县以益之（今桂阳、临武、嘉禾县地）。

邵州，后晋天福时改为敏州，后汉时复名邵州。领县二：邵阳（后晋天福中改敏政县，后汉时复名邵阳）和武冈。

澧州，领县四：澧阳、安乡、石门和慈利。

朗州，领县四：武陵、龙阳、湘阴和桥江（本唐沅江，属岳州，乾宁中更名，五代时属朗州）。

岳州，领县三：巴陵、华容和平江（本唐昌江，后唐同光间更名）。

辰州，领县五：沅陵、溆浦、辰溪、卢溪和麻阳。

另有锦州、溪州、叙州和奖州为唐故州，自唐末以来均沦为羁縻之地。

---

① 《旧五代史》卷102《汉隐帝纪》载龙喜县乃于乾祐二年（949）七月析长沙县东界立（中华书局1976年标点本，第1359页），《新五代史》卷60《职方考第三》载龙喜县于乾祐三年（950）立（中华书局1974年标点本，第743页），今从《旧史》。

二 节度使

武安军节度使，楚置，治所在长沙。

武平军节度使，楚置，治所在朗州。

第三节 宋代湖南政区沿革[①]

宋代地方政制设路、州（府、军、监）和县（军、监）三级。今湖南之地分属荆湖南路之大部及荆湖北路之一部分。

一 隶属荆湖南路州县

潭州，先后领县十三：长沙、善化［元符元年（1098）析长沙、湘潭县地置］、湘潭、益阳、湘乡、醴陵、浏阳、攸县、常丰［乾德三年（965）升常丰场置，开宝中省入长沙］、宁乡［太平兴国二年（977）析长沙置］、衡山［本隶衡州，淳化四年（993）来属］、湘阴（本隶岳州，与衡山同时来属）和安化［熙宁六年（1073）始置］。

衡州，领县五：衡阳、茶陵（南渡后兼军使）、耒阳、常宁和安仁［乾德二年（964）始置，咸平五年（1002）析衡阳、衡山两县地入］。

道州，先后领县五：营道［建隆三年（962）改宏道为营道］、江华、大历［乾德二年（964）废入宁远］、宁远［乾德二年（964）延唐县改名］和永明［熙宁五年（1072）省入营道，元祐元年（1086）复］。

永州，领县三：零陵、祁阳和东安［雍熙元年（984）析零陵东安场置县］。

郴州，领县六：郴县、桂阳［太平兴国元年（976）以郴义县改名］、

[①] 本节参考周振鹤主编，李昌宪著《中国行政区划通史·宋西夏卷》之相关部分，复旦大学出版社 2007 年版。

宜章（太平兴国元年以义章县改名）、永兴［熙宁六年（1073）以高亭县改名］、资兴［嘉定二年（1209）析郴县置，绍定元年（1228）改兴宁］和桂东［本郴县地，嘉定四年（1211）析桂阳二乡置］。

邵州，宝庆元年（1225）升宝庆府。领县二：邵阳县和新化县［熙宁四年（1071）开梅山置］。

武冈军，崇宁五年（1106）将邵州武冈县升为军，治武冈（今武冈市）。先后领县四：武冈、绥宁［本溪峒徽州地，元丰四年（1081）建为莳竹县隶邵州，寻罢，崇宁五年复置］、临冈［本莳竹县地，崇宁五年建县，绍兴二十四年（1154）废入绥宁］和新宁［绍兴二十五年（1155）始置］。

桂阳监，绍兴三年（1133）升为军，绍兴十六年（1146）复为监，绍兴二十二年（1152）再为军，治平阳（今桂阳县）。领县三：平阳［天禧三年（1019）复置］、蓝山［本隶郴州，景德元年（1004）来属］和临武［绍兴十六年（1146）复置］。

二 隶属荆湖北路州县

朗州，大中祥符五年（1012）改为鼎州，乾道元年（1165）改常德府。领县四：武陵、龙阳［大观中改辰阳，绍兴元年（1131）复旧］、桃源［乾德二年（964）析武陵县置］和沅江（乾德中以桥江更名，改隶岳州，南渡后割属鼎州）。

澧州，领县四：澧阳、安乡、石门和慈利。

岳州，领县四：巴陵、华容、平江和临湘［本淳化五年（994）所置王朝县，至道二年（996）更名临湘］。

辰州，领县四：沅陵、卢溪、溆浦和辰溪。

沅州，熙宁七年（1074）置，治卢阳（今芷江县）。领县三，卢阳（熙宁七年以唐叙州潭阳县地置）、麻阳和黔阳。

靖州，本唐溪峒诚州，熙宁中收复，元祐二年（1087）改渠阳军，崇宁二年（1103）更名靖州，治永平县（今靖州县）。领县三：永平县［本元丰五年（1082）始置贯保县，次年更名渠阳，崇宁二年改永平］、会同（本崇宁二年始置三江县，同年改名会同）和通道［本崇宁三年（1104）始置罗蒙县，同年更名通道］。

三 主要路级机构

宋代之路先后设置有转运司（漕司）、帅司（安抚司）、提点刑狱司（宪司）和提举常平司（仓司）等路级机构，构成复式合议制的完整高层政区。这一地方行政体制是以转运司为主体的，转运司即为宋代高层政区的政府。

在荆湖南路先后主要设有：转运司，治于潭州；帅司（安抚司），治于潭州；提点刑狱司，先后以潭州、衡州为治所；提举常平司，始治于潭州，后移治于衡州。

在荆湖北路先后主要设有：转运司，始治于江陵府（治江陵，今湖北江陵县），后移治于鄂州；帅司（安抚司），治于江陵府；提点刑狱司，始治于澧州，后改治鼎州（常德府）；提举常平司，始以江陵府为治所，后移治于鼎州（常德府）。

四 羁縻州

宋于荆湖路今湘西地区设有羁縻州，北江地区有上、中、下溪州、永顺州、渭州（南渭州）等，南江有叙州、奖州、锦州、懿州和晃州等。

第二章　唐宋时期湖南移民之过程

第一节　唐五代湖南之域际迁入移民

一　唐代前期的移民（安史乱前）

唐代前期社会相对稳定，经济日益发展，有少数官僚士大夫等上层人士因仕宦而迁来湖湘之地，一般民户因隋末唐初战乱而一度出现过移民湖南的高潮，平常亦有一些一般民户迁来。

（一）官僚士大夫等上层人士的迁移

官僚士大夫等多因仕宦、贬官或致仕而来湘地居住，并终老于此。略举例如下：

张九龄《故辰州泸溪令赵公碣铭并序》载：

> 有唐泸溪令晋国赵君，讳某，字某，终于其位……为饶阳人也……遗令戒子留葬洛阳，斯又不恋本达也。①

《旧唐书》卷65《高士廉传附子履行传》载：

> ［渤海蓨人，显庆三年］，转永州刺史，卒于官。

阙名《大唐故辰州辰溪县令张君墓志并序》载：

---

① 《全唐文》卷292，中华书局1983年影印本，第2962—2963页。

第二章 唐宋时期湖南移民之过程

君讳仁,字义宝,南阳西鄂人也……以仪凤二年八月十日,春秋六十有二,卒于辰州辰溪县官第。以调露元年十月廿三日葬于高阳原。①

卢献《大唐故巫州龙标县令崔君墓志铭并序》载:

君讳志道,字元闰,清河东武城人也。……以公事左授巫州龙标县令……春秋七十有二,终于官舍……夫人陇西李氏……以大唐永淳元年十一月十七日同迁窆于北邙旧茔,礼也。②

唐《故朝议郎行辰州司仓参军事屈突府君墓志铭并序》载:

君讳伯起,字震代……为长安人也……至垂拱元年,敕授辰州司仓参军事……以永昌元年九月廿一日终于任所,春秋卌有九……天授二年岁次辛卯十月戊戌朔十八日乙卯,迁窆于洛阳北邙之原,礼也。③

唐《大周故永洲司仓王君墓志铭并序》载:

君讳思,字惠,太原人也……久视元年闰七月十九日,卒于永州官第,春秋六十有三。以长安元年十一月十六日,归葬北邙山原,礼也。④

严识元《潭州都督杨志本碑》载:

公讳志本,字文范,宏农华阴人也……于是高谢方镇,卷怀条

---

① 陆增祥:《八琼室金石补正》卷39,《石刻史料新编》,台北新文丰出版公司1982年影印本,第1辑,第6册,第4621—4622页。
② 周绍良等编:《唐代墓志汇编》之永淳022,上海古籍出版社1992年版,第700页。
③ 周绍良等编:《唐代墓志汇编》之天授031,上海古籍出版社1992年版,第814—815页。
④ 周绍良等编:《唐代墓志汇编》之长安001,上海古籍出版社1992年版,第991页。

察，俶图轻舸，特去江潭，言念安车，展游田里，而灾禽集舍，息马归山，长沙捐寿，昊天不吊，维长安四年秋八月十七日，薨于州馆，享年七十有七。①

唐《故桂阳郡临武县令王府君墓志铭并序》载：

> 公讳训……先太原人……天宝三载三月，迁桂阳郡临武县令……天宝三载七月，终于桂阳官舍，春秋六十有八……天宝四载……二月廿一日，合葬于印山之麓，礼也。②

以上为唐代前期上层人士移民湖南的一些具体个案，史载虽明，但不一定全。而可以明了的是，在唐代前期有不少官员或其家属因宦游从他处来居湖湘之地。这些官员及其家属死后虽多迁葬北方（多非原籍），其子孙留居者亦有可能，因史载不详，此处只能略作推测而已。

（二）一般民户的迁移

隋末唐初之际，由于隋炀帝的残暴统治，以及随之而来的长年战乱，使天下之民或死于战乱与饥荒，或迫于生计而迁移流徙。唐高祖《定户口令》即言，"比年寇盗，郡县饥荒，百姓流亡，十不存一，贸易妻子，奔波道路"。③ 其中尤以中原及江淮一带所受战乱影响最甚，人口流亡亦最为严重。史言，"秦、陇之北，城邑萧条，非复有隋之比"，④ "自伊、洛之东，暨乎海、岱，萑莽巨泽，茫茫千里，人烟断绝，鸡犬不闻"，⑤ "江淮之间，则鞠为茂草"。⑥ 而逃难之民向四处流移。唐初时，经受战乱相对较少的江南、岭外地区成为流移之民的重要选择地。高祖《简徭役诏》言，"江淮之间，爰及岭外，途路悬阻，土旷人稀，流寓者多，尤宜存恤"。⑦ 其中所言"流寓者"应多来自饱受战乱之苦的北方，而作为江南地域之一

---

① 《全唐文》卷267，中华书局1983年影印本，第2707、2709页。
② 罗振玉：《芒洛冢墓遗文四编》卷5，《石刻史料新编》，台北新文丰出版公司1982年影印本，第1辑，第19册，第14274—14275页。
③ 《全唐文》卷1，中华书局1983年影印本，第18页。
④ 《旧唐书》卷198《高昌传》，中华书局1975年标点本，第5295页。
⑤ （唐）吴兢：《贞观政要》卷2《纳谏第五附直谏》，齐鲁书社2000年点校本，第79页。
⑥ 《隋书》卷70《杨玄感传》，中华书局1973年标点本，第1617页。
⑦ 《唐大诏令集》卷111，商务印书馆1959年排印本，第578页。

第二章 唐宋时期湖南移民之过程

的今湖南地区也应是上述流寓之民的重要接纳地。

隋末唐初从北方迁往今湖南地域的民户,一部分可能因战事平息以及唐政府招抚流亡的政策而返回原籍,但大部分应在流寓地落籍,成为当地居民。①

唐前期还有农民逃入湖南偏僻山区。戴叔伦《桂阳北岭偶过野人所居聊书即事呈王永州邕李道州圻》略云:

> 犬吠空山响,林深一径存。隔云寻板屋,渡水到柴门。日昼风烟静,花明草树繁。乍疑秦世客,渐识楚人言。不记逃乡里,居然长子孙。种田烧险谷,汲井凿高原。畦叶藏春雉,庭柯宿旅猿。岭阴无瘴疠,地隙有兰荪。内户均皮席,枯瓢沃野餐。②

按戴叔伦为唐德宗前后之人③,其所见郴州(桂阳郡)北岭山谷中隐居民户已"不记逃乡里,居然长子孙",应是于唐前期逃来居此者,诗中不言其逃亡之原因,或为躲避赋税而迁徙。

关于一般民户的迁移我们还可以从各个州郡在唐前期人口增长的情况中窥探一二。据表2-1-2所列,在贞观十三年(639)到天宝十二载(753),湖南诸州郡的户数大都呈快速增长的趋势,依据增长比例高低依次为(以贞观十三年户为100%):邵州597.8%,澧州564.8%,衡州459.6%,溪州457.9%,永州433.1%,朗州433%,郴州362.1%,潭州357.3%,道州341%,岳州293.4%,巫州133.1%,奖州、锦州与辰州为负增长,分别为96.1%、92.6%和45.7%。当时全国人口的平均增长率为293.8%④,人口增长超过这一平均增长率的湖南州郡有湘南和湘西南

---

① 关于唐初北方之民流寓今湖南及其回籍与落籍的情况,史载均不详,只能据邻近州县之情况加以大致推断。参见葛剑雄主编,冻国栋著《中国人口史·第二卷:隋唐五代时期》,复旦大学出版社2002年版,第341页注②。
② 《全唐诗(增订本)》卷274,中华书局1999年点校本,第3110页。
③ 《旧唐书》卷13《德宗纪下》,中华书局1975年标点本,第365页;《新唐书》卷143《戴叔伦传》,中华书局1975年标点本,第4691页。
④ 此据葛剑雄主编,冻国栋著《中国人口史·第二卷:隋唐五代时期》第198—199页所列"表4-7唐贞观、天宝两朝各道户数增减状况"。而据翁俊雄《唐朝鼎盛时期政区与人口》的统计,当时全国人口的平均增长率为300%,首都师范大学出版社1995年版,第219页。

之邵、衡、永、郴、道等州，湘中之潭州，湘北之澧州和朗州，湘西之溪州等。这9州郡之人口均以超过平均增长率的速度增长，应包括一部分外来移民的迁入。

唐前期的湖南移民在氏族资料中亦有少量记载。据《湖南移民表》所列，唐前期总共有13例移民迁入，其中湘南7例，湘北2例，湘东、湘中、湘西和湘西南各有1例（见表3-1-7统计）。又据表3-1-5，这13例移民中大约有4例为官僚士大夫等上层移民，其余9例应为一般民户移民。

二 唐代中后期的移民（安史乱后至黄巢起义前）

唐天宝十四载（755）后，"其间沸腾，大盗三发，安禄山、朱泚、黄巢是也"。① 黄河中下游地区成为主要战场，所遭受破坏极其严重，人口大量流失。如安史乱后，郭子仪言，"夫以东周之地，久陷贼中，宫室焚烧，十不存一。百曹荒废，曾无尺椽，中间畿内，不满千户。井邑榛棘，豺狼所嗥，既乏军储，又鲜人力。东至郑、汴，达于徐方，北自覃怀，经于相土，人烟断绝，千里萧条"。② 刘晏亦描述了相同的情景，"东都残毁，百无一存……函、陕凋残，东周尤甚。过宜阳、熊耳，至武牢、成皋，五百里中，编户千余而已。居无尺椽，人无烟爨，萧条凄惨，兽游鬼哭……今于无人之境，兴此劳人之运，固难就矣"。③ 杜甫《无家别》诗描绘长安收复后的情景："寂寞天宝后，园庐但蒿藜。我里百余家，世乱各东西。存者无消息，死者为尘泥。贱子因阵败，归来寻旧蹊。久行见空巷，日瘦气惨凄。但对狐与狸，竖毛怒我啼。四邻何所有，一二老寡妻。"④ 持续战乱，人民四处逃散。于邵《河南于氏家谱后序》载：

> 洎天宝末，幽寇叛乱，今三十七年。顷属中原失守，族类逃难，不南驰吴越，则北走沙朔，或转死沟壑，其谁与知！或因兵祸纵横，

---

① 《旧唐书》卷200（下）史臣曰，中华书局1975年标点本，第5399页。
② 《旧唐书》卷120《郭子仪传》，中华书局1975年标点本，第3457页。
③ 《旧唐书》卷123《刘晏传》，中华书局1975年标点本，第3512—3513页。
④ （唐）杜甫：《杜甫全集》卷7，珠海出版社1996年点校本，第443页。

吊魂无所；或道路阻塞，不由我归；或田园淹没，无可回顾。①

人民南驰北走，经济和文化比较发达的东吴与江浙一带成为主要的迁入地。顾况《送宣歙李衙推八郎使东都序》言，"天宝末，安禄山反，天子去蜀，多士奔吴为人海"。② 李白《为宋中丞请都金陵表》言，"天下衣冠士庶，避地东吴，永嘉南迁，未盛于此"。③ 穆员《工部尚书鲍防碑》言，"是时，中原多故，贤士大夫以三江五湖为家，登会稽者如鳞介之集渊薮，以公故也"。④ 韩愈《考功员外卢君墓铭》亦言，"大历初，……中国新去乱，仕多避处江淮间。尝为显官得名声以老故自任者以千百数"。⑤ 而湖南经济与文化相对落后，非北民南移的首选地。柳宗元《送李渭赴京师序》言，"过洞庭，上湘江，非有罪左迁者罕至"。⑥ 此虽说为官僚士大夫的普遍心态，而一般民众也应如是，李白言庶民同士人一样多避地东吴即为可证。虽然如此，仍有一些官僚士大夫和一般民户选择迁移湖南。《旧唐书》卷39《地理志二·山南东道·荆州》略云：

  自至德后，中原多故，襄、邓百姓，两京衣冠，尽投江、湘，故荆南井邑，十倍其初，乃置荆南节度使。

据前引顾况、李白等言，其"尽投"一说，应于事实有所夸大。冻国栋认为此"荆南"据前文似指长江以南湘水流域各州郡。⑦ 上引《旧志》云："上元元年九月……以旧相吕諲为［江陵府］尹，充荆南节度使，领澧、朗、硖、夔、忠、归、万等八州，又割黔中之涪，湖南之岳、潭、衡、郴、邵、永、道、连八州，增置万人军，以永平为名。"荆南节度自上元元年（760）后领湘水流域等诸州，据此可知冻氏所言为是，亦可知北方

---

① 《全唐文》卷428，中华书局1983年影印本，第4366页。
② 《全唐文》卷529，中华书局1983年影印本，第5370页。
③ 《全唐文》卷348，中华书局1983年影印本，第3529页。
④ 《文苑英华》卷896，中华书局1966年影印本，第4720页。亦见《全唐文》卷783，中华书局1983年影印本，第8190页，其文稍异。
⑤ 屈守元等：《韩愈全集校注》，四川大学出版社1996年版，第1730页。
⑥ （唐）柳宗元：《柳宗元集》卷23，中华书局1979年校点本，第618页。
⑦ 葛剑雄主编，冻国栋著：《中国人口史·第二卷：隋唐五代时期》，复旦大学出版社2002年版，第326页。

士庶来湘之事不虚。另外，也有部分士庶由于非战乱之原因移湘。

（一）官僚士大夫等上层人士的迁移

官僚士大夫来湘，如唐前期一样，正史类史籍记载较为详细。颜真卿《唐故容州都督兼御史中丞本管经略使元君表墓碑铭并序》载：

> 君讳结，字次山……父延祖……以鲁县商余山多灵药，遂家焉……及羯胡首乱，逃难于猗玗洞 [今湖北大冶市境]，因招集邻里二百余家奔襄阳①。元宗异而征之，值君移居瀼溪 [今江西瑞昌市境]，乃寝……[大历七年] 夏四月庚午，薨于永崇坊之旅馆……其年冬十一月壬寅，虔葬君于鲁山青岭泉坡原，礼也。②

元结于安史乱中南奔居瀼溪，其后宦游居湖南浯溪（今祁阳境）。元结《浯溪铭并序》云：

> 浯溪在湘水之南，北汇于湘，爱其胜异，遂家溪畔。溪世无名称者也，为自爱之，故命浯溪，铭曰：……吾欲求退，将老兹地，溪古地荒，芜没已久，命曰浯溪，旌吾独有，人谁知之。③

著名宫廷乐师李龟年也因世乱来到江潭，《云溪友议》载：

> 明皇幸岷山，百官皆窜辱，积尸满中原，士族随车驾也……唯李龟年奔迫江潭，杜甫以诗赠之曰："岐王宅里寻常见，崔九堂前几度闻。正值江南好风景，落花时节又逢君。"龟年曾于湘中采访使筵上唱："红豆生南国，秋来发几枝。赠君多采撷，此物最相思。"④

博陵安平崔氏兄弟于安史乱后因避乱、宦游来湘。崔俊《唐故潭州湘潭县尉崔府君墓志》略云：

---

① （唐）李肇：《唐国史补》卷上《元次山称呼》言"千余家"，应不足信，见上海古籍出版社1979年标点本，第21页。
② 《全唐文》卷344，中华书局1983年影印本，第3494、3495页。
③ 《全唐文》卷382，中华书局1983年影印本，第3882页。
④ （唐）范摅：《云溪友议》卷中《云中命》，古典文学出版社1957年标点本，第40—41页。

>　　公讳倚……博陵安平人也……自幼遭罹世难，虏尘犯于两京，漂寓江淮，优游道德……授潭州湘潭县尉……南方地卑，因遘疾不起……公从父弟尚书户部侍郎偡，顷廉问湖南，因命犹子季长，扶护灵榇，归于旧国。以元和十五年十月十六日，葬于河南府洛阳县平阴乡邙山南原，礼也。①

又崔俊《唐故处士崔府君墓志》略云：

>　　府君姓崔氏，博陵安平人也。名偃……少遭离乱，久违京阙，以道自适，优游过时，罕趋于名，禄亦不及。因伯氏尉于湘潭，公亦从焉。长沙地卑，蒸湿为疠，年逾疾，终于所……先人未克归祔，不忍远离坟茔，荏苒岁时，逮卅祀从父弟偡蒙恩廉问湖上，问于蓍龟，以元和十五年十月十六日吉，遂命迁护，归于故乡。②

北宋周敦颐之先世于安史乱后不久自青州迁来，魏了翁《长沙县四先生祠堂记》略云：

>　　周元公先生之先世居青州，自唐永泰中有为廉、白二州太守曰崇昌，徙道之宁远县［唐代为延唐县，即今宁远县］大阳村，至裔孙虞宾之中子从远，又徙营道之西曰濂溪。③

大诗人杜甫在安史之乱爆发后，先后流落长安、凤翔等地，还被贬官华州，乾元二年（759）弃官入蜀，大历三年（768）再入湖南。④ 其《去蜀》诗云："五载客蜀郡，一年居梓州。如何关塞阻，转作潇湘游。"⑤ 描

---

① 周绍良等编：《唐代墓志汇编》之元和149，上海古籍出版社1992年版，第2054—2055页。
② 周绍良等编：《唐代墓志汇编》之元和150，上海古籍出版社1992年版，第2055页。
③ （宋）魏了翁：《鹤山先生大全文集》卷48，《四部丛刊集部》，商务印书馆民国十一年再版影印本。
④ 《旧唐书》卷190下本传载杜甫于唐永泰元年（765）入湘，应误。其入湘当在大历三年（768），详见四川省文史研究馆编《杜甫年谱》之考证，四川人民出版社1958年版。
⑤ （唐）杜甫：《杜甫全集》卷14，珠海出版社1996年点校本，第997页。

述了他欲北返而被迫南迁的情景。大历五年（770），客死于湘。元和八年（813）归葬偃师。

也有一些官员因为仕宦而卒任。如博陵崔涣，于道州宦居而卒。穆员《相国崔公墓志铭》载：

> 皇唐相国博陵公姓崔氏，讳涣，字某……以大历三年冬十有二月二日薨于道州刺史之寝，明年，归祔于洛阳北邙山。①

唐故相卢怀慎之孙卢杞，滑州灵昌人②，唐德宗时贬官澧州，寻卒于此。③范阳卢峤也因宦游居湘而卒。赵佶《唐故给事郎守永州司马赐绯鱼袋范阳卢府君墓志铭并序》载：

> 有唐给事郎守永州司马赐绯鱼袋范阳卢公，以贞元七年五月廿六日寝疾终于澧州仙丘里之私第，享年七十六。秋八月，夫人清河崔氏奉公之丧归葬河洛。明年二月癸卯，宅神于河南县万安山之南原，礼也。公讳峤，字峤……④

有来湘隐居者。《唐才子传校笺》卷4《李端传》载：

> 端，赵州人，嘉祐之侄也。少时居庐山，依皎然读书，意况清虚，酷慕禅侣。大历五年李搏榜进士及第，授秘书省校书郎。……为耽深癖，泉石少幽，移家来隐衡山，自号衡岳幽人。……诗更高雅，于才子中名响铮铮。⑤

---

① 《全唐文》卷784，中华书局1983年影印本，第8192页。亦见《文苑英华》卷936，中华书局1966年影印本，第4924页，其载稍异。另参考《旧唐书》卷11《代宗纪》，中华书局1975年标点本，第291页；同书卷108《崔涣传》，第3280页；同书卷91《崔玄暐传》，第2934页。
② 此据《旧唐书》卷98《卢怀慎传》，第3064页。
③ 《旧唐书》卷12《德宗纪上》，中华书局1975年标点本，第348页；同书卷135《卢杞传》，中华书局1975年标点本，第3718页。
④ （清）端方：《陶斋藏石记》卷27，《石刻史料新编》，台北新文丰出版公司1982年影印本，第1辑，第11册，第8254页。
⑤ 傅璇琮主编：《唐才子传校笺》，中华书局2000年版，第2册，第71—78页。

亦有士人来湘居住，不明原因。《太平广记》卷149《柳及传》引《前定录》载：

> 柳及，河南人，贞元中进士登科殊之子也，家于澧阳。①

有的官员亲属因随宦游来湘而留居。杨万里《萧岳英墓志铭》载：

> 萧氏其先，自唐丞相复观察湖南，其子俭留家长沙，六世而徙庐陵。②

又李老彭《故贺州长史赵府君妻河东裴夫人墓志铭并叙》载：

> 夫人讳婉，其先河东闻喜人也……以大历九年七月十八日遘疾终于长沙，从兄宦也……以大历十三年十一月七日合祔于邙山北原次中丞府君茔侧，从周制也。③

又柳宗元《先太夫人河东县太君归祔志》载：

> 先夫人姓卢氏，讳某，世家涿郡，寿止六十有八，元和元年，岁次丙戌，五月十五日，弃代于永州零陵佛寺。明年某月日，安祔于京兆万年栖凤原。④

此乃随柳宗元贬官永州而来湘者。又有官宦之女韦氏，因昆弟夭丧，无以

---

① 《太平广记》，中华书局1961年点校本，第1075页。
② 辛更儒：《杨万里集笺校》卷128，中华书局2007年版，第4961页。
③ 罗振玉：《芒洛冢墓遗文四编》卷6，《石刻史料新编》，台北新文丰出版公司1982年影印本，第1辑，第19册，第14279页。
④ （唐）柳宗元：《柳宗元集》卷13，中华书局1979年校点本，第325页。

从人，于唐太和七、八年（833、834）前后流落长沙。① 另有名路琛者，唐相路岩之子，魏州冠氏（今山东冠县）人②，路岩于唐懿宗末年贬死岭外③，路琛乃来湘。《宋史》卷441《路振传》载：

> 路振字子发，永州祁阳人，唐相岩之四世孙。岩贬死岭外，其子琛避地湖湘间，遂居焉。④

（二）一般民户的迁移

如前所论，安史乱后，北来一般民户虽多倾向迁往经济较发达的东南地区，但仍有不少民户选择前往湖湘之地。与迁湘官僚士大夫相比，一般民户在数量上应远远多于他们，而在正史类史籍中可考的记载却远不及他们详细明了。表2－1－1 中列可能为一般民户者只有两位，一是宋人彪虎臣之祖先。胡寅《王氏墓志铭》载：

> 绍兴二十年六月晦日，湘南逸民彪虎臣之妻王氏卒……虎臣七世

---

① （唐）范摅：《云溪友议》卷上《舞娥异》："李八座翱，潭州席上有舞柘枝者，匪疾而颜色忧悴。殷尧藩侍御当筵而赠诗，曰：'姑苏太守青蛾女，流落长沙舞柘枝。满座绣衣皆不识，可怜红脸泪双垂。'明府诘其事，乃故苏台韦中丞爱姬所生之女也。[夏卿之胤，正卿之侄]。曰：'妾以昆弟夭丧，无以从人，委身于乐部，耻辱先人。'言讫涕咽，情不能堪。亚相为之呼叹，且曰：'吾与韦族，其姻旧矣。'速命更其舞服，饰以袿襦，延与韩夫人相见。[夫人，吏部之子]。顾其言语清楚，宛有冠盖风仪，抚念如其所媵，遂于宾榻中选士而嫁之也。"（古典文学出版社1957年标点本，第20页）宋元之人皆传载其事，所记稍异［参见周勋初：《唐语林校证》卷4《豪爽》，中华书局1987年版，第336页；（宋）阮阅编：《诗话总龟·前集》卷24《感事门上》引《古今诗话》，人民文学出版社1987年校点本，第257页；傅璇琮主编：《唐才子传校笺》卷6《殷尧藩传》，中华书局2000年版，第3册，第69页］。考《旧唐书》卷160《李翱传》及卷17（下）《文宗纪下》，翱任长沙在太和七年至八年十二月（中华书局1975年标点本，第4208、第556页）。据此推测，韦氏女流落长沙当在太和七、八年间（833—834）或稍前。
② 《旧唐书》卷177《路岩传》载为"阳平冠氏人"（中华书局1975年标点本，第4602页），《新唐书》卷184《路岩传》称为"魏州冠氏人"（中华书局1975年标点本，第5396页），考（唐）李吉甫：《元和郡县图志》卷16《河北道一·魏州》，冠氏县属魏州，唐不设阳平郡（中华书局1983年点校本，第447—448、450页），故从新书。
③ 《旧唐书》卷177《路岩传》，中华书局1975年标点本，第4603页。
④ 《宋史》，中华书局1977年标点本，第13060页。另见（宋）王称《东都事略》卷115本传，齐鲁书社2000年点校本，第1003页，其载稍异。

祖在李唐中季，避山东乱南来，居于湘乡。①

铭文中虽未载明彪虎臣之祖先是为官还是为民，但依古人撰写墓志之惯例，前人有为官宦者肯定会大书特书；进而言之，能将彪氏世系记载甚明，彪氏始迁祖之事迹也应能基本追述清楚，此处不言彪虎臣先祖曾为官宦之事，则大体可知彪氏始迁湘乡时为一般民户。铭文所言"唐中季，避山东乱"，应指天宝末之安史之乱。②另一位是释灵象之父。释赞宁《唐南岳西园兰若昙藏传附灵象传》载：

荆州永泰寺释灵象，姓萧氏，兰陵人也。其胄裔则后梁为周所灭，支属星分，象父居长沙为编户矣。生象……长庆元年住百家岩寺。未几，徒步江陵，太守王潜请居永泰寺。太和三载六月二十三日，终于住寺，春秋七十五。建塔于州北，存焉。③

传所言兰陵为萧氏郡望，其裔"支属星分"后迁来。④从灵象的生止年代来看，其父应于唐中叶之际迁来，萧父为"编户"，或为一般民户。

又刘禹锡《武陵书怀五十韵》诗云："邻里皆迁客，儿童习左言。"⑤此诗为刘氏元和元年（806）贬居朗州时作⑥，其所言"邻里"之"迁客"，当是安史乱后迁者，据诗迁客众多，或为一般民户。

除因战乱，还有农民因不堪官租私债之重负而逃来。柳宗元在永州时见其钴鉧潭旁：

其清而平者且十亩余，有树环焉，有泉悬焉。其上有居者，以予

---

① （宋）胡寅：《斐然集》卷26，中华书局1993年点校本，第599、600页。
② （宋）胡宏《胡宏集·杂文·彪君墓志铭》亦载彪虎臣祖先避唐中叶之乱而徙来一事，但其始迁入地载作湘潭（中华书局1987年点校本，第184页）。胡寅撰王氏墓志时，彪虎臣仍健在，所以王氏铭文更为可信。
③ （宋）赞宁：《宋高僧传》卷11，中华书局1987年点校本，第253页。
④ 引文言萧氏于后梁之后"支属星分"，后梁萧氏在江陵，释灵象之先人可能自江陵迁，亦可能自江陵迁他地，再自他地迁长沙。
⑤ （唐）刘禹锡：《刘禹锡集》卷22，中华书局1990年点校本，第277—278页。
⑥ 卞孝萱：《刘禹锡年谱》，中华书局1963年版，第53页；傅璇琮等：《唐五代文学编年史·中唐卷》第629页刘禹锡条，辽海出版社1998年版。

之亟游也,一旦欵门来告曰:"不胜官租私券之委积,既芟山而更居,愿以潭上田贸财以缓祸。"①

此民户为避"官租私券"而逃居于此,似与战乱无关,因而不大可能为北方战乱之民户,可能为南方邻境之人。

因官僚士大夫移民毕竟较少,我们还可以从安史乱后湖南人口的急剧增长中窥探一般民户迁湘之大致情况。史载:"自至德后,中原多故,襄、邓百姓,两京衣冠,尽投江、湘,故荆南井邑,十倍其初,乃置荆南节度使。"②其中所谓"襄、邓百姓",应为襄、邓等北方州郡的一般民户,他们因乱迁来后,使湘江等流域各州郡的人口"十倍其初"。③如处于澧水流域和洞庭湖西岸的澧州(属荆南节度)人口就有大幅增长。《旧唐书》云:"[崔瓘]累迁至澧州刺史,下车削去烦苛,以安人为务。居二年,风化大行,流亡襁负而至,增户数万。"同书又载:大历四年,"秋七月己巳,以澧州刺史崔瓘为潭州刺史、湖南都团练观察使"④。可知崔瓘任澧州刺史在大历四年(769)七月之前,即安史之乱稍后,其在澧州任内召集"流亡","增户数万",应是受安史之乱影响而南迁的北方一般民户。

唐中后期之湖南移民同样在氏族资料中有所反映。据表3-1-7所列,唐中后期湖南有17例移民迁入,其中湘北6例,湘南5例,湘东、湘中和湘西各有2例。又据表3-1-5,这17例移民中有9例为官僚士大夫等上层移民,其余8例应为一般民户之迁徙。

---

① (唐)柳宗元:《柳宗元集》卷29《钴鉧潭记》,中华书局1979年校点本,第764页。
② 《旧唐书》卷39《地理志二·山南东道·荆州》,中华书局1975年标点本,第1552页。
③ 安史乱后湖南州郡人口的增长并没有在表2-1-2所列元和户中体现出来,有两方面的原因:一是由于当时存在大量隐户、漏户和浮浪之客户所致,《元和志》所载各州民户数字,仅为实有民户数的二分之一左右(参考翁俊雄:《唐后期政区与人口》,首都师范大学出版社1999年版,第48页);二是《旧志》所谓"十倍其初",应指安史乱后人口大量流散死亡,而北方百姓流来使人口增加的情况,而非相对天宝乱前户口而言。
④ 《旧唐书》卷115《崔瓘传》,中华书局1975年标点本,第3375页;同书卷11《代宗纪》,第293页。

三 唐末五代时的移民（黄巢起义后）

唐末五代，是中国历史上第三次大分裂、大割据的时期。唐僖宗乾符年间，"仍岁凶荒，人饥为盗，河南尤甚"①，王仙芝、黄巢等先后举义旗，率军众征战各地。其部虽曾转战湖、湘、交、广、江浙等南部之地，最后仍返北方，攻占洛阳、潼关、长安等地，"时京畿百姓皆砦于山谷，累年废耕耘，……贼怒坊市百姓迎王师，乃下令洗城，丈夫丁壮，杀戮殆尽，流血成渠"。唐将杨复光亦称当时的情景为："衣冠衔涂炭之悲，郡邑起丘墟之叹。"②黄巢败亡后，许州秦宗权部"皆慓锐惨毒，所至屠残人物，燔烧郡邑。西至关内，东极青、齐，南出江淮，北至卫滑，鱼烂鸟散，人烟断绝，荆榛蔽野。贼既乏食，啖人为储，军士四出，则盐尸而从"，"五六年间，民无耕织，千室之邑，不存一二"。③宗权即平，其余部转战于江淮，而中原地区仍有朱温"连兵十万，吞噬河南，兖、郓、青、徐之间，血战不解，唐祚以至于亡"。④北方中原地区再次陷入大规模的战乱时期。唐天祐四年（907），朱温建后梁代唐，继有后唐、后晋、后汉、后周相兴替，另有前蜀、后蜀、杨吴、南唐、吴越、闽、泉漳、楚、荆南、南汉、北汉等南北割据政权先后相并立，史称"天下大乱"矣！⑤而南方政权大多向中原王朝奉藩称臣，保持名义上的附属关系。这一局面实际上是中国由长期以来所保持的单一政治核心格局转向南北多元政治核心，并以北方政治核心为主的格局的体现。从经济发展的情况来看，中原地区长年藩镇割据、战乱不休，自然环境遭到严重破坏，百姓流离失所，经济发展停滞不前，而南方各国在经过初期短暂的战乱之后，统治者一般都采取保境息民的措施，保持了相对稳定的局面，使中国经济重心自安史之乱后开始南移的趋势在这一时期继续得到发展。多元政治中心的出现和经济重心的南

---

① 《旧唐书》卷200（下）《黄巢传》，中华书局1975年标点本，第5391页。
② 《旧唐书》卷19（下）《僖宗纪》，中华书局1975年标点本，第715页；同书卷200（下）《黄巢传》，第5395页。
③ 《旧唐书》卷200（下）《秦宗权传》，中华书局1975年标点本，第5398页；同书卷20（上）《昭宗纪》，第737页。
④ 《旧唐书》卷20（上）《昭宗纪》，中华书局1975年标点本，第737页。
⑤ 《新五代史》卷61《吴世家论》，中华书局1974年标点本，第762页。

移，文化重心也相应南移，并出现多个文化中心。而所有这一切都与北方士庶的南迁和南方各割据政权间的人口流动不无密切关系。

湖南地区在这一时期经历了一个由战乱到相对稳定的历史过程。乾符五年（878）三月，"郡盗陷朗州、岳州"。① 同月，"湖南军乱，逐其观察使崔瑾"。② 湖南始乱。乾符六年（879）十月，黄巢率军自岭南北返，恰遇湘水暴涨，义军自桂州③乘竹木大筏沿湘江而下，历永、衡等州而径抵潭州城，攻城杀守军五万，"流尸塞江"。④ 同年，"朗州贼周岳陷衡州，逐其刺史徐颢。荆南将雷满陷朗州，刺史崔翥死之。石门蛮向瑰陷澧州，权知州事吕自牧死之。桂阳贼陈彦谦陷郴州，刺史董岳死之"。广明元年（880），"江华贼蔡结陷道州"。⑤ 衡人杨师远亦于是时据州叛，零陵人唐行 [世] 旻乘黄巢乱胁众自防，据永州。⑥ 湖南因之大乱。乾宁元年（894），秦宗权部将刘建锋、马殷等率部自江淮入潭州。乾宁三年（896），刘建锋为部下所杀，马殷立。至光化元年（898），"时湖南管内七州，贼帅杨师远据衡州，唐世旻据永州，蔡结据道州，陈彦谦据郴州，鲁景仁据连州，殷所得惟潭、邵而已"。⑦ 次年，马殷始复湖南其余五州之地。⑧ 天复三年（903）岳州归附，后梁开平二年（908）再得澧、朗二州，后辰、溆等州相继来附。至此，今湖南境内之地基本为马氏所有。后

---

① 《资治通鉴》（以下简称《通鉴》）卷253，唐乾符五年三月，中华书局1956年标点本，第8201页。
② 《新唐书》卷9《僖宗纪》，中华书局1975年标点本，第267页。
③ 《旧唐书》卷19（下）《僖宗纪》载"自桂阳"，盖误，见中华书局1975年标点本，第706页。
④ 《旧唐书》卷19（下）《僖宗纪》。该纪及同书卷200（下）《黄巢传》系此事于广明元年（880）二月（中华书局1975年标点本，第706、5392页）；《新唐书》卷9《僖宗纪》系于乾符六年（879）闰十月，同书卷250（下）《黄巢传》又言"其 [乾符六年] 十月，巢据荆南"，则其载黄巢入湘破潭州之事当在乾符六年十月之前（中华书局1975年标点本，第269、6455页）；《通鉴》卷253系于唐乾符六年十月（中华书局1956年标点本，第8217页）。今从《通鉴》。
⑤ 《新唐书》卷9《僖宗纪》，中华书局1975年标点本，第270页。
⑥ 《新唐书》卷186《邓处讷传》，中华书局1975年标点本，第5422页。
⑦ 《通鉴》卷261，唐光化元年三月，中华书局1956年标点本，第8515页。
⑧ 《旧五代史》卷133《马殷传》言"[刘] 建峰 [锋] 尽有湖南之地"，盖误，见中华书局1976年标点本，第1756页。今从《通鉴》卷261（中华书局1956年标点本，第8528页）及《新五代史》卷66《马殷世家》（中华书局1974年标点本，第822页）所载。

梁立，马殷臣服，开平元年（907），朱温封马殷为楚王。① 马殷采取保境息民的政策，招纳人才，安集流亡，发展经济。后唐长兴元年（930），马殷卒，② 之后二十余年间，诸子争立，军政紊乱，人心离散。到后周广顺元年（951），马楚终灭于南唐。其后武陵周行逢等驱南唐兵而继有湖南，他当政后留心政事，休兵息民，生产得以逐步恢复。宋兴，周行逢归附。建隆三年（962）周行逢死，幼子周保权继立，宋遂于乾德元年（963）收复湖南。

在唐末五代这一段时间内，湖南作为移民迁入地的地位较安史乱后有所上升，来源地也趋于多元化，在迁移的原因上由安史之乱以后因战乱而被迫迁移的生存性移民为主，渐渐增多了主动寻求发展的发展性移民（官僚士大夫为官宦仕进，一般民户为开垦）。另外，割据势力的迁移也成为了这一时期移民的重要组成部分。

（一）官僚士大夫的迁移

唐末五代时期移民今湖南地区的官僚士大夫可基本分为两类：一类是在大动乱的背景下避地而居，一类为寻求仕途宦进而迁。前一类主要集中在唐末五代初这一段时间里。史载，"唐季之乱，关中旧族，多散适荆湖间"。③ 又言，"唐季之乱，四方豪杰与京都士族往往避地江湖"。④ 其中所言"唐季之乱"，应指自乾符之乱以后北方的持续战乱，说明从乾符之乱开始，就有四方官僚士大夫为避乱自存而迁湖南。史籍中列有一些个案。虞集《赵文惠公神道碑》略云：

---

① 《旧五代史》卷133《马殷传》系于后梁贞明中（中华书局1976年标点本，第1757页），今从《通鉴》卷266（中华书局1956年标点本，第8674页）及《新五代史》卷66《马殷世家》（中华书局1974年标点本，第823页）所载。
② 《旧五代史》卷133《马殷传》载于长兴二年（931）时卒（中华书局1976年标点本，第1757页），《通鉴》卷277亦主其说（中华书局1956年标点本，第9073页）。今从（宋）路振：《九国志》卷11《武穆王世家》（齐鲁书社2000年点校本，第112页）、《新五代史》卷66《马殷世家》（中华书局1974年标点本，第825页）。
③ （宋）王珪：《华阳集》卷40《永寿郡太君朱氏墓志铭》，商务印书馆民国二十四年排印本，第560页。
④ （宋）苏颂：《苏魏公文集》卷55《龙图阁直学士知成都府李公墓志铭》，中华书局2004年点校本，第841页。

按赵氏世为临淄人，唐末抚州刺史霍避地衡州，至宋族益盛。①

又刘攽《著作佐郎周君墓志铭》载：

其先颍人，唐之末世，有谪官道州者，更五代之乱，因家焉。②

又《旧唐书》卷176《杨嗣复传附子授传》载：

子煚字公隐，进士及第，再迁左拾遗。昭宗初即位，喜游宴，不恤时事，煚上疏极谏，帝面赐绯袍象笏。崔安潜出镇青州，辟为支使。不至镇，改太常博士。历主客、户部二员外郎。关中乱，崔胤引朱全忠入京师，乃挈家避地湖南，官终谏议大夫。

杨嗣复乃杨于陵子，《旧唐书》卷164《杨于陵传》言其弘农人，天宝末家寄河朔，及长，客江南。由此可知杨氏本弘农人，安史乱后流落江南，至杨煚于唐末始避地湖南。又《五代史补》卷3《戴偃摈弃》云：

戴偃，金陵人。能为诗，尤好规讽。唐末罹乱，游湘中，值马氏有国，至文昭王以公子得位，尤好奢侈，起天策府，构九龙、金华等殿，土木之工，斤斧之声，昼夜不绝。偃非之，自称玄黄子，著《渔父诗》百篇以献，欲讥讽之……即日便迁居湖上，乃潜戒公私不得与之往还。自是偃穷饿日至，无以为计，乃谓妻曰："与汝结发，已生一男一女。今度不惟挤于沟壑，亦恐首领不得完全，宜分儿遁去，庶几可免，不然旦夕死矣。"……偃将奔岭南，至永州，会文昭薨，乃止。其后不知所终。③

---

① （元）虞集：《道园学古录》卷13，《四部备要集部》，中华书局民国二十五年校刊本，第105页。
② （宋）刘攽：《彭城集》卷38，《丛书集成新编》，台北新文丰出版公司1985年版，第61册，第434页。
③ （宋）陶岳：《五代史补》，《中华野史》，泰山出版社2000年整理本，宋朝卷一，第98—99页。

戴偓能诗，能以诗相规讽，可知为士人，亦因唐末乱时来湘。

如前所述，关中旧族在唐末时因避乱、避祸而多有迁湘者。《苏魏公文集》卷55《龙图阁直学士知成都府李公墓志铭》述云：

> ［李］涛遭天祐宗室之祸，与其父间关南窜，流寓湘潭。马商［殷］以为衡阳令。①

《宋史》卷262《李涛传》载：

> 李涛字信臣，京兆万年人。唐敬宗子郎王玮十一世孙。祖镇，临濮令。父元，将作监。朱梁革命，元以宗室惧祸，挈涛避地湖南，依马殷，署涛衡阳令。涛从父兄郁仕梁为阁门使，上言涛父子旅湖湘，诏殷遣归京师，补河阳令。

可知李涛之父为李元，本京兆万年人，唐朝旧臣，以宗室惧祸而南迁湘潭，得到马殷的任用。后因李涛从父兄李郁之请而再返京师。与李涛父子同迁来者还有数人。《华阳集》卷40《永寿郡太君朱氏墓志铭》略云：

> 永寿郡太君沛国朱氏，赠给事中始平冯公讳式之夫人。其先家京兆之万年，遭唐季之乱，关中旧族，多散适荆湖间，夫人皇祖亦挈其家至潭之衡山。后又徙江陵，遂为江陵人……皇祖讳葆光……皇考讳昂……请老江陵。

《宋史》卷439《朱昂传》载：

> 朱昂字举之，其先京兆人，世家渼陂，唐天复末，徙家南阳。梁

---

① 《宋史》卷262本传言李涛建隆二年（961）后病卒，年六十四岁（中华书局1977年标点本，第9062页），则其于天祐间迁湖南时不过几岁，马殷不可能署之为衡阳县令，所署者应为其父李元，苏氏盖误，下条所引《宋史》亦误。

祖纂唐，父葆光与唐旧臣颜荛、李涛数辈挈家南渡，寓潭州。每正旦夕至，必序立南岳祠前，北望号恸，殆二十年。后涛北归，葆光乐衡山之胜，遂往家焉。

朱葆光为关中旧族，颜荛乃唐朝旧臣，与李涛父子等数辈同迁湘。宋人邵晔之先祖亦自京兆迁此。《宋史》卷426《邵晔传》略云：

邵晔字日华，其先京兆人。唐末丧乱，曾祖岳挈族之荆南谒高季兴，不见礼，遂之湖南。彭玕刺全州，辟为判官。会贼鲁仁恭寇连州，即署岳国子司业、知州事，遂家桂阳。

距湖湘不远的江夏亦有人因乱迁来。马氏《南唐书》卷6《保仪黄氏传》载：

后主保仪黄氏，世为江夏人。父守忠遇乱，流徙湘湖，事马氏为裨将。①

五代之时，因契丹入侵中原地区而有士大夫南奔。《实宾录》卷5《幕府书厨》载：

五代朱遵度，博学好著书，客梁宋二十年，公卿多与之游。契丹耶律德光闻其名，使晋高祖召之，遵度惧，挈其妻孥，携书，杂商贾奔楚，王待之甚薄，杜门却扫。②

据《江表志》卷中，朱遵度乃青州人。③ 关于其始来时间，《唐五代文学

---

① （宋）马令：《南唐书》，《丛书集成初编》，商务印书馆民国二十四年排印本，第43页。
② （宋）马永易：《实宾录》，《景印文渊阁四库全书》，台湾商务印书馆1986年版，第920册，第346页。
③ （宋）郑文宝：《江表志》，《全宋笔记》，大象出版社2003年点校本，第1编，第2册，第266页。

编年史》系之于后晋天福四年（939）前后①，良是。

又有因在马楚与周边割据政权的战乱中被俘而来者。《通鉴》卷267后梁开平四年（910）六月：

> 吴水军指挥使敖骈围吉州刺史彭玕弟瑊于赤石，楚兵救瑊，虏骈以归。

又《北梦琐言》卷5《成令公和州载舰》：

> 唐天祐中，淮师围武昌不解……湖南及朗州军入江陵，俘载军人百姓、职掌伎巧、僧道伶官，并归长沙。②

又《通鉴》卷269后梁贞明三年（917）三月：

> 楚王[马]殷遣其弟存攻吴上高，俘获而还。

所获俘虏中应有与前条所言"指挥使敖骈"类似身份的军官人士。

以上是因乱而迁湘的官僚士大夫，另一类则为求仕宦者，大都于马楚政权建立后迁来，马殷当政时尤多。马殷自乾宁元年入湖南，之后南征北讨，到后梁开平二年（908）已取得二十余州地。"殷土宇既广，乃养士息民，湖南遂安"。③ 马殷"养士"政策的推行，不仅集结了湖南境内的众多士子，还吸引着南北各地的官僚与士人前来投靠，以求得到任用。略举如下：

徐仲雅。《十国春秋》卷73本传："徐仲雅字东野，其先秦中人，徙

---

① 傅璇琮等：《唐五代文学编年史·五代卷》，辽海出版社1998年版，第328—329页朱遵度条。吴氏唐五代作后唐时迁，应误。
② （宋）孙光宪：《北梦琐言》，《全宋笔记》，大象出版社2003年点校本，第1编，第1册，第65页。
③ 《通鉴》卷267，后梁开平二年九月，中华书局1956年标点本，第8704页。

居长沙。有隽才，长于诗文。"① 是为马楚天策府十八学士之一。②

刘昭禹。《唐诗纪事校笺》卷46载："昭禹，字休明，婺州人也……在湖南累为宰字，后署天策府学士。"《直斋书录解题》卷19载："《刘昭禹集》一卷，湖南天策府学士桂阳刘昭禹撰。"前史言刘昭禹婺州人，后一则言桂阳人，王仲镛先生认为"疑当以作桂阳人为是"，至于何以为是，却没有列出理由。③ 检《全唐诗（增订本）》卷762多存刘昭禹述浙东之诗，婺州一说应更为稳妥。

伍彬。《诗话总龟·前集》卷11《雅什门下》引《雅言系述》："伍彬，邠阳人，初事马氏，王师下湖湘，授官为安邑簿，秩满归隐［湖南］。"④

汪遵，一作江遵，亦作王遵。《唐摭言》："许棠，宣州泾县人……乡人汪遵者，幼为小吏……然善为歌诗，而深自晦密。"⑤《唐诗纪事》卷59汪遵条："遵，宣城人，登咸通七年进士第。"又言："遵幼为吏……

---

① （清）吴任臣：《十国春秋》，中华书局1983年点校本，第1009页。
② 马希范嗣位不久，遂仿唐太宗李世民为秦王时开府置学士之制，设十八学士。（宋）陶岳：《五代史补》卷3《马希范奢侈》："马希范，武穆［马殷］之嫡子。性奢侈，嗣位未几，乞依故事置天策府僚属，于是擢从事有才行者，有若都统判官李铎、静江府节度判官潘玘、武安军节度判官拓拔坦、都统掌书记李皋、镇南节度判官李庄、昭顺军节度判官徐收、澧［点校本作"沣"，当误］州观察判官彭继英、江南观察判官廖图、昭顺军观察判官徐仲雅、静江府掌书记邓懿文、武平军节度掌书记李松年、镇南军节度掌书记卫曦、昭顺军观察支使彭继勋、武平军节度推官萧铢、桂管观察推官何仲举、武安军节度巡官孟玄晖、容管节度推官刘昭禹等十八人，并为学士。"（《中华野史》，泰山出版社2000年整理本，宋朝卷一，第97页）其载学士17位。《通鉴》卷282后晋天福四年十一月条下注引《九国志》载十八学士之名稍异（中华书局1956年标点本，第9208—9209页），《五代史补》载而无者有李松年、卫曦二人，《五代史补》无载者有曹悦、裴颜、李弘节三人，另将潘玘作潘起，李皋作李弘皋［按后晋天福五年（940）溪州铜柱铭文曰："天策府学士……李弘皋撰。"可见以《通鉴》所记为是。参见彭武文：《溪州铜柱及其铭文考辨》，岳麓书社1994年版，第1页］，徐收作徐牧，廖图作廖匡图，拓拔坦作拓跋恒，萧铢作萧洙。关于马楚设十八学士的时间，《通鉴》系于后晋天福四年（939）十一月，即马希范当政之时，因而与《五代史补》同。《新五代史》卷66《马殷世家》则以后梁太祖时马殷始置（中华书局1974年标点本，第824页），今不取。
③ 王仲镛：《唐诗纪事校笺》卷46刘昭禹条下之校笺，巴蜀书社1989年版，第1253页。
④ （清）厉鹗：《宋诗纪事》卷5伍彬条云："彬，郴阳人。初事马氏，王师下湖湘，授官为安邑簿。秩满归隐。"上海古籍出版社1983年点校本，第135页。（清）王士禛原编，郑方坤删补：《五代诗话》卷7则言伍彬为"祁阳人"，人民文学出版社1998年校点本，第277页。今从《诗话总龟》。伍彬归隐湖南，参见傅璇琮等：《唐五代文学编年史·五代卷》，辽海出版社1998年版，第549页伍彬条。
⑤ （五代）王定保：《唐摭言》卷8《为乡人轻视而得者》，中华书局1959年标点本，第89页。

善为绝句诗而深晦密。"《全五代诗》卷63《江遵小传》云："流寓楚卒。"①

裴说、裴谐兄弟。《十国春秋》卷75《翁宏传》："翁宏字大举，桂州人……同邑有裴谐者，唐人裴说之弟，武穆王时隐于桂岭，亦工于歌咏。"《诗话总龟·前集》卷13《警句门中》云："裴说裴谐俱有诗名。"可知裴氏兄弟为桂州人，长于歌咏。《全五代诗》卷64《裴说小传》云："乱后，归湖南卒。"同书卷64《裴谐小传》云："谐依马氏，与翁宏为诗友。"可见裴氏兄弟俱来湖南。

石文德。《五代史补》卷3《石文德献挽歌》："石文德，连州人。形质矬陋，好学，尤攻诗。霸国［马殷］时，屡献诗求用。文昭以其寝陋，未尝礼待，文德由是穷悴。有南宅王子者，素重士，延于门下。"

王元。《诗话总龟·前集》卷11《雅什门下》引《雅言系述》："王元字文元，桂林人……与廖融为诗友……终于长沙。"

沈彬，洪州高安人。②《五代史补》卷4《沈彬石椁》："沈彬……能为歌诗，格高逸。应进士不第，遂游长沙。会武穆［马殷］方霸，彬献《颂③德诗》云：'金翅动身摩日月，银河转浪洗乾坤。'武穆览而壮之，欲辟之在幕府，以其有足疾，遂止。彬由是往来衡湘间，自称进士。"

孟宾于。马氏《南唐书》卷23本传："孟宾于，湖湘连上［连州］人，少孤力学，事母以孝闻。天祐末……诗名益振，明年春，擢进士第。

---

① （清）李调元编：《全五代诗》，巴蜀书社1992年点校本，第1265页。
② 诸史所载沈彬原籍不一。（宋）陶岳：《五代史补》卷4《沈彬石椁》载为宜春人（《中华野史》，泰山出版社2000年整理本，宋朝卷一，第102页），（宋）王象之：《舆地纪胜》卷28《江南西路·袁州·人物》亦袭其说（江苏广陵古籍刻印社1991年影印本，第337页）。（宋）徐铉：《稽神录》卷5《沈彬》云："吴兴沈彬，少而好道，及致仕归高安。"（《宋元笔记小说大观》，上海古籍出版社2001年校点本，第1册，第196页）（宋）马令：《南唐书》卷15本传载"筠阳高安人"（《丛书集成初编》，商务印书馆民国二十四年排印本，第102页），（宋）龙衮：《江南野史》卷6本传亦云"筠阳高安人"（《全宋笔记》，大象出版社2003年点校本，第1编，第3册，第196页）。（宋）陆游：《南唐书》卷7本传则言"洪州高安人"（《陆放翁全集》，中国书店1986年版，上册，第29页）。按（宋）乐史：《太平寰宇记》卷106《江南西道四·洪州·筠州》，高安县本属洪州，南唐保大十年（952）置筠州，割高安来属（台北文海出版社1980年影印本，第41、47—48页）。沈彬诞唐末，应作洪州高安人，故从陆游之说。
③ 点校本将"颂"作"献"，当误，见《中华野史》，泰山出版社2000年整理本，宋朝卷一，第102页。

未几,以离乱还乡,会马殷开府,辟为零陵从事。"

任鹄和王正己,皆不知何许人,隐衡山,与廖融为诗友。《诗话总龟·前集》卷10《雅什门上》引《雅言杂载》:"廖融字元素,隐于衡山,与逸人任鹄、王正己、凌蟾、王元皆一时名士,为诗相善。"大约于五代末宋初时迁来。①

陆蟾。《镡津文集》卷16本传:"陆蟾,藤州镡津人也,以能诗名于楚越间……客死于攸县之司空山。"② 又《诗话总龟·前集》卷15《留题门上》引《雅言杂载》:"陆蟾寓居潭州攸县司空山,好神仙事,多辟谷累月……雍熙中服药卒。"大约于五代末宋初时迁来。③

迁来仕马楚与周行逢者还有多人:

严广远。《十国春秋》卷70《周行逢传》:"严氏,秦人,父广远仕马氏为评事,因以女适行逢。"

李观象。《通鉴》卷290后周广顺元年(951)九月载为"桂林"人,是年已为朗州刘言掌书记。又本条下注云:"时人谓桂州为桂林。"《续资治通鉴长编》卷4载:乾德元年(963)二月,"王师既收荆南,益发兵,日夜趋朗州。周保权惧,召观察判官桂人李观象……"④《宋史》卷483《湖南周氏世家》载:"李观象,桂州临桂人。[周]行逢署为掌书记。行逢性残忍,多诛杀,观象惧及祸,清苦自励,以求知遇,帐帏、寝衣悉以纸为之。行逢颇加信任,军府之政一皆取决。"据上可知,李观象乃桂州临桂人,先后事刘言及周氏父子。他于后周广顺元年时任掌书记,而该年马楚亡于南唐,刘言、周行逢等始据朗州称雄,其来湖南应在此前。

另有周边割据政权的将领因受当政者之猜忌而叛逃迁来。《通鉴》卷266后梁开平元年(907)正月载:

[杨吴]黑云都指挥使吕师周与副指挥使綦章将兵屯上高,师周与湖南战,屡有功,渥忌之。师周惧,谋于綦章曰:"马公宽厚,吾

---

① 迁移时间参见傅璇琮等《唐五代文学编年史·五代卷》,辽海出版社1998年版,第553页任鹄条。
② 邱小毛:《〈镡津文集〉校注》,硕士学位论文,广西大学,2003年,第183页。
③ 迁移时间参见傅璇琮等《唐五代文学编年史·五代卷》,辽海出版社1998年版,第554页陆蟾条。
④ 《续资治通鉴长编》(以下简称《长编》),中华书局1979—1995年点校本,第85页。

欲逃死焉，可乎？"章曰："兹事君自图之，吾舌可断，不敢泄！"师周遂奔湖南，章纵其孥［妻子和儿女］使逸去。师周，扬州人也。

引文中之"渥"，即杨吴主杨渥。《九国志》卷11吕师周本传亦载其事，但系于杨渥之父杨行密时。《通鉴》本条注云："据此则为渥所疑，非行密也。"其说应是。亦有在他处不得志而迁来隐居者，如连州人黄损，后唐同光间登第，求入王潮幕府不得，退居于永州。①

（二）割据势力之迁移

唐末皇室不振，各股势力纷起相争，夺取割据地，湖南亦成为争夺目标之一。先有黄浩率黄巢余部进入湖南，继有起于河南、败于江淮的秦宗权之部将刘建锋、马殷等率部入据湖南，消灭境内各州军阀，建立割据政权。五代初，湖南周边还有几股较小的割据势力，为图生存，往依马氏，于是先后有彭玕、刘昌鲁和庞巨昭等率部迁入湖南。

1. 黄浩部入湖南

唐中和四年（884），黄巢败亡，其从子黄浩率部7000人进入湖南。《新唐书》卷225（下）《黄巢传》云，"巢从子浩众七千，为盗江湖间，自号'浪荡军'。天复初，欲据湖南，陷浏阳，杀略甚众。湘阴强家邓进思率壮士伏山中，击杀浩"②，而其部众"皆遁走"③，应多散布在湖湘间。

2. 刘建锋、马殷部入湖南

刘建锋［《旧五代史》将"锋"作"峰"］，蔡州朗山人。许州秦宗权据蔡州叛唐，遂成为其部将。《新唐书》卷190本传云：

> 刘建锋字锐端，蔡州朗山人。为忠武军部将，与孙儒、马殷同事秦宗权。

秦宗权于中和三年（883）叛唐为贼，转战中原，时称"蔡贼"。后江淮乱，遣部将渡淮与杨行密争夺地盘，终败于此。《旧唐书》卷19（下）

---

① （宋）陶岳：《五代史补》卷2《黄损不调》，《中华野史》，泰山出版社2000年整理本，宋朝卷一，第96页。
② （宋）路振：《九国志》卷11《邓进忠传》言黄浩乃黄巢弟，又载"浪荡军"为"浪宕军"，见齐鲁书社2000年点校本，第116页。
③ （宋）路振：《九国志》卷11《邓进忠传》，齐鲁书社2000年点校本，第116页。

《僖宗纪》光启三年（887）九月：

> 杨行密急攻广陵，蔡贼秦宗权遣其将孙儒将兵三万渡淮，争扬州，城中食尽。

同书卷20（上）《昭宗纪》大顺二年（891）三月载：

> 淮南节度孙儒为宣州观察使杨行密所杀……是月，孙儒亦病，为帐下所执，降行密。行密乃并孙儒之众，复据广陵。

孙儒败，与之同来江淮的刘建锋、马殷等人收拾残部，转战江西，扩展势力，历时三载余到达湖南。同书同卷昭宗乾宁元年（894）云：

> 五月，蔡贼孙儒部将刘建锋攻陷潭州，自称湖南节度使。

上引刘建锋本传亦云：

> 儒之败，建锋、殷收散卒，转寇江西，有众七千，推建锋为主，殷为前锋，张佶为谋主。略洪、虔数州，众遂十余万。乾宁元年，取潭州，杀武安节度使邓处讷，自称节度留后，奉表京师，诏即拜检校尚书左仆射、武安军节度使。

孙儒渡淮时率兵"三万"，败后一部分为杨行密所并，此处所言"七千"之众乃其残部，应多来自"蔡贼"的发家地许、蔡等州，在剽掠江西洪、虔等州时，部众扩大至"十余万"[①]，这些新加入之人应都来自刘建锋与马殷部所经过之地。这支于乾宁元年而来达"十余万"之众的队伍，是唐末五代时期湖南规模最大的一次移民。刘建锋入主潭州后，自以为得志，常醉酒不理政事，又夺御卒之妻，终为部下所杀，马殷遂立。

---

① 《新五代史》卷66《马殷世家》言秦宗权遣孙儒等人渡淮时"将兵万人"，后"有众数万"（中华书局1974年标点本，第821页）。今从《旧唐书》及《新唐书》所载。

第二章 唐宋时期湖南移民之过程

马殷，字霸图，许州鄢陵人①，其经历与刘建锋相似。《旧五代史》卷133马殷本传云：

> 少为木工，及蔡贼秦宗权作乱，始应募从军。初，随孙儒渡淮，陷广陵。及儒败于宣州，殷随别将刘建峰过江西，连陷洪、鄂、潭……等州……[建峰]遂自为潭帅。顷之，建峰为部下所杀，潭人推行军司马张佶为帅。时殷方统兵攻邵州，佶曰："吾才不及马殷。"即牒殷付以军府事。殷自邵州旋军，犒劳将士，诛害建峰者数十人，自为留后。久之，朝廷命为湖南节度使，遂有潭、衡七州之地。

马殷代刘建锋立当在乾宁三年（896）之时。《旧唐书》卷20（上）《昭宗纪》乾宁三年载：

> 四月壬午朔，湖南军乱，杀其帅刘建锋，三军立其部将权知邵州刺史马殷为兵马留后。

马殷代立后，四处征讨，据有含今湖南地域在内的二十余州地，以潭州为都府建马楚国，后唐长兴元年（930）卒，葬衡阳。

刘建锋与马殷所部十余万人皆因随其征战而迁徙，其中大都不可考，见于史籍者寥寥，略列如下：

陈赡。《新唐书》卷190《刘建锋传》："建锋已得志，即嗜酒不事事。新息小史陈赡为建锋御者，妻美且艳，乃私之。赡怒，袖铁挝击建锋死，

---

① 关于马殷原籍，诸史所载不一。《旧五代史》卷133马殷本传载为"许州鄢陵人"（中华书局1976年标点本，第1756页），《新五代史》卷66及《十国春秋》卷67马殷世家皆从其说（分见中华书局1974年标点本，第821页；中华书局1983年点校本，第931页）。（宋）路振：《九国志》卷11《许德勋传》言许德勋与之有"州里之旧"，又云："德勋，蔡州朗山人。"其说马殷乃蔡州人（齐鲁书社2000年点校本，第114页）。《新唐书》卷190《刘建锋传》言："[马]殷与建锋同里人，凡[秦]宗权党散为盗者，皆以酷烈相矜，时通名'蔡贼'云。"又云刘建锋"蔡州朗山人"，可知其亦说马殷为蔡州人（中华书局1975年标点本，第5482、5481页）。（宋）周羽翀：《三楚新录》卷1亦云马殷为上蔡（隶蔡州）人（《全宋笔记》，大象出版社2003年点校本，第1编，第2册，第120页）。《通鉴》卷256则言马殷为扶沟（隶许州）人（中华书局1956年标点本，第8342页）。今从《旧五代史》。

断其喉。众推张佶为帅，佶固辞，马蹑伤佶左髀，下令曰：'吾非而主。'时马殷攻邵州未克，于是遣人迎殷。磔赡于市。"其中所言陈赡为刘建锋御卒，应是随其转迁而来湖南者，又言"新息小史"，应是新息人。据《元和志》，新息县隶蔡州。①

张佶，京兆长安人。②《九国志》卷11本传："少通经史，咸通初，以明经中第，累迁宣州从事……将归京师，至汝阳，值秦宗权阻兵，佶往依之。宗权与语大悦，署为行军司马。"又云："佶与[刘]建锋率余众据湖南，推建锋为帅。"其入湖南事亦见于刘建锋与马殷条下引文，此处不赘。

许德勋。《九国志》卷11本传云："德勋，蔡州朗山人。少为县吏，好读书史，任气不群。秦宗权据淮西，德勋往依之，擢为左军判官。与[马]殷同在帐下，有州里之旧，情好款洽。从孙儒讨扬州，以德勋为踏白都指挥使。"又言："及儒败于宣城，与刘建锋同入湖南。"

姚彦章。《九国志》卷11本传云："彦章，字继徽，汝南人。少倜傥，有武略。乾符中，黄巢盗起，秦宗权召募豪俊，以彦章隶帐下……随孙儒渡淮拔广陵，儒死宣城，随刘建锋入湖南。"据《元和志》，汝南县隶蔡州。③

秦彦晖。《九国志》卷11本传云："彦晖，上蔡人。宗权之族弟。……少优勇，有智略。宗权将败，族人惧祸，彦晖请随族兄宗衡讨扬州。宗衡为[孙]儒所害，彦晖从儒攻宣州；儒败，又从刘建锋入湖南。"据《元和志》，上蔡县隶蔡州。④ 传又言为秦宗权之族弟，而秦宗权为许州人⑤，则彦晖或为许州人。

王环。《九国志》卷11本传云："环，许州人。少隶忠武军。秦宗权

---

① （唐）李吉甫：《元和郡县图志》卷9《河南道五·蔡州》，中华书局1983年点校本，第238页。
② （宋）路振：《九国志》卷11本传言其为"京兆长安人"（齐鲁书社2000年点校本，第113页），《通鉴》卷256从其说，称"长安人张佶"（中华书局1956年标点本，第8343页），《旧五代史》卷17本传言"不知何郡人也"（中华书局1976年标点本，第236页）。今从《九国志》。
③ （唐）李吉甫：《元和郡县图志》卷9《河南道五·蔡州》，中华书局1983年点校本，第238页。
④ 同上。
⑤ 《旧唐书》卷200（下）《秦宗权传》，中华书局1975年标点本，第5398页。

据淮西,以环有勇力,召置帐下。后与刘建锋从孙儒渡淮,儒死宣城,又随[刘]建锋入湖南。"

李琼。《九国志》卷11本传云:"琼,蔡州汝阳人。少以(翘)[饶]勇,选隶秦宗权帐下。后随孙儒渡淮,儒败,又从刘建锋入湖南。"

苑玫。《通鉴》卷267后梁开平三年(909)六月:"楚王[马]殷遣指挥使苑玫会袁州刺史彭彦章围高安以助全讽。玫,蔡州人。"此中虽未言苑玫来湖南的详细过程,也应是随马殷同迁者。

李令。《十国春秋》卷75本传云:"李令,江南人也。故唐时累任大邑,假秩至评事。世乱年老,无复宦情,筑室于广陵法云寺西,为终焉之计……孙儒陷广陵,儒将李琼屯兵法云寺,恒止令家,父事令,情好甚笃。武穆王入湖南,琼从之,挟令与俱行。"

高郁。《通鉴》卷260唐乾宁三年(896)九月:"以湖南留后马殷判湖南军府事。殷以高郁为谋主,郁,扬州人也。"按:乾宁三年马殷始立,即以高郁为谋主,可知高郁早已见知于马殷,应是乾宁元年随马殷入湖南者。

马存,马殷弟。《旧五代史》卷32《庄宗纪》:同光二年(924)九月,"乙卯,以前振武节度使、安北都护马存可依前检校太尉、兼侍中,充宁远军节度、容管观察使。存,湖南马殷之弟也"。

马賨,亦马殷弟。《新唐书》卷190《刘建锋传》云:"殷弟賨,沈勇知书史,从孙儒为盗,晚事杨行密为黑云军使。"《新五代史》卷66《马殷世家》亦云:"初,孙儒败于宣州,殷弟賨为杨行密所执,行密收儒余兵为'黑云都',以賨为指挥使。"其从孙儒渡淮,被杨行密所执,故未能与马殷于乾宁元年同来湖南。杨行密知其为马殷弟后将之遣归湖南,前引《刘建锋传》又言:"与钱镠战,数有功。夜卧,常有光怪。行密知之,曰:'吾今归汝于兄。'辞曰:'賨一败卒,公待以不死。湖南在宇下,朝亡夕至,但谊不忍舍公。'行密具赍以遣曰:'尔还,与兄共食湘、楚,然何以报我?'答曰:'愿通二国好,使商贾相资。'行密喜。既至,殷表以自副。"据《通鉴》卷265,马賨归楚当在唐天祐元年(904)之时。

以上自刘建锋以下14人,从其出身来讲,有8人明载为秦宗权旧部,陈赡、苑玫和马存、马賨兄弟从其经历来看,也应是秦氏旧部,若此推断无误,则原隶秦宗权旧部者占12人,而李令、高郁2人则自扬州加入;从其籍贯来看,有11人原籍为蔡州或许州,其余3人中,1人籍长安,2

人籍扬州。可见他们多为秦宗权旧部,隶蔡、许州籍,而其所转战过的扬州等地亦有人加入。但这一分析结果并不能全面反映刘、马所部10余万之移民的身份与原籍的真实面貌。换言之,此结果大体能反映刘、马等人在江淮所收七千孙儒残部的身份与原籍的构成情况,而这一部分人恰恰成为了刘、马部众的骨干力量,所以史载较多;而其部转战江西洪、虔等州时所加入的10来万之人,大部分应是普通民众和一般军士,所以史载较少,只能作大体推断。

3. 彭玕部入湖南

彭玕,一作彭开。《九国志》本传:"玕,吉州庐陵人,世居赤石洞为酋豪。黄巢之后,江表寇盗蜂起,玕于乡里保聚徒众,得数千人,自为首领,捕逐群盗有功,本州补玕永新制置使。玕雅好儒学,精《左氏春秋》。当兵荒之岁,所在饥馑,玕延接文士,曾无虚日,治具勤厚,人多归之。广陵笔工李郁者,善为诗什,玕尝贻书与郁,以白金十两市一笔;又令郁访石本《五经》,卷以白金百两为直。广陵人相谓曰:'玕以十金易一笔,百金酬一卷,况得士乎!'于是萧谟等数人,咸往依之。钟传据江西,其裨将韩德师叛,传令其弟瑊攻破之,斩获甚众;军政严肃,樵采不犯。传以瑊为吉州刺史,未几,以玕代之。玕以传为辅车之势。会传死,杨行密将攻破豫章,虏钟匡时。玕惧,将图据湖南……开平中,抚州危全讽率袁、吉之众,以复豫章,至象牙潭,淮将周本击破之。玕乃以所部并其族千余人,归款于我〔马楚〕,殷发兵境上,援其辎重,至即奏授郴州刺史、陇西郡公,以希范聘玕女。天成中玕卒,年七十三。兄邺、弟瑊,子继英、继勋。"①彭玕崛起于乱世,雄踞于吉州,在杨吴军队的步步紧逼下,最后不得不投靠马殷。

关于他率部迁来时间,上引《九国志》言"开平中",按《通鉴》卷267载其事,应在开平三年(909)七月。而其所率部人数,前引《九国志》言"千余人",《通鉴》卷267载"数千人",《江南野史》卷6本传言"因尽掠百姓户口几千余家入郴、衡",据此,《通鉴》所载似是。其部属人员的成分,应有两类:一类是士人,彭玕重视士子,有扬州等地的

---

① (宋)路振:《九国志》卷11《彭玕传》,齐鲁书社2000年点校本,第122页。此本"曾无虚日"作"会无虚日","袁、吉之众"作"袁、吉之兵","周本"作"周平",皆当误之,另其标点亦有不当之处,今一并改之。

文士归依，其中也应有随之迁往湖南者，且彭玕本人雅好儒学，其子弟又多文才，如其子继英、继勋并为天策府十八学士之一（见徐仲雅条下注），都可纳于士子之列；另一类为一般民户（详见本节一般民户的迁移）。

4. 刘昌鲁、庞巨昭部入湖南

刘昌鲁。《九国志》卷11本传云："昌鲁，字安国，相州邺县人。唐末明经登第，释褐项城主簿，累迁至尚书郎。乾符中，出为高州刺史。黄巢寇岭南，郡县离析，昌鲁使其居民据保障以自守，一境获安，就迁防御使。刘隐入广州，遣其弟龑领兵攻高州，昌鲁率励丁壮，逆战于城外，大破龑军。自以地小力寡，终虑为隐所吞，开平初，乃致书于［马］殷曰：'……愿以所部归款于执事……'殷览书甚喜，即遣指挥使张可求［本作"张球"］率兵迎之。昌鲁尽辇其帑库，及士卒千余人，归于湖南。奏授永顺军节度副使，兼行军司马。天成中卒。"

庞巨昭，一作巨曦。《九国志》卷11本传云："巨昭，不知何许人。唐末为容州观察使，精天文纬候之学。黄巢入广南，巨昭括部内诸蛮得数千人，亲自选练，分屯险隘，巢寇惮之，不敢犯其境，以功加宁远军节度使。开平初，高州刘昌鲁率众归附［我马楚］，殷遣姚彦章、李琼率兵迎之，长驱而南，前锋至容州……琼以军径赴城中。俄而广南刘隐率众来，我师不能守，于是尽辇其府实，驱其人民以归。巨昭挈其族数百口随归长沙……（真）［贞］明中卒，年七十六。"

关于昌鲁、巨昭归湖南的时间，上引《九国志》言在开平初，《通鉴》卷267载：开平四年（910），"［姚］彦章进至高州，以兵援送巨昭、昌鲁之族及士卒千余人归长沙"。据此可知确切的时间当在后梁开平四年十二月。关于刘、庞所部人数，上引《九国志》言一支"千余人"，另一支"数百口"，《通鉴》言两支总"千余人"，两史所载相差不多。《湖湘故事》则载"巨曦遂帅万余众归于马氏"，又言昌鲁"一行三千余口归于马氏"，两支一万三千余口。① 《十国春秋》卷73《刘昌鲁传》言昌鲁有"三千余口来归"，又同书同卷《庞巨昭传》言巨昭挈族及士卒"千人"归长沙，两支合计约四千余口，与前两史所载相去甚远。后两史所载昌鲁率"三千余口"归马氏应误，今从前两史"千余"之数，《十国春秋》载巨昭"千人"之说应是抄录《通鉴》时省昌鲁而误。又《通鉴》卷268

---

① 《通鉴》卷267，后梁开平四年"考异"引，中华书局1956年标点本，第8734页。

载：乾化元年（911）十二月，"刘岩遣兵攻容州，[马]殷遣都指挥使许德勋以桂州兵救之；[姚]彦章不能守，乃迁容州士民及其府藏奔长沙，岩遂取容管及高州"。本条注："开平四年，楚取容管及高州，至是弃之。"《湖湘故事》所言"巨曦遂帅万余众归于马氏"，应是姚彦章此次迁容州士民，上引《九国志》言"驱其人民以归"也当指此事。巨昭已于开平四年马楚取容州时归长沙，此次非巨昭亲率而归，《湖湘故事》稍误。要之，刘昌鲁与庞巨昭自高、容等州归附，先后有一万一千余人归湖南。

5. 廖爽部入湖南

廖爽，虔州赣县人（见表2-1-1廖爽条）。天复二年（902），江西割据势力虔州刺史卢光稠攻岭南，夺得韶州，命其子延昌为刺史。开平四年（910），卢光稠卒，部将谭全播拥立延昌任虔州刺史，延昌表廖爽为韶州刺史。① 不久，为南汉主刘岩所攻。《通鉴》卷268载：乾化元年（911）十二月，"刘岩闻[谭]全播病，发兵攻韶州，破之，刺史廖爽奔楚，楚王[马]殷表为永州刺史"。

廖爽于乾化元年奔湖南②，乃举族迁，所部甚众。《三楚新录》卷1载："岭外廖光图自韶阳叛，举族来奔，其部曲随而至者数千人，殷以其豪而众多，将拒而不纳。或有谏者曰：'廖者，料也，马得必肥，是家国强霸之兆，何为而拒之？'遂待之以礼，因命光图为永州刺史。"廖光图，一作图，亦作匡图，乃廖爽子，据前所述，自韶州举族来奔者当是其父廖爽，所部达数千人之多。廖氏为豪族，世有家法，其子弟多文才。如廖匡图，《雅言杂录》称其"文学博赡，为时辈人所服"③，亦为天策府十八学士之一（见徐仲雅条注）。匡图弟侄等亦因诗才闻名。《文庄集》④ 卷28

---

① 以上见《通鉴》卷263唐天复二年、卷267开平四年十二月，中华书局1956年标点本，第8589、8730页。

② （宋）陶岳：《五代史补》卷4《廖氏世胄》："廖氏，虔州赣县人。有子三人，伯曰图，仲曰偃，季曰凝。图、凝皆有诗名，偃蹻勇绝伦，由是豪横，遂为乡里所惮。江南命功臣钟章为虔州刺史，深嫉之，于是图与凝等议曰：'观章所为，但欲灭吾族耳，若恋土不去，祸且及矣。'于是领其家族暨部等三千余人，具铠仗号令而后行，章不敢逐，遂奔湖南。"（《中华野史》，泰山出版社2000年整理本，宋朝卷一，第102页）其载廖氏入湖南与《通鉴》大异，今不取。

③ （宋）阮阅编：《诗话总龟·前集》卷4《称赏门》引，人民文学出版社1987年校点本，第41页。

④ 夏竦：《文庄集》，《景印文渊阁四库全书》，台湾商务印书馆1986年版，第1087册，第277页。

《朱昂行状》云:"先有廖图者,与弟凝、侄融居南岳,皆工诗,有名于代,世有家法。"

(三) 一般民户的迁移

唐末自乾符乱起,北方之民再次大量南移,形成自唐初以来的第三次移民浪潮,入湖南者应较安史乱时要多。韦庄《湘中作》诗云:

> 千重烟树万重波,因便何妨吊汨罗。楚地不知秦地乱,南人空怪北人多。臣心未肯教迁鼎,天道还应欲止戈。否去泰来终可待,夜寒休唱饭牛歌。①

此诗乃韦庄作于唐昭宗景福元年(892)春。② 这时黄巢与秦宗权已败亡,诗言"天道还应欲止戈"所指的战乱,当是朱温于河南、兖、郓、青、徐之间"血战不解"的惨乱局面③,所言"秦乱"应指乾符以来的北方战乱,因而诗中所指的"北人"应是自乾符之乱以来北方避地之民,其中大部分当为一般民户。"楚地不知秦地乱"之句则指当时湖南虽经黄巢之乱,仍较北方稳定,"南人空怪北人多"则言北民入湖南者人数众多。从"千重烟树万重波,因便何妨吊汨罗"之句,可知韦庄所见之"北人"多迁往洞庭湖地区(或经此往他地),史籍仅载1例,就是迁往洞庭湖周边的巴陵县。徐铉《洪州道正倪君碣》载:

> 君讳少通,字子明。其先千乘人也,[唐]末叶避地,徙居巴陵。④

五代时,北方一般民户因乱持续迁来。《华阳集》卷40《同安郡君狄氏墓志铭》载:

---

① 聂安福:《韦庄集笺注·浣花集》卷7,上海古籍出版社2002年版,第272页。
② 聂安福:《韦庄集笺注·浣花集》卷7《湘中作》笺注(一),上海古籍出版社2002年版,第272页。另有学者认为韦氏此诗作于唐昭宗龙纪元年(889)至大顺二年(891),参见傅璇琮等《唐五代文学编年史·晚唐卷》,辽海出版社1998年版,第802—803页。
③ 《旧唐书》卷20(上)《昭宗纪》,中华书局1975年标点本,第737页。
④ (宋)徐铉:《徐骑省集》卷27,商务印书馆民国二十六年排印本,第268页。

夫人姓狄氏，其先家河东，本唐梁公之后。五代时，避乱于长沙……三世皆不返河东，而为长沙人。

又《苏魏公文集》卷57《太常博士张君墓志铭》载：

太常博士张君，讳大有，字损之。先世占数华阴，自其曾祖讳图避五代之乱于湖湘，因家潭州，遂为长沙人。

北宋柳拱辰之先人于五代时迁来。《舆地纪胜》卷68《荆湖北路·常德府·人物》载：

皇朝柳拱辰，其先青州人，五季避地荆楚，遂为武陵之青陵人。年六十即有挂冠之志，创亭于青陵馆，名桥曰归老，南丰曾巩为之记。

再考曾巩《归老桥记》：

武陵柳侯，图其青陵之居，属予而叙，以书曰：武陵之西北，有湖属于梁山者，白马湖也。梁山之西南，有田属于湖上者，吾之先人青陵之田也。①

吴氏唐五代表②以柳拱辰为始迁，而据引文始迁者应是其先人。南宋廖行之之先祖也于五代乱中迁来。宋人所撰《宋故宁乡主簿廖公修职墓志铭》载：

公讳行之，字天民，其先剑津人，五季之乱，徙家衡阳，世有

---

① （宋）曾巩：《曾巩集》卷18，中华书局1998年点校本，第298页。
② 即葛剑雄主编，吴松弟著《中国移民史·第三卷：隋唐五代时期》（福建人民出版社1997年版）第322、323页所列"表10-2 唐后期五代南迁的北方移民实例（湖南部分）"，本书皆称"吴氏唐五代表"。

隐德。①

在唐末五代，一般民户的迁移，除因乱自北方来者，还有其他来源，一是随割据势力迁来者（参见本节割据势力之迁移）。黄浩天复初败于湖南，其部7000人应多散落湖湘为一般民户。大顺二年至乾宁元年（891—894），刘建锋和马殷率部转战江西洪、虔等州时所加入十来万之众，为一般民户者当是其主体。乾化元年（911）姚彦章从容州撤退时，迁其"士民"归长沙，达"万余众"，其中大部分亦应为一般民户。开平三年（909）彭玕自吉州迁来时，也挟掠几千"百姓户口"至郴州与衡州界。二是有大量开垦移民自江西迁入，这批移民大都集中在后唐同光间（据《湖南移民表》载，湘中28例，湘北21例）。

据《湖南移民表》所列氏族资料记载之湖南移民，唐末五代时迁入152例，其中湘北39例，湘东28例，湘中48例，湘西南9例，湘南28例（表3-1-7统计）。又据表3-1-5，这152例移民中有39例为官僚士大夫等上层移民，其余113例应为一般民户移民。

以上为唐五代分阶段湖南移民之情况。另外，还有22例移民于唐代不详具体时段迁来，其中正史类资料记载1例（见表2-1-1），氏族资料记载21例（见表3-1-7）。

---

① （宋）廖行之：《省斋集》附录，《景印文渊阁四库全书》，台湾商务印书馆1986年版，第1167册，第410页。

表2-1-1 唐五代湖南移民个案

姓名	始迁地	迁移时间	迁入地	迁移原因	资料来源	备注
w裴諴	河东（今山西）	唐代	江湘	客江湘，卒南楚	《广异记》，第857页	
w赵氏	饶阳（今河北饶阳县）	唐前期	泸溪	任泸溪令，终于南楚	《全唐文》卷292，第2962—2963页	归葬洛阳
w高履行	渤海蓨人（治今河北景县）	唐显庆间	永州	任永州刺史，卒于官	《旧唐书》卷65，第2441，2445页	
w张仁	南阳西鄂（今河南南阳市北）	唐前期［仪凤二年（677）之前］	辰溪	任辰溪令，卒于官	《唐文拾遗》卷65；《八琼室金石补正》卷39，第4621—4622页	调露元年（679）葬南阳
w崔志道	清河东武城（今河北清河县东北）	唐前期［永淳元年（682）之前］	龙标	左授龙标县令，卒官	《唐代墓志汇编》之永淳022，第700页	永淳元年（682）迁窆于北邙
w屈突伯起	长安（今陕西西安市）	唐垂拱元年（685）	辰州	任辰州司仓参军事	《唐代墓志汇编》之天授031，第814—815页	天授二年（691）迁窆于洛阳
w王思	太原（今山西太原市西南东城角）	唐武则天时［久视元年（700）之前］	永州	任永州司仓，卒官	《唐代墓志汇编》之长安001，第991页	长安元年（701）归葬北邙山
w杨志本	华阴（治今陕西华阴市东南）	唐前期［长安四年（704）之前］	长沙	任潭州都督，卒官	《全唐文》卷267，第2707，2709页	
w王训	太原（今山西太原市西南东城角）	唐天宝三载（744）	临武	任临武令，卒官	《芒洛冢墓遗文四编》卷5，第14274，14275页	天宝四载（745）葬印山

· 58 ·

第二章 唐宋时期湖南移民之过程

续表

姓名	始迁地	迁移时间	迁入地	迁移原因	资料来源	备注
w 元结	鲁山商余山（河南鲁山县东南）	唐安史乱后	祁阳	乱后宦游，爱浯溪胜异	《全唐文》卷 344，第 3494－3495 页，卷 382，第 3882 页；《新唐书》卷 143，第 4685，4686 页	大历七年（772）卒京师
b 李龟年	长安（今陕西西安市）	唐安史乱时	潭州	避难奔迫	《云溪友议卷》中①，第 40—41 页	后人浔阳
崔氏	济源（治今河南济源市）	唐安史乱时	澧州	避难卒此	《唐代墓志汇编》之贞元 062，第 1881，1882 页	
崔偁	博陵安平（今河北安平县）	唐安史乱后	湘潭	避难宦游卒此	《唐代墓志汇编》之元和 149，第 2054，2055 页	元和十五年（820）归葬洛阳
崔偡	博陵安平（今河北安平县）	唐安史乱后	湘潭	避难，随兄宦游卒此	《唐代墓志汇编》之元和 150，第 2055 页	元和十五年（820）归葬洛阳
b 彪氏	山东②	唐中季	湘乡	避山东乱	《斐然集》卷 26，第 599，600 页	宋人彪虎臣之祖先③
周崇昌④	青州（今山东青州市）	唐永泰间	宁远（延唐）	宦游避难	《鹤山先生大全文集》卷 48	

---

① 吴氏唐五代表作引《云溪友议》卷上，应误。
② 指太行山或华山以东，包括今山西省在内的黄河中下游地区，非严格的政区。吴氏唐五代标注为今山东，盖误。
③ 吴氏唐五代表作王虔臣之祖先，盖误。
④ 吴氏唐五代表作周荣昌，应误。

· 59 ·

续表

姓名	始迁地	迁移时间	迁入地	迁移原因	资料来源	备注
b 杜甫	河南巩县（今河南巩县）	唐大历三年（768）	湖南	避战乱	《旧唐书》卷190下，第5054、5055页；《全唐文》卷654，第6650页	元和八年（813）归葬偃师首阳山
w 崔泳	博陵（治今河北安平）	唐大历三年（768）	道州	任道州刺史，卒于官	《全唐文》卷784，第8192页；《旧唐书》卷108，第3280页，卷91，第2934页	大历四年（769）归葬洛阳
b 萧佺	长安（今陕西西安市）	唐大历十四年①（779）	长沙	随父宦游留居	《杨万里集笺校》卷128，第4961页	
w 李端	赵州（今河北赵县）	唐代〔大历五年（770）以后〕	衡山	隐居	《唐才子传校笺》卷4，第2册，第71—78页	
w 裴虬	河东闻喜（今山西闻喜县）	唐中叶〔大历九年（774）之前〕	长沙	从兄宦游	《芒洛冢墓遗文四编》卷6，第14279页	时值中原多故，未克返葬；大历十三年（778）合袝于邙山

① 辛更儒：《杨万里集笺校》卷127《萧岳英墓志铭》:"萧氏其先，自唐丞相复观察湖南，其子佺留家长沙，六世而徙庐陵。"（中华书局2007年版，第4961页）不言其始迁地及迁来时间。考《旧唐书》卷125《萧复传》及卷12《德宗纪上》，萧复乃太子太师嵩之子，于大历十四年（779）任潭州刺史、湖南观察使（中华书局1975年标点本，第3550、3551、320页）。又据《旧唐书》卷99萧嵩本传，嵩乃贞观初左仆射宋国公瑀之曾侄孙（中华书局1975年标点本，第3093页）。再考两唐书萧瑀本传，萧氏子隋人长安（《旧唐书》卷63，中华书局1975年标点本，第3949页）。据上可知，萧氏乃长安人，唐大历十四年迁。本处因据卜补。

第二章 唐宋时期湖南移民之过程

续表

姓名	始迁地	迁移时间	迁入地	迁移原因	资料来源	备注
w卢杞	澧州灵昌（今河南滑县西南）	唐德宗时	澧州	谪居卒官	《旧唐书》卷98，第3064页；卷12，第348页；卷135，第3718页	
w卢峤	范阳（今北京市）	唐中叶[贞元七年（791）之前]	澧州	任永州司马，卒于澧州	《陶斋藏石记》卷27，第8254页	贞元八年（792）宅葬于河南万安
柳汊	河南（治今河南洛阳）	唐贞元之后	澧阳	迁居	《太平广记》卷149，第1075页	
w卢氏	涿郡（今北京市）	唐永贞元年（805）	零陵	随柳宗元贬居卒此	《柳宗元集》卷13，第325页；《旧唐书》卷15上，第413页	元和二年（807）归衬京兆万年
w罗以等十七人	吐蕃（今青藏高原一带）	唐元和十四年（819）	湖南	战俘配此	《旧唐书》卷17上，第515页，卷160，第4200—4201页，《韩愈全集校注》，第761页	宝历元年（825）赦归，罗以等不愿还
w萧氏	兰陵（治今山东滕州市东南）	唐代[长庆元年（821）之前]	长沙	不详	《宋高僧传》卷11，第253页	释灵家父
b韦氏女	姑苏（今江苏苏州市）	唐大和七、八年（833—834）同或稍前	长沙	流落隶乐部	《云溪友议》卷上，第20页；《旧唐书》卷160，第4208页，卷17下，第556页	
b路琛	魏州冠氏（今山东冠县）	唐懿宗末	祁阳	因父路岩贬死岭外，避地湖湘	《旧唐书》卷177，第4602、4603页；《新唐书》卷184，第5396—5397页；《宋史》卷441，第13060页	

·61·

续表

姓名	始迁地	迁移时间	迁入地	迁移原因	资料来源	备注
w向氏	青州（今山东青州市）	唐僖宗时	溪洞	避乱	《长编》卷92，第2118页	北宋富州刺史向通汉之先祖
赵霖	临淄（今山东临淄镇北）	唐末	衡州	宦游避地	《道园学古录》卷13，第105页	
周氏	颍州（治今安徽阜阳县）	唐末	道州	谪官避乱	《彭城集》卷38，第434页	
倪氏	千乘（治今山东广饶县）	唐末	巴陵	避地徙居	《徐骑省集》卷27，第268页	五代宋初人倪少通之先祖
b杨晟	弘农（今河南灵宝东北）	唐末	湖南	避朱温乱	《旧唐书》卷164，第4292页，卷176，第4560页	全家避地
b刘建锋（峰）	蔡州朗山（今河南确山县）	唐乾宁元年（894）	潭州	率部转战	《新唐书》卷190，第5481页	部众十余万
w陈赡	蔡州新息（今河南新息县）	唐乾宁元年（894）	潭州	随刘建锋转战	《新唐书》卷190，第5481页	
b许德勋	蔡州朗山（今河南确山县）	唐乾宁元年（894）	湖南	同刘建锋入湖南	《九国志》卷11，第114页	
b姚彦章	汝南（治今河南汝南县西）	唐乾宁元年（894）	湖南	同刘建锋入湖南	《九国志》卷11，第116页	

· 62 ·

第二章 唐宋时期湖南移民之过程

续表

姓名	始迁地	迁移时间	迁入地	迁移原因	资料来源	备注
b 秦彦晖	上蔡（今河南上蔡县）	唐乾宁元年（894）	湖南	从刘建锋入湖南	《九国志》卷11，第117页	
w 王环	许州（今河南许昌市）	唐乾宁元年（894）	湖南	从刘建锋入湖南	《九国志》卷11，第118页	
b 李琼	蔡州汝阳（治今河南汝南县）	唐乾宁元年（894）	湖南	从刘建锋入湖南	《九国志》卷11，第119页	
w 李令	扬州（今江苏扬州市）	唐乾宁元年（894）	湖南	与李琼同入湖南	《十国春秋》卷75，第1027页	
b 张佶	京兆长安（今陕西西安市）	唐乾宁元年（894）	湖南	随刘建锋率人入湖南	《旧五代史》卷17，第236页；《九国志》卷11，第113—114页；《通鉴》卷8343页	
b 马殷及诸子	许州鄢陵（今河南鄢陵县）	唐乾宁元年（894）	潭州	从刘建锋入湖南	《旧五代史》卷133，第1756页	
w 马存	许州鄢陵（今河南鄢陵县）	唐乾宁元年（894）	湖南	随兄马殷入湖南	《旧五代史》卷32，第441页；《通鉴》卷269，第8814页	马殷弟
b 苑玫	蔡州（治今河南汝南县）	唐乾宁元年（894）	湖南	同马殷入湖南	《通鉴》卷267，第8712—8713页	
w 戴偃	金陵（今江苏南京市）	唐末，值马氏有国	湘阴	唐末罹乱	《五代史补》卷3，第98—99页；《十国春秋》卷73，第1013页	《通鉴》卷285载为湘阴处士（第9301页）

· 63 ·

续表

姓名	始迁地	迁移时间	迁入地	迁移原因	资料来源	备注
b 马赟	许州鄢陵（今河南鄢陵县）	唐天祐元年（904）	长沙	先事淮南杨行密，至是遁归	《新唐书》卷190，第5482页；《新五代史》卷66，第822—823页；《通鉴》卷265，第8638页	马殷弟
徐仲雅	秦中（今陕西）	马楚时	长沙	事马氏	《十国春秋》卷73，第1009页	
w 伍彬	邵阳（今江苏睢宁县西北）	马楚时	马楚	仕楚	《诗话总龟前集》卷11，第123页	
w 汪遵	宣城（治今安徽宣州市）	马楚时	楚	流寓	《唐摭言》卷8，第89页；《全五代诗》卷63，第1265页	一作江遵，一作王遵
w 邵岳	京兆（今陕西西安）	马楚时	桂阳	因唐末丧乱	《宋史》卷426，第12695页	
w 裴说	桂州（治今广西桂林市）	马楚时	湖南	乱后归湖南卒	《十国春秋》卷75，第1030页；《诗话总龟前集》卷13，第157页；《全五代诗》卷64，第1278页	
w 裴谐	桂州（治今广西桂林市）	马楚时	湖南	依马氏	《十国春秋》卷75，第1030页；《诗话总龟前集》卷13，第157页	
w 石文德	连州（治今广东连山县）	马楚时	湖南	献诗求用	《五代史补》卷3，第99页	

续表

姓名	始迁地	迁移时间	迁入地	迁移原因	资料来源	备注
w刘昭禹	婺州（治今浙江金华市）	马楚时	湖南	仕马楚	《唐诗纪事校笺》卷46，第1253页	
w王元	桂林（治今广西象州县东南）	马楚时	长沙	不详	《诗话总龟前集》卷11，第124页	与廖融为诗友；长沙人曾昉依之为诗友
严广远	秦（今陕西）	马楚马殷时	湖南	事马氏	《十国春秋》卷70，第978页	
w沈彬	洪州高安（今江西高安县）	马楚马殷时	湖南茶陵云阳山	应进士不第，遂游长沙，隐云阳山	《马氏南唐书》卷15，第102页；《五代史补》卷4，第102页；《江南野史》卷6，第196页	
w孟宾于	连州（治今广东连县）	马楚马殷时	湖南	马殷开府，辟为零陵从事	《马氏南唐书》卷23，第154页	
黄守忠	江夏（治今湖北武昌）	马楚马殷时	长沙	事马氏为禅格	《马氏南唐书》卷6，第43页	
b高郁	扬州（今江苏扬州市）	马楚马殷时	湖南	事马殷	《通鉴》卷260，第8493页	
b李元	京兆万年（治所在今陕西西安市）	后梁初	湘潭	以宗室俱祸，避地湖南，依马殷	《宋史》卷262，第9060页；《苏魏公文集》卷55，第841页	后被遣归后梁
b李涛	京兆万年（治所在今陕西西安市）	后梁初	湘潭	以宗室俱祸，随父避地湖南，依马殷	《苏魏公文集》卷55，第841页；《宋史》卷439，第13005页	李元子，后被遣归后梁

续表

姓名	始迁地	迁移时间	迁入地	迁移原因	资料来源	备注
b 朱葆光	京兆万年（治所在今陕西西安市）	后梁初	始寓潭州，后乐衡山	因梁篡唐，后乐衡山之胜	《华阳集》卷40，第560页；《宋史》卷439，第13005页	唐天复末始迁南阳，后又从湖南迁江陵
颜荛	中原	后梁初	潭州	因梁篡唐	《宋史》卷439，第13005页	
b 昌师周	扬州（今江苏扬州市）	后梁开平元年（907）	湖南	淮南吴主杨渥忌其功	《九国志》卷11，第120—121页；《通鉴》卷266，第8667页	
w 彭玕（一作玗）	吉州庐陵（治今江西吉安市）	后梁开平三年（909）	马楚	率部归附马殷	《九国志》卷11，第122页；《通鉴》卷267，第8715页；《江南野史》卷6，第195页	率众数千人
w 刘言	吉州庐陵（治今江西吉安市）	后梁开平三年（909）	湖南	从彭玕入楚	《新五代史》卷66，第829页；《九国志》卷11，第126页	《旧五代史》卷133本传不详其原籍（第1765—1766页）
w 敖骈	杨吴（首府今江苏扬州市）	后梁开平四年（910）	马楚	战俘	《通鉴》卷267，第8724页	
b 刘昌鲁	邺人（治今河南安阳市）	后梁开平四年（910）	马楚	为南汉刘隐所攻，自高州归附马楚	《九国志》卷11，第122—123页；《通鉴》卷267，第8733—8734页	与庞巨昭部共千数百人同归长沙
w 庞巨昭（一作曦）	不详	后梁开平四年（910）	马楚	自容州为宁远节度使归附	《九国志》卷11，第124—125页；《通鉴》卷267，第8733—8734页	见刘昌鲁条备注

第二章 唐宋时期湖南移民之过程

续表

姓名	始迁地	迁移时间	迁入地	迁移原因	资料来源	备注
w廖爽,子(巨)图、融	虔州赣县(今江西赣州市)	后梁乾化元年(911)	马楚	任韶州刺史,为南汉刘岩所攻	《通鉴》卷268,第8749页;《三楚新录》卷1,第120页;《文庄集》卷28,第277页;《诗话总龟前集》卷4,第41页	《陆氏南唐书》卷11载爽为虔州度化人(第47页),《十国春秋》卷73亦袭其说(第1011页)
张图	华阴(治今陕西华阴市东南)	五代	长沙	避五代之乱	《苏魏公文集》卷57,第862页	
狄氏	河东(今山西)	五代	长沙	避乱	《华阳集》卷40,第563页	
b柳氏	青州(今山东青州市)	五代	武陵	五季避地	《舆地纪胜》卷68,第615—616页;《曾巩集》卷18,第298页	宋人柳拱辰之先祖
w廖氏	剑津(今福建南平市)	五代	衡阳	五季避乱	《省斋集》附录,第410页	
w黄损	连州(治今广东连县)	五代	永州	退居	《五代史补》卷2,第96页	
b朱遵度	青州(今山东青州市)	约后晋天福四年(939)前后	湖南	避契丹耶律德光之召	《江表志》卷中,第266页;《实宾录》卷5,第346页	
w李观象	桂州临桂(治今广西桂林市)	五代末	湖南	依附周行逢父子	《通鉴》卷290,第9464页;《长编》卷4,第85页;《宋史》卷483,第13950页	宋复湖南,授左朴阙

· 67 ·

续表

姓名	始迁地	迁移时间	迁入地	迁移原因	资料来源	备注
w王正己	不详	约五代末宋初之时	衡山	隐居	《诗话总龟前集》卷10，第116页	与廖融等为师友
w任鹗	不详	约五代末宋初之时	衡山	隐居	《诗话总龟前集》卷10，第116页	与廖融等为师友
w陆蟾	藤州镡津（治所在今广西藤县）	约五代末宋初之时	攸县	隐居	《湘绮文集》卷16，第183页；《诗话总龟前集》卷15，第180页	
w邓进忠	岳州湘阴	唐天复三年（903）	长沙	归附马殷，举族迁	《新唐书》卷10，第304页；《通鉴》卷264，第8609页	
w蒋维东	零陵	后汉乾祐间	衡山	隐居	《实录》卷11，第415页	
w戴令言	长沙	唐长安前后	洛阳（今河南洛阳市）	宦游	《芒洛冢墓遗文四编补遗》，第14321、14322页；《旧唐书》卷90，第2919页	
w罗秀	长沙	唐广德元年至太和九年（763-835）	魏州贵乡（今河北大名东北）	为军校	《旧唐书》卷181，第4690页；《新五代史》卷39，第415页；《通鉴》卷222，第7144页	
w欧阳彬	衡山	后梁开平二年（908）	西蜀（今四川）	愤不为马氏所用	《通鉴》卷273，第8926—8927页，卷264，第8609页，卷266，第8701页；《蜀梼杌》卷下，第22页；《五代史补》卷3，第98页；《类说》卷26，第1746页	

第二章 唐宋时期湖南移民之过程

续表

姓名	始迁地	迁移时间	迁入地	迁移原因	资料来源	备注
w 萧氏	潭州浏阳	五代	新喻（治今江西新余市）	坐事亡命	《平园续稿》卷27，第57页；《老学庵笔记》卷7，第96页	
w 徐仲宝	长沙	杨吴顺义时	杨吴（首府今江苏扬州市）	宦游	《稽神录》卷5，第199页；《十国春秋》卷12，第162页	
w 沈彬	茶陵	杨吴末	南唐（首府今江苏南京市）	因李昪镇金陵，征辟之	《马氏南唐书》卷15；第102页；《陆氏南唐书》卷7，第29页	
w 雷彦恭	武陵	后梁开平二年(908)	淮南广陵（今江苏扬州市）	为马殷等围攻，投奔杨行密	《旧五代史》卷17，第236—237页；《通鉴》卷266，第8701页；《新五代史》卷41，第446页	
w 马氏	长沙	后梁贞明元年(915)	南汉（首府今广东广州市）	马殷以女妻南汉主	《通鉴》卷268，第8777页，卷269，第8796页，卷270，第8842页	马殷女

· 69 ·

续表

姓名	始迁地	迁移时间	迁入地	迁移原因	资料来源	备注
w马氏	长沙	后梁龙德元年（921）	吴越（首府今浙江杭州）	马殷以女妻吴越王子	《十国春秋》卷83，第1200—1201页	马殷女
w李彦温	潭州	后汉乾祐三年（950）	南唐（首府今江苏南京）	因兵乱	《通鉴》卷289，第9446页；《陆氏南唐书》2，第7页	将部千人
w刘彦瑫	潭州	后汉乾祐三年（950）	南唐（首府今江苏南京）	因兵乱	《通鉴》卷289，第9446页；《陆氏南唐书》2，第7页	将部千人
w马希范诸子	潭州	后汉乾祐三年（950）	南唐（首府今江苏南京）	因兵乱	《通鉴》卷289，第9446页	随李彦温、刘彦瑫出奔
w马希广诸子	潭州	后汉乾祐三年（950）	南唐（首府今江苏南京）	因兵乱	《通鉴》卷289，第9446页	随李彦温、刘彦瑫出奔

第二章 唐宋时期湖南移民之过程

续表

姓名	始迁地	迁移时间	迁入地	迁移原因	资料来源	备注
w 萧戾	浏阳	马楚末	新喻（今江西新余县）	知马氏政衰	《武溪集》卷20，第592页	
w 马希崇	湖南	后周广顺元年(951)	南唐扬州（今江苏扬州市）	南唐平马楚而被因于此	《新五代史》卷66，第829页；《通鉴》卷290，第9467页，卷293，第9547页	同迁者宗族及将佐千余人；后周显德三年(956)兄弟十七人归开封
w 马希能	湖南	后周广顺元年(951)	南唐（首府今江苏南京）	南唐平马楚	《新五代史》卷66，第829页	后周显德三年(956)兄弟十七人归开封
w 马希贯	湖南	后周广顺元年(951)	南唐（首府今江苏南京）	南唐平马楚	《新五代史》卷66，第829页	同上
w 马希隐	湖南	后周广顺元年(951)	南唐（首府今江苏南京）	南唐平马楚	《新五代史》卷66，第829页	同上

续表

姓名	始迁地	迁移时间	迁入地	迁移原因	资料来源	备注
w 马希瞻	湖南	后周广顺元年(951)	南唐（首府今江苏南京）	南唐平马楚	《新五代史》卷66，第829页	同上
w 马希知	湖南	后周广顺元年(951)	南唐（首府今江苏南京）	南唐平马楚	《新五代史》卷66，第829页	同上
w 马希朗	湖南	后周广顺元年(951)	南唐（首府今江苏南京）	南唐平马楚	《新五代史》卷66，第829页	同上
w 马希萼	湖南	后周广顺元年(951)	南唐（首府今江苏南京）	南唐平马楚	《新五代史》卷66，第829页；《通鉴》卷290，第9469页	同迁者将佐士卒万余人；卒金陵
w 廖偃	湖南	后周广顺元年(951)	南唐（首府今江苏南京）	南唐平马楚	《通鉴》卷290，第9471页；《五代史补》卷4，第102页	《通鉴》（第9465页）及《陆氏南唐书》（第47页）载为廖匡图之子，五代史补载其为兄弟

第二章 唐宋时期湖南移民之过程

续表

姓名	始迁地	迁移时间	迁入地	迁移原因	资料来源	备注
w廖凝	湖南	后周广顺元年（951）	南唐（首府今江苏南京）	南唐平马楚	《五代史补》卷4，第102页	
w彭师暠	溪州	后周广顺元年（951）	南唐（首府今江苏南京）	南唐平马楚	《通鉴》卷290，第9471页；《九国志》卷11，第125—126页	世为诸蛮酋长
w王赟	湖南	后周广顺元年（951）	南唐（首府今江苏南京）	南唐平马楚	《通鉴》卷290，第9471页	因独后至，为唐主毒杀
w杨氏女	长沙	后周广顺元年（951）	扬州（今江苏扬州市）	南唐平马楚，随马希崇迁	《通鉴》卷293，第9553页	
w孟宾于	湖南	后周广顺元年（951）	南唐（首府今江苏南京）	南唐灭马楚	《马氏南唐书》卷23，第154页	后归老连上

·73·

续表

姓名	始迁地	迁移时间	迁入地	迁移原因	资料来源	备注
w朱遵度	湖南	后周广顺元年(951)或稍后	金陵（今江苏南京市）	因南唐灭楚	《江表志》卷中，第266页；《十国春秋》卷75，第1031页	
w马光惠	朗州	后周广顺二年(951)	金陵（今江苏南京市）	被王逵驱逐	《旧五代史》卷133，第1765页；《马氏南唐书》卷3，第19页	
w保仪黄氏	江夏人，随父入湖南	南唐元宗时	金陵（今江苏南京市）	边镐入长沙，纳之于后宫	《马氏南唐书》卷6，第43—44页	其父黄守忠
周保权	武陵	宋乾德元年(963)	京城（今河南开封市）	宋复湖南	《长编》卷4，第87页；《新五代史》卷66，第832页；《宋史》卷483，第13950页	
李观象	武陵	宋乾德元年(963)	京城（今河南开封市）	宋复湖南随周保权迁	《长编》卷4，第87页；《宋史》卷483，第13950—13951页	

说明：1. 表中姓名一栏标字母"w"者表示吴氏唐五代表所列者，标"b"者表明与吴氏唐五代表所引用史源或史实不同者。

2. 吴氏唐五代表列安史乱时自兖州迁潭州长沙，引据《全唐诗》卷223，考之与张建封有关之诗唯杜甫《别张十三建封》，诗文及注并不载其迁居湖南一事。据两唐书本传，张建封虽曾于大历初游幕湖南，但因不乐军吏役很快离去，终卒彭城之任，将其视为移民，实为牵强，实为牵强，

第二章 唐宋时期湖南移民之过程

今表不列。吴氏表又列马秀才安史乱时自洛阳迁楚,引据《全唐诗》卷148,考同书卷151、327、515皆有关于马秀才诗,从中无法明了其迁徙过程;列户延让唐末自范阳迁朗州郎陵,引据《全唐诗》卷715,今考《唐才子传校笺》卷10有传,盖曾宦朗州,不久入蜀,今表不列。

3. 吴氏唐五代表路琛之子路洵美活列人,考其事辽阙于五代马楚马希杲时,路洵美活跃于五代马楚马希杲时,他是随父路琛迁入祁阳,还是其父迁入祁阳后所生,传中并无详载,详见唐末移民杨祥条。

4. 吴氏唐五代表将杨祥列为唐末自中原迁长沙,引据《诚斋集》卷128,今查书该卷,并不载其人其事,又同表所列杨俭之迁移过程及资料来源均与此条相同,应是将杨俭之误作重列。

5. 吴氏唐五代表将杨俭列唐末自中原迁长沙,引据《圭斋文集》卷7,今考其载周威事迹之《后林周氏谱序》:"至四世威,遭世有难,避地金陵。五世矩事南唐为御史,晚爱庐陵山水之秀可居,遂依郡公杨添而家焉"。(本书引自《全元文·三四》卷1091,标点稍异。)可知吴氏表以周威迁湖南万误。

6. 吴氏唐五代表所列马殷诸子大都为马殷迁入湖南后生。

7. 吴氏唐五代表一列朱氏,唐末时自长安迁湘潭。一引自《苏魏公集》卷55,唐天祐时自长安迁衡山,引据《华阳集》卷55。今考两史,实为同一人。

8. 吴氏唐五代表列李涛,后梁初自南阳迁潭州,引据《宋史》卷439,一列朱氏,本纠正之。

9. 吴氏唐五代表一列朱葆光,后梁初自青州始迁,盖误,应为其先祖始迁。

10. 吴氏唐五代表以宋人柳拱辰于五代时李昪时斑于唐昭宗末迁湖南,引据《旧五代史》卷58,考同书卷24李昪本传,斑为荆州掌书记,未到湖南。今表不列。

11. 吴氏唐五代表所列严逢唐末自秦迁湖南,检其所据《十国春秋》卷90,并不载其人其事,又同表所列严广远唐末自秦迁潭州长沙,引据同书同页(第978页),卷数则作70,应是将严广远误作严,卷数70误作90而将一人误作二人。

12. 吴氏唐五代表列刘湾安史乱后自中原迁入《全唐诗》卷196。而据本卷小传,刘湾为西蜀人,此其误一也。考唐人元结《元次山集》卷8《别王佐卿序》,癸卯岁(唐代宗广德元年,763),其在鄂州,"彭城刘湾"与之同行;同书卷3《刘侍御月夜宴会并序》亦云:乙巳岁(唐代宗永泰元年,765),"彭城灵源(刘湾字)"仍与其在衡阳。据之可知刘湾为彭城(今江苏徐州市)人,宋人《唐诗纪事》卷25刘湾小传亦采自元氏之说,《全唐诗》卷90刘湾小传误以刘湾为西蜀人,大概是取唐人杨慎和高楼之说。高仲武《中兴间气集》卷下载"西蜀刘湾",又谓刘湾"蜀人"。明人杨慎《升菴集》卷48《蜀诗人》和《蜀诗类》卷20《诗话总龟·丹铅总录》、《诗人爵里详节》皆沿其说。据元结与刘湾在鄂州《序》,元结与刘湾在鄂州"德元年后从鄂州一起流落衡阳,相互了解也最为清楚,其说应最为可信。吴氏表来源不明,此其误二也。

13. 吴氏唐五代表列刘昫,唐诗品汇·诗人爵里详节》皆沿其说,据元结与刘湾在鄂州《序》,元结与刘湾在鄂州"德元年后从鄂州一起流落衡阳,相互了解也最为清楚,其说应最为可信。吴氏表来源不明,此其误二也。

表 2-1-2　唐代湖南州郡户数之变迁

州郡	贞观户（100%）	开元户及对贞观户增长率（%）	天宝户及对贞观户增长率（%）（无贞观户者权以开元户）	元和户及对天宝户增长率（%）
岳州	4002	9165　229	11740　293.4	1535　13.1
朗州	2149	—　—	9306　433	—　—
澧州	3474	—　—	19620　564.8	—　—
辰州	9283	5320　57.3	4241　45.7	1229　29
巫州	4032	4940　122.5	5368　133.1	1657　30.9
溪州	—	477　—	2184　457.9	889　40.7
锦州	—	3103　—	2872　92.6	—　—
奖州	—	1740　—	1672　96.1	349　20.9
潭州	9031	21800　241.4	32272　357.3	15444　47.9
衡州	7330	13513　184.4	33688　459.6	18407　54.6
郴州	8646	32176　372.1	31303　362.1	16437　52.5
永州	6348	27590　434.6	27494　433.1	894　3.3
道州	6613	27440　414.9	22551　341	18338　81.3
邵州	2856	12320　431.4	17073　597.8	10800　63.3

资料来源：（唐）李吉甫：《元和郡县图志》卷 27《江南道三·岳州》，中华书局 1983 年点校本，第 656 页；卷 29《江南道五·潭州、衡州、郴州、永州、道州、邵州》，中华书局 1983 年点校本，第 701、704、706、709、712、714 页；卷 30《江南道六·辰州、锦州、叙州、奖州、郴州、辰州》，第 746、749、750、751、753 页。《旧唐书》卷 40《地理志三·江南西道·潭州、朗州、永州、道州、郴州、邵州、锦州、辰州、巫州、业州、溪州》，中华书局 1975 年标点本，第 1611、1612、1613、1614、1615、1616、1617、1619、1621、

· 76 ·

第二章 唐宋时期湖南移民之过程

1622、1623、1624、1628 页。《唐会要》卷 85《定户等第》，中华书局 1955 年排印本，第 1558 页。另参梁方仲：《中国历代户口、田地、田赋统计》正编《甲表 24：唐贞观十三年各道府州户口数及每户平均口数和每县平均口数》（公元 639）》《甲表 26：唐天宝元年各道郡户口数及每县平均户数和每户平均口数及每县平均口数》（公元 742）》，中华书局 2008 年版，第 116、128、129 页；翁俊雄：《唐初期政区与人口》《十、贞观十三年江南道诸州县、户口统计表》，北京师范大学院出版社 1990 年版，第 286—287 页；翁俊雄：《唐朝鼎盛时期政区与人口》《七、天宝十二载江南西道领郡县、户、口统计表》第五部分、《八、天宝十二载黔中道领郡县、户、口统计表》第三部分，首都师范大学出版社 1995 年版，第 206、207 页；翁俊雄：《唐后期五代时期政区与人口》第四章《表 4—20：唐江南道诸州各阶段户数》，首都师范大学出版社 1999 年版，第 282—284 页。葛剑雄主编、冻国栋著：《中国人口史》第二卷：《隋唐五代时期》，复旦大学出版社 2002 年版，第 256—257 页。

说明：1. 贞观户指贞观十三年（639）户数，开元户指开元十七年（729）或开元十八年（730）户数，天宝户指天宝十二载（753）户数，元和户大抵指元和四年（809）或五年（810）前后户数。关于天宝户系年，参考翁俊雄：《唐初期政区与人口》，北京师范大学院出版社 1990 年版，第 23 页；《唐朝鼎盛时期政区与人口》，首都师范大学出版社 1995 年版，第 19 页；《唐后期五代时期》，复旦大学出版社 2002 年版，第 12—16 页；葛剑雄主编、冻国栋著：《中国人口史》第二卷：《隋唐五代时期》，第 20—23 页。《中国人口史·第二卷：隋唐五代时期》将天宝户系于天宝十一载（752），见第 26 页。

2. 永州之湘源和灌阳二县，及锦州之常丰等县虽不在今湖南省境，因相关数字无法分割，皆纳入相应州郡之统计。

3. 葛剑雄主编、冻国栋著：《中国人口史·第二卷：隋唐五代时期》（复旦大学出版社 2002 年版）第 256 页将潭州元和户列为 154440，应为 15444 之误，将衡州户列为 18047，所据乃是《唐会要》《元和志》，而本表所列乃据《唐会要》《元和志》。同书第 257 页将道州元和户 28338 之误，将郴州元和户列为 33175（据新志本），应为 8646、31303 之误。同书第 257 页将道州元和户 28338 之误，将郴州贞观户列为 3583，开元户列为 5302（据宫本），分别为 9283、5320 之误，将亚州贞观户 2312、应为 4032 之误，将辰州开元户列为 5302，应为 3103 之误，元和户列为 1229，今无据。

第二节 宋代湖南之域际迁入移民

一 北宋时期的移民

乾德元年（963），宋复湖南，周氏北迁，结束了湖南自唐末五代以来的混乱局面。太平兴国四年（979），宋灭北汉，南北再趋统一，自此各地因战乱而迁湖南者甚少，一般民户多因开垦迁来，官僚士大夫则多随宦任而迁。

（一）官僚士大夫等上层移民

北宋时，官僚士大夫等上层移民来湘者甚少，正史类史籍仅载两列。张齐贤《衡阳县令周妻报应》载：

> 衡阳周令，失其名，蜀川人。丧妻，三数岁再娶妻，亦蜀川人。后妻携三女，俱长矣……是时余［张齐贤自称］任衡州通倅，闻尝不平之。及余罢归，周氏之家，久无所闻。有士人与周令有旧，话及之，且曰："周之后妻，既杀二婢，其后三女，相次适人，因权寄寓衡阳。不四五年，三女俱因产而死……女亡后，［周令妻］岁余亦死。"①

据《长编》卷18及《宋史》卷265《张齐贤传》，张齐贤任衡州通判当在太宗太平兴国二年（977）前后。周令和后妻及女宦游寓居衡阳，亦当是此时。

北宋朝廷所捕捉边境间谍之家属也被安置于湖南。《长编》卷245载：

> ［熙宗六年五月］，乙卯，斩两地供输人、北界探事百姓王千，家属送潭州编管。千坐放火燔日沟驿庙，诬北人以求赏也。

---

① （宋）张齐贤：《洛阳搢绅旧闻记》卷2，《丛书集成初编》，商务印书馆民国二十八年排印本，第19页。

王千家属因连坐而被编管于潭州,其原籍为宋辽两属地。《宋会要辑稿》载:崇宁三年(1104),河北缘边安抚使王荐言:"[雄州]与虏人以州北拒马河为界,其归信、容城两县两输户一万六千九百有余,皆在拒马河南,系属本朝。自端拱初蠲其租税,而虏人复征之,朝廷恐其人情外向,于是复使岁纳马桩、牛草以系属之,缘此名为'两属'"。① 据之,两属地当在雄州界。

(二) 一般民户移民

五代末宋初之际,湖南多次经历战乱,宋复湖南之初,"荆南民多流移",宋中央政府"诏长吏招抚复业"②,其中应有不少外地之民乘机迁此者。

北宋时,今湖南境内各类矿场众多,吸引了众多四方流浪之民迁来湘地采矿谋生,从而被纳入编伍。如《长编》卷293元丰元年(1078)十月己未条下载:

> 诏:"潭州浏阳县永兴场采银铜矿所集坑丁,皆四方浮浪之民,若不联以什伍,重隐奸连坐之科,则恶少藏伏其间,不易几察,万一窃发,患及数路,如近者詹遇是也。可立法选官推行。"寻诏举京朝官一员监场,管勾本场烟火公事,许断杖以下罪。又诏:"……其本场地分排保虑未如法,令朱初平依条编排。"

实际上,将采矿坑丁编入当地户籍,乃为北宋政府的一贯政策。《舆地纪胜》卷61《荆湖南路·桂阳军·景物下》引《旧经》言桂阳监"大凑山":

> 出银矿,当其盛时,炉烟蓊然,上接云汉,烹丁纷错,商旅往来辐凑,因以为名。

北宋前期,桂阳监人口增加将近6倍(见下文),应多由于本地之银矿业

---

① 《宋会要辑稿》兵29之2,中华书局1957年影印本,第7293页。
② 《长编》卷6,乾德三年正月己丑,中华书局1979—1995年点校本,第145页。

"当其盛时"吸引大量"烹丁"和"商旅"落户所至。又《宋会要辑稿》食货34之15—16载：

> 大观二年，荆湖南路提举常平司状：承省札访问潭州湘阴县、岳州平江县地界出产金宝去处甚多，只是百姓地主私召人淘采货卖，官司不为措置，枉失宝货。札付本司相度措置。今相度：应有金银坑冶发泄，虽告言或检踏未了，辄私发坑口淘取者，计价以盗论赃，轻者杖一百，邻保知而不纠者减二等。所贵人知有禁，可以杜绝私采之弊。诏从之，诸路应有坑冶处并依此。

可见在北宋时，潭、岳等州盛产金银矿，所招人丁应有不少。在大观二年（1108）之前，由于矿场往往为百姓、地主私自召人非法"淘采"，采矿移民虽可能很多，但估计无法如官府成例由当地政府编入户籍。而在此之后，官府立严厉打击私采行为，以加强对采矿业的管理。百姓、地主招人采矿行为的公开化与合法化，坑丁当依惯例被编入保伍。这也当代表了当时湖南境内私采矿场坑丁户籍待遇变化的一般情况。而一直到南宋时，这一制度乃得以实行。①

北宋时期一般民户迁移湖南，还可以从各州监人口增长的情况来稍加推测。据表2-2-2，从太平兴国间至元丰初，属今湖南各州监户口均有大幅增长，依次为（以太平户为100%）：桂阳1496.3%，衡州1242.2%，邵州965.4%，潭州676.3%，岳州662.4%，永州606.5%，郴州493.2%，澧州491.2%，鼎州262.3%，辰、沅、靖三州据推断与鼎州相近，同为262%，道州218.7%。同期全国人口平均增长率为258.7%，②除道州外，其余12州均超过全国平均增长率，尤其在前8州中，郴、澧二州接近为全国平均增长率的2倍，潭、岳、永三州达2倍余，邵州接近4倍，衡州近5倍，桂阳近6倍。很显然，在这些州监超常增长的人口中，有相当大一部分属于迁入之一般民户，如前举桂阳监的情况就是如此。在元丰初至崇宁初，上述州监人口又大都有所增加，依次为（以元丰户为

---

① 《宋会要辑稿》兵13之39，中华书局1957年影印本，第6987页。
② 此据葛剑雄主编，吴松弟著《中国人口史·第三卷：辽宋金元时期》（复旦大学出版社2000年版）第122—137页"表4-2"所列南北各府州主客户总数计算而得，下述从元丰至崇宁全国人口平均增长率亦据此表所列总数计算而来。

100%）：靖州178.4%，鼎州141.6%，澧州139.2%，潭州123%，辰州120.4%，道州113.2%，郴州106.5%，永州102.5%，邵州101.7%，岳州101.1%；有三州人口减少：桂阳监99.1%，衡州93.4%，沅州91.4%。同期全国人口平均增长率为109.1%，上述13州监中有6州超过平均增长率，其人口增长也应包含一部分一般民户人口之迁入。如增长最快的靖州就当与"徽、诚蛮多典卖田与外来户"的历史背景有关。①

北宋时期，上层人士与一般民户迁入湖南的个案很少见于正史类史籍之中，而氏族资料的记载相对比较详细。据表3-1-7统计，北宋前期（熙宁以前）总计迁入165例，其中湘北17例，湘东8例，湘中45例，湘西10例，湘西南26例，湘南59例；北宋后期（熙宁以后），总计迁入115例，其中湘北9例，湘东11例，湘中18例，湘西9例，湘西南47例，湘南21例。另外还有12例于北宋不详具体时段迁来，其中湘南5例，湘中3例，湘北、湘东、湘西和湘西南各1例。另据表3-1-5统计，北宋前期官僚士大夫等上层移民47例，后期36例，北宋不详具体年代者7例，其余202例（前期118例，后期79例，不详5例）应为一般民户之迁徙。

二 南宋时期的移民

北宋末，金人南侵，靖康乱起，黄河中下游流域继唐末五代之乱后再度沦为战区。建炎元年（1127）时，由穰下经许昌至宋城一线，"几千里无复鸡犬，井皆积尸，莫可饮"。② 金人纵兵四掠，"东及沂、密，西至曹、濮、兖、郓，南至陈、蔡、汝、颖，北至河朔，皆被其害，杀人如刈麻，臭闻数百里。淮、泗之间，亦荡然矣"。③ 建炎三年（1129）后，金兵入淮南，渡长江，长江中下游地区亦未能幸免于战乱。随着金兵由北向南，自东而西，各地流民武装蜂拥而来湖南。建炎四年（1130）二月，金人破潭州，随后焚掠而去，"群盗乃大起"，武陵人钟相聚众起事，自是鼎州之武陵、桃源、龙阳、沅江，澧州之澧阳、安乡、石门、慈利，荆南之枝

---

① 《长编》卷345，元丰七年五月己酉，中华书局1979—1995年点校本，第8284页。
② （宋）庄绰：《鸡肋编》卷上《金刚经之效应》，中华书局1983年点校本，第21页。
③ 《建炎以来系年要录》（以下简称《要录》）卷4，建炎元年四月庚申，中华书局1956年排印本，第87页。葛剑雄主编，吴松弟著《中国移民史·第四卷：辽宋金元时期》（福建人民出版社1997年版）第250页将此引作建炎四年庚申朔，应误。

江、松滋、公安、石首，潭州之益阳、宁乡、湘阴、安化，峡州之宜都，岳州之华容，辰州之沅陵，"凡十九县，皆为盗区矣"。① 时湖南不仅有金兵、盗贼和溃兵扰乱，官兵与苛吏之为害更有过之而无不及。② 此后孔彦舟、曹成、马友等部相互攻杀，焚掠湖南各地。至绍兴二年（1132），"湖南境内溃兵为盗者悉平，惟湖寇杨太［么］据洞庭"。③ 钟相败亡，杨么继起，绍兴四年（1134）时，其势力范围"北达公安，西及鼎、澧，东至岳阳，南抵长沙之界，春夏耕耘，秋冬攻掠，跳梁自如，未有降意也"。④ 次年亦平。

绍兴八年（1138）以后，宋虽有多次北伐之举，金亦有南征之行，宋金仍在绍兴和议、隆兴和议和嘉定和议的框架下维持着相对和平的局面，官僚士人与普通百姓再没有如靖康乱后自北向南大规模流移，故迁入湖南之北方士庶移民相对较少，而南方士庶移民入湘者渐多。

宋端平元年（1234），蒙古灭金，宋亦随之成为蒙古着力用兵的对象，南宋朝廷在苦苦支撑了四十余年后，终于在祥兴二年（1279）亡于元。湖南也于开庆元年（1259）被蒙古兵攻破，潭州之战尤惨烈。

（一）官僚士大夫等上层人士的迁移

靖康之乱开始不久，中原官僚士大夫纷纷以南迁为急务，"士大夫奉公者少，营私者多，徇国者希，谋身者众；乞去则必以东南为请，召用则必以疾病为辞；沿檄以自便者，相望于道途，避寇而去官者，日形以奏牍；甚者至假托亲疾，不俟告下，挈家而远遁"。⑤ "山东乱，士大夫流离，率鬻田宅去乡里"。⑥ 此等描述，皆为当时士大夫一心南迁情景之真实写照。当时东南连年丰收，衣食丰足，⑦ 金兵尚未侵入淮南，江南一带相对

---

① 《三朝北盟会编》卷137，建炎四年二月十七日，上海古籍出版社1987年影印本，第996页；《要录》卷31，建炎四年二月甲午，中华书局1956年排印本，第613页。
② 《要录》卷41，绍兴元年正月癸亥，中华书局1956年排印本，第759页。
③ 《要录》卷60，绍兴二年十一月甲戌，中华书局1956年排印本，第1037—1038页。
④ 《要录》卷73，绍兴四年二月辛巳，中华书局1956年排印本，第1209页。
⑤ （宋）李纲：《李纲全集》卷180《建炎时政记下》，建炎元年七月二十七日诏，岳麓书社2004年点校本，第1675页。亦见于《三朝北盟会编》卷112，建炎元年七月二七日诏，上海古籍出版社1987年影印本，第817页，所载稍异。
⑥ （宋）汪藻：《浮溪集》卷28《王夫人墓志铭》，《丛书集成初编》，商务印书馆民国二十四年排印本，第359页。
⑦ （宋）李纲：《李纲全集》卷20《崇阳道中作四首（之四）》云："连年兵甲兴，犹幸东南稔。食足无叛民，闾里得安枕。"（岳麓书社2004年点校本，第260页）

第二章 唐宋时期湖南移民之过程

比较安全,又为高宗车驾南幸之地,因此官僚士大夫首选东南为迁移地。建炎三年(1129)初,金军攻入淮南,东南始乱,随后西进,到达洪州、荆襄,部分官僚士大夫随即避乱来湖南。建炎四年(1130)二月,金人破潭州,焚掠六日后撤去,"东北流移之人,相率渡江",其中应有不少官僚士大夫,时钟相举义,"士大夫避乱者多依之"①,即可为证。此后(高宗、孝宗两朝),又有一些官僚士大夫因南迁他地后终不得北返而迁来湖湘,江南籍士人也有因游学为官而迁来者。史籍中载有一些个案,一一列举如下。

李椿。《宋史》卷450《李苪传》载:

李苪字叔章,其先广平人,中徙汴。高祖升起进士,为吏有廉名。靖康中,金人破汴,以刃迫其父,升前捍之,与父俱死。曾祖椿徙家衡州,遂为衡人。

又《杨万里集笺校》卷116《李侍郎传》载:

李椿字寿翁,洺州永年县人。父升,进士起家,以廉正称。靖康之难,汴都不守,虏大掠,升护其父泰,以背受刃,与其长子相继卒。椿殡三丧,侍后母张避地,溯湘逾岭,备尝艰窘。

又朱熹所撰《李椿墓志铭》②和《宋史》卷389《李椿传》所载与杨万里所作《传》基本相同。苪传所言广平,乃洺州郡名,铭文与椿传言洺州永年人,盖李氏之先祖所居原籍,李氏中徙汴,应作开封人。李椿长兄、父与祖父俱死于金人之手,迁时年幼(据《宋史》本传才十五岁),奉继母张氏转徙湖、岭,最后定居衡州,遭受家国沦亡、亲人丧失之痛,又备尝流移迁徙之种种艰窘,是为靖康乱中南迁湖南之北方移民中受害惨烈者之

---

① 《要录》卷31,建炎四年二月乙亥、甲午,中华书局1956年排印本,第608、613页。葛剑雄主编,吴松弟著《中国移民史·第四卷:辽宋金元时期》(福建人民出版社1997年版)第386页引"东北流移之人,相率渡江"一句时,载出自《要录》卷31,建炎四年正月甲午。其正月应是二月之误。
② (宋)朱熹:《晦庵先生朱文公文集》卷94《敷文阁直学士李公墓志铭》,《朱子全书》,上海古籍出版社等2002年校点本,第20—25册,第4321页。

代表。

贾森、贾林兄弟。张栻《贾仲山墓志铭》载：

> 乾道庚寅之岁，新零陵守贾君访予于休沐舍，泣且言曰："森之弟仲山不幸不起，疾念其没且无闻，以尝获从游，敬请志。"率五六日一来请。自予居湘中有年所矣，始闻仲山兄弟居家友睦，愉愉如也……予读书城南，仲山适亦茸其居与予邻，日相过也……君讳林，仲山其字也。其先真定人，后徙郑，自郑徙郓，才四世……君蚤岁能属文，长而值靖康之乱，奔驰江湖间。①

据铭文，贾氏兄弟原籍郓州，靖康乱中迁湖湘。吴氏宋代表②作迁潭州衡山，不知所据铭文何处。张栻称贾氏兄弟与其所居城南之地相邻，应是迁居长沙。

侯寘，字彦周，东平人。③ 宋南渡后居长沙，卒此。④

王子钦。孙觌《送王子钦归夔子序》载：

> 王子钦本将家子，高祖太师兖国公，被遇真宗，号十节度，兖公其一也。靖康国破，子钦从两兄避地襄、汉间，未几，襄、汉亦大乱，子钦遇盗几不脱，尽亡其赀，羸身独行，浮湘［本作襄］江，并衡山，少留桂阳，道袁吉，遂抵江左。会予得罪南迁，又从予走临川，涉淦水，复由衡湘路逾桂岭，出象江上……转徙六七年……蒙恩北归，又携以俱北至晋陵，从余殆千余日也。至是其兄以书自夔

---

① （宋）张栻：《新刊南轩先生文集》（以下简称《南轩集》）卷41，《宋集珍本丛刊》，线装书局2004年影印本，第60册，第237页。
② 即葛剑雄主编，吴松弟著《中国移民史·第四卷：辽宋金元时期》（福建人民出版社1997年版）第391—394页所列"表10-4 靖康乱后南迁的北方移民实例（两湖部分）"及第239-240页所列"表7-3 南宋末四川对外移民实例"两表中有关湖南移民实例。本文统称"吴氏宋代表"。
③ （宋）张栻：《南轩集》卷34《西汉蒙求跋》，《宋集珍本丛刊》，线装书局2004年影印本，第60册，第201页。另（宋）陈振孙：《直斋书录解题》卷21作东武人（上海古籍出版社1987年点校本，第626页）。按张栻与侯氏为同年代人，同迁居长沙，有交游，而陈振孙虽也为南宋人，但与其生活具体年代较远，当以张栻所载为是。吴氏宋代表引《全宋词》作东武人，盖误。
④ 辛更儒：《杨万里集笺校》卷72《怡斋集》，中华书局2007年版，第3021页。

子至……夔子在西南，距晋陵五千里，子钦贫无以归，乃飘然徒步而往。①

王子钦靖康之乱始居襄、汉，襄、汉亦乱，再沿湘江南下，过衡山，留居桂阳，之后再迁他地，归夔子。

董氏，董道隆之祖先，原籍濮州之雷泽，建炎南渡后来常德府。吴氏宋代表以董道隆于建炎间始迁，考道隆自嘉定十一年（1218）后还曾官任邕州守贰、融州通判之职，死时年五十四岁，似不可能于建炎南渡时迁，应是其先祖始迁。②

王蕃、王镇父子。周必大《朝议大夫赐紫金鱼袋王君镇墓碣》载：

> 君讳镇，字靖之，姓王氏。其先陈留人，曾祖润，赠中奉大夫，祖履，元丰八年登第，徙居开封……父蕃，事徽宗，历户部侍郎，钦宗方召用而京城陷，终延康殿学士、朝议大夫，累赠少师……建炎四年，少师避地永［州］，卒于祁［阳］。君方志学，奉母挈弟妹葬少师桂林，弱冠躬耕南岳下，昼夜诵经史，胡文定公安国忘年接之。③

王氏父子亦因靖康之乱而自开封南迁祁阳、南岳。

胡简能。《斐然集》卷26《儒林郎胡君墓志铭》载：

> 君名昭，字彦升，曾祖简能，自杭徙居潭。祖舜宝，父觌，世业儒……女真蹀血，沿江西，乡［向］湖南。

"女真蹀血"盖指靖康乱后金人南侵之事，胡昭之曾祖简能因之避乱自杭州迁潭州。

赵师孟。《南轩集》卷40《训武郎赵公醇叟墓志铭》载：

---

① （宋）孙觌：《鸿庆居士集》卷31，《丛书集成续编》，台北新文丰出版公司1988年版，第127册，第260页。
② （宋）魏了翁：《鹤山先生大全文集》卷80《朝散郎知宜州董君墓志铭》，《四部丛刊集部》，商务印书馆民国十一年再版影印本。
③ （宋）周必大：《平园续稿》卷37，《丛书集成三编》，台北新文丰出版公司1999年版，第47册，第124页。

> 君讳师孟，字醇叟，胄出昌陵燕懿王之七世孙也……绍兴壬子岁，调监永州祁阳酒税。秩满用宗室恩，得监潭州南岳庙。自是之后，寓居南岳萧寺中，屋仅数椽，被服不减寒士……乾道壬辰九月十七日终于所寓之正寝，享年六十有四。

铭文不载赵师孟之原籍，只言为宋宗室之后，姑且算作开封人。其来南岳衡山，当在其监祁阳酒税后不久，即绍兴二年（壬子岁，1132）之后。

赵睦之。《胡宏集·杂文·赵监庙墓表》载：

> 君讳睦之，我宋太祖皇帝弟魏王之五世裔孙也……绍兴二十九年八月乙卯，宴坐而终……以十月壬申葬于天柱峰南官塘之原。靖康二年春，京师沦陷，君奉母夫人，携幼弟孤侄，南奔寓于衡山。女兄孀居，自岭表迎致，以禄养。

赵睦之亦为宋宗室，靖康二年（1127）自京师避乱携母、侄同迁衡山，来衡山后还自岭表迎女兄来奉养。

韩璜，颍昌人，① 靖康乱后宦游，居衡山。②

吴可。《钦定四库全书总目》卷157《藏海居士集》条下案：

> 《藏海居士集》散见《永乐大典》中，题宋吴可撰，可事迹无考，亦不知何许人。考集中年月，当在宣和之末，其诗有"一官老京师"句，又有"挂冠养拙"之语，知其尝官于汴京，复乞闲以去。又有"往时家分宁，比年客临汝"及"避寇湘江外，依刘汝水旁"句，知其尝居洪州，建炎以后转徙楚豫之间。

关于吴可之原籍，已见于宋人以来之文献，应为金陵人，四库之案文言"不详何许人"，盖误。③ 而吴氏宋代表据引文列吴可自临汝迁，其误亦甚

---

① （宋）胡宏：《胡宏集·杂文·刘开州墓表》，中华书局1987年点校本，第182页。吴氏宋代表引《全宋词》第2册，作开封人。今考其小传，并不载其原籍，当误。
② （宋）胡寅：《斐然集》卷21《伊山向氏有裕堂记》，中华书局1993年点校本，第449页。
③ 参见高明峰《吴可新研二题》，《绍兴文理学院学报》2004年第1期。

明。建炎时吴可为避乱而流寓各地，临汝为其中之一；又言迁桂阳军，而案文但引诗"避寇湘江外"之句，未提及具体地点，不知何所据。

杨祥。《宋史》卷423《杨大异传》云：

> 杨大异字同伯，唐天平节度使汉公之后，十世祖祥避地醴陵，因家焉。祥事亲孝，亲亡哀毁，泣尽继以血，庐墓终身，有白芝、白乌、白兔之瑞。事闻于朝，褒封至孝公，赐名木植墓道，以旌其孝。

传不详杨祥始迁地及始迁时间，但言唐杨汉公之后。考《旧唐书》卷176《杨虞卿传附弟汉公传》，杨氏乃虢州弘农人，杨祥原籍应为弘农。又汉公乃元和八年（813）进士，可知乃唐宪宗前后时人。[①] 因此杨祥"避地"而迁，只可能有两个时段，一是唐末五代时，一是两宋之际，自汉公后十世不可能为唐末五代之时，最有可能是靖康乱后。吴氏唐五代表将之列入唐末自中原迁，据其所引《宋史》卷423，并不能得出如此结论。

杜昉。《大明一统志》卷64《常德府·流寓》载：

> 杜昉，宋通判密州，建炎初寓居武陵。会贼钟相乱，欲强使从己，昉骂不绝口，遂遇害。[②]

吴氏宋代表据之列杜昉建炎初自密州迁鼎州，以昉为官地作始迁地，其误甚明。《舆地纪胜》卷68《荆湖北路·常德府·人物》已载其事：

> 杜昉，故昭宪皇后之裔，为密州通判，建炎之初寓居于此。会钟贼之乱，贼欲强公从己，公骂之不绝，遂遇害。

昭宪皇后，即宋太祖之母杜太后，《长编》卷1建隆元年（960）二月乙亥条下载："后，安喜人也。"《宋史》卷242本传亦云："定州安喜人也。"

[①] （清）徐松：《登科记考》卷18，中华书局1984年点校本，第656—657页。《旧唐书》本传作"大和八年擢进士第"（中华书局点校本，第4564页），当误。

[②] （明）李贤等：《大明一统志》，台北台联国风出版社1977年影印本，第4030页。

可见杜氏为安喜人,非密州人。

周随亨,江山人,绍兴初提点湖东路刑狱,因避贼寓治江华而居。①

万俟卨。《要录》卷12建炎二年(1128)正月载:"卨,阳武人也。"同书卷46绍兴元年(1131)八月载:"先是,比部员外郎万俟卨避乱,乞主管亳州明道宫,居沅、湘间,安抚使程昌寓用便宜檄卨权沅州事。"《宋史》卷474本传亦载:"万俟离字元忠,开封阳武县人……绍兴初,盗曹成掠荆湖间,离时避乱沅、湘,帅臣程昌寓以便宜檄离权沅州事。"可见万俟卨原籍开封阳武县,于绍兴元年前后避乱寓居沅州。

贺允中。《要录》卷43绍兴元年(1131)三月丙午载:"是日,孔彦舟焚潭州……时户部员外郎致仕上蔡贺允中适寓郡境。"

胡安国及子胡宏、胡寅、胡宁、胡申等。胡安国父子原籍建州崇安②,宋绍兴初避地衡山,③其子胡宏、胡寅、胡宁、胡申随侍迁来。④

向沈。王庭珪《故左奉直大夫直秘阁向公行状》载:

> 公讳子恋,字宣卿,世为开封人……忠毅公有子沈,为给事胡公安国婿,从寓湖南,不知存亡。⑤

铭文中所谓忠毅公是指向子恋之兄向子韶(《宋史》卷447有传),其子向沈为胡安国女胡申之夫,亦为胡安国弟子,建炎三年(1129)随胡氏一家避乱入湖南⑥,绍兴初迁衡山(参见胡安国条)。

---

① 《要录》卷51,绍兴二年二月辛巳,中华书局1956年排印本,第908页。
② (宋)胡寅:《斐然集》卷25《先公行状》,中华书局1993年点校本,第518页。《宋史》卷435本传作建宁崇安(中华书局1977年标点本,第12908页)。吴氏宋代表载迁出地为荆门,应误。
③ 《要录》卷51,绍兴二年二月庚午,中华书局1956年排印本,第903页;同书卷119,绍兴八年五月辛丑,第1927页。
④ (宋)胡寅:《斐然集》卷20《悼亡别记》,中华书局1993年点校本,第410—411页;同书卷25《先公行状》,第552页。
⑤ (宋)王庭珪:《卢溪文集》卷47,《景印文渊阁四库全书》,台湾商务印书馆1986年版,第1134册,第323、325页。
⑥ 参见王立新《胡门的向氏弟子》,《湖南科技大学学报(社会科学版)》2004年第3期。

第二章 唐宋时期湖南移民之过程

刘锜，字信叔，秦州成纪人。① 约绍兴初始家湘潭②，绍兴二十五年（1155）赐湖南路官田③，再居浏阳，其子孙遂居此。④

李稙。《宋史》卷379本传载："李稙字元直，泗州临淮人。……时秦桧当国，凡帅府旧僚率皆屏黜，[张] 浚亦去国。稙即丐祠奉亲，寓居长沙之醴陵十有九年，杜门不仕……时胡安国父子家南岳下，刘锜家湘潭，相与往还讲论，言及国事，必忧形于色，始终以和议为恨。年七十有六卒。"按《要录》载李稙为招信人⑤，《宋史》载其原籍或有误。胡安国父子家南岳在绍兴初，秦桧在绍兴元年（1131）八月始为右相，张浚罢知枢密院事则在绍兴四年（1134）三月⑥，可见李稙来醴陵寓居当在绍兴四年三月前后。

向子忞、向浣父子。《杨万里集笺校》卷130《通判吉州向侯墓志铭》载：

> 侯讳浣，字节之。向氏，河内丞相文简公五世孙也……父子忞[本作"忌"，当误]，奉直大夫直秘阁致仕，累赠太中大夫。自建炎南渡，中原故家崎岖兵乱，多失其序。秘阁寓湘中，纠合群从，恤孤继绝……故江南称旧族之有家法者，曰伊山向氏……张魏公居二水，秘阁家伊山，侯每往来魏公所问起居，魏公甚爱重之，遂以其侄孙女妻侯之长子。

---

① 关于刘锜原籍，诸史所载不一，以秦州成纪人为是。详见王云裳《〈宋史·刘锜传〉补正》，《浙江学刊》1995年第5期。吴氏宋代表作德顺军人，但其所引（宋）欧阳守道：《巽斋文集》卷8《清溪刘武忠公诗集序》作秦州人，无德顺军之载，不知何以误此（《景印文渊阁四库全书》，台湾商务印书馆1986年版，第1183册，第564页）。

② 《宋史》卷379《李稙传》载李稙于秦桧当国时去居醴陵，时胡安国父子家南岳下，刘锜家湘潭，李稙与他们往还讲论（中华书局1977年标点本，第11702—11703页）。据此刘锜绍兴初时已家湘潭。

③ 《要录》卷168载：绍兴二十五年（1155）五月，"壬申，诏武泰军节度使刘锜累立战功，家无产业，特给真俸，仍赐湖南路官田百顷，官给牛具。然官皆属常平司，锜但得荒田数顷而已"（中华书局1956年排印本，第2751页）。

④ （宋）欧阳守道：《巽斋文集》卷8《清溪刘武忠公诗集序》，《景印文渊阁四库全书》，台湾商务印书馆1986年版，第1183册，第564页。

⑤ 《要录》卷3，建炎元年三月癸亥，中华书局1956年排印本，第64页。

⑥ 王瑞来：《宋宰辅编年录校补》卷15，中华书局1986年版，第965、993页。

按向氏世为开封人（见其侄向沈条），建炎南渡后向子忞宦游各地，于绍兴二年（1132）前后来居衡阳伊山①，其子向浣可能亦于此时随之来居。

刘宝，山东东平人。② 尝破杨么有功，后散其部曲，隐居华容东山。③

张浚、张栻父子，汉州绵竹人，绍兴十二年（1142）时已寓居长沙。④

王震。《斐然集》卷26《左朝请大夫王公墓志铭》载：

> 公讳震，字东卿，姓王氏，四世祖仕江南，从其主归命，遂为开封人……公幼而慧，……靖康元年，有旨以一时之秀召赴阙。未赴。转徙南渡，奉亲隐约……[绍兴]十三年，再为湖北转运判官。朝廷移田晟军自蜀来屯于荆南，令公专主馈饷……代还，卜居武陵。营小圃，率子弟奉亲，翛然自乐。十六年，七月一日，无疾而终，享年六十有八。

王震原籍开封，宋南渡时奉亲隐约之始居地不详，后因宦游大概于绍兴十三年（1143）至十六年（1146）间迁居武陵。吴氏宋代表作建炎间迁来，盖误。

贾说。《斐然集》卷26《吴国太夫人王氏墓志铭》略云：

> 赠少师贾公称夫人姓王氏……子说，列职西清，奉祠辇毂下……靖康改元，说念夫人年浸高，……即丐便养。除守郑州，不赴。得请外观，奉安舆，侨居建康。建炎二年五月二十六日，夫人以疾薨，享年七十有五，赠吴国太夫人。属内讧多故，藁葬郊壤。后乱粗定，说中止零陵……卜之习吉，得地于城东北二里所曰大塘冈，遣

---

① 《要录》卷51载绍兴二年（1132）二月辛巳时"子忞檄归衡阳"，此时向氏应已定居衡阳（中华书局1956年排印本，第908页）。上引铭文中所谓"伊山"，据（宋）王象之《舆地纪胜》卷55《荆湖南路·衡州·景物上》载："在衡阳西三十余里。"（江苏广陵古籍刻印社1991年影印本，第534页）

② （民国）湖南省文献委员会：《刘姓氏族源流》，湖南图书馆藏民国三十六年—1949年稿本。

③ （明）李贤等：《大明一统志》卷62《岳州府·流寓》，台北台联国风出版社1977年影印本，第3895页。

④ 《宋史》卷361《张浚传》，中华书局1977年标点本，第11297页；《要录》卷147，绍兴十二年十一月己丑，中华书局1956年排印本，第2363页；（宋）张栻：《南轩集》卷41《承议郎吴伯承墓志》，《宋集珍本丛刊》，线装书局2004年影印本，第60册，第236页。

子友之扶护，用绍兴十四年某月某日克襄窀穸。

铭文中贾氏原籍不明，吴氏宋代表作开封，不知据铭文何处。贾谠于靖康乱后奉母南迁，始居建康，母薨后卜居零陵，据铭文其时当是绍兴十四年（1144），而非吴氏宋代表所列建炎间。

吴铨及妻万俟氏。《南轩集》卷41《承议郎吴伯承墓志》载：

> 乾道六年七月十八日，右承议郎浦城吴君卒于长沙之寓居，年五十二……君讳铨，字伯承……筑居湘滨，有亭榭华竹之胜，而名其堂曰思亲……以是居湘城盖几二十年。君娶万俟氏，右仆射卨之女。初，仆射自沅州召还，将倚以为相，道长沙，君为言天下事……予与君寓居邻墙间，一二日辄步相过，议论、酬唱甚乐。

吴铨原籍浦城，迁居长沙，其迁来时间铭文无明载。铭文言其乾道六年（1170）卒时"居湘城盖几二十年"，则其始迁时间大约在绍兴二十年（1150）左右。万俟卨于绍兴二十五年（1155）召还①过长沙时吴铨已寓居于此，亦可证。

邢绎。《大明一统志》卷64《常德府·流寓》云：

> 邢绎，郑人。父倞，宋知鼎州，因家焉。绎以荫入官，连倅五郡，后倅襄，与帅争疑狱，因不仕。起知兴国军，秩满归武陵，号复庵居士。

吴氏宋代表据此列邢倞、邢绎父子俱于靖康间自郑州迁鼎州。检《要录》卷28：建炎三年（1129）九月辛酉，"朝议大夫知岳州邢倞坐结伊都事，再责汝州团练副使，英州安置。"本条岳州下注云"案史作鼎州"。《宋史》卷25《高宗纪》：建炎三年九月，"辛酉，知鼎州邢倞坐结耶律余睹，再责汝州团练副使，英州安置。"同书卷471《邢恕传》和《东都事略》卷99《邢恕传附子倞传》皆载邢倞靖康时出知岳州。据上，邢倞可能于

---

① 《要录》卷170，绍兴二十五年十二月甲戌、丁丑、甲午条，中华书局1956年排印本，第2784、2785、2794页；《宋史》卷474《万俟卨传》，中华书局1977年标点本，第13771页。

靖康末至绍兴三年九月知岳州，也有可能知鼎州，史载不确，但诸史俱载后安置于英州，可知《大明一统志》言邢倞因知鼎州而家一事无确据，因而吴氏所据有误，列邢倞来迁不妥。迁来寓居武陵者应是其子邢绎。《要录》卷175绍兴二十六年（1156）十月庚午：

> 绎，恕孙。尝通判襄阳府，以私事决杀掌库者，惧罪而去，寓居武陵。万俟卨谪沅州，与之亲厚。

万俟卨谪沅州在绍兴二十年（1150）八月[1]，则邢绎应在此时前后迁来寓居。关于邢氏原籍，宋人史籍已载明，《要录》卷1建炎元年（1127）正月条下注云："恕，原武人。"恕即邢绎之祖父，可知邢氏为郑州原武人。[2]
刘芮，东平人，为北宋刘挚之曾孙。[3] 绍兴二十六年（1156）因葬父母迁潭州。[4]

折彦质。《大明一统志》卷66《郴州·流寓》载：

> 折彦质，云中人，宋绍兴中累官至佥书枢密院事。初，赵鼎为相，屡荐彦质，后秦桧专相，以彦质为鼎所引，郴州安置，自号葆真居士。

吴氏宋代表据此列折彦质建炎间自云中迁。按《要录》卷154载，绍兴十五年（1145）十月，"甲午，左朝议大夫提举临安府洞霄宫折彦质郴州居住"，又言彦质原先"寓居信州"。折彦质于绍兴十五年十月才被置于郴州

---

[1] 《要录》卷161，绍兴二十年八月甲辰，中华书局1956年排印本，第2618页；《宋史》卷30《高宗纪》，中华书局1977年标点本，第572页。
[2] （宋）王称《东都事略》卷99《邢恕传》亦载为"郑州原武人"（齐鲁书社2000年点校本，第844页），而《宋史》卷471《邢恕传》载为"郑州阳武人"（中华书局1977年标点本，第13702页）。据（宋）王存《元丰九域志》卷1《四京·东京开封府》及《京西北路·郑州》所载，阳武县属开封府，而原武县属郑州。熙宁五年（1072）郑州废，以原武县为镇入阳武。元丰八年（1085），复郑州。元祐元年（1086），复原武为县，再隶郑州（中华书局1984年点校本，第2、3、31页）。原武废入阳武时间极短，应从《要录》及《东都事略》。
[3] 此据（宋）张栻《南轩集》卷13《游东山记》，《宋集珍本丛刊》，线装书局2004年影印本，第60册，第93页；《宋史》卷340《刘挚传》，中华书局1977年标点本，第10849页。辛更儒：《杨万里集笺校》卷81《顺宁文集序》载为河间人（中华书局2007年版，第3287页）。
[4] （宋）胡宏：《胡宏集·杂文·刘开州墓表》，中华书局1987年点校本，第181—182页。

居住，在此之前寓居于信州，因而吴氏表列其于建炎间来郴州居住，应误。折彦质于绍兴二十五年（1155）后再被置于沅州居住，不久复官，再任广州、洪州等地，晚年居潭州，卒此。《要录》卷179言，绍兴二十八年（1158）二月丙申，"诏端明殿学士折彦质特赐荆湖田十顷。彦质世家陕西，屡经窜谪，上知其生事素薄，故有是赐"。又同书卷185载：绍兴三十年（1160）八月癸丑，"端明殿学士致仕折彦质薨于潭州"。彦质赐田于湖南两年后卒潭州，应于绍兴二十八年前后始居潭州。关于折氏原籍，宋代史籍已有详载，当为府州人。①

刘光祖、刘述祖兄弟。杨万里《怡斋记》载：

> 乾道丙戌之冬，予自庐陵抵长沙……予里之士刘炳先兄弟来见……予嘉炳先兄弟之好学，而又雍睦怡怡如也，索笔为书其楣间曰怡斋。……炳先名光祖，弟继先名述祖，吾州安福人也。徙长沙，今再世云。淳熙三年月日记。②

刘氏兄弟为士人，原籍吉州安福县，在乾道丙戌（二年，1166）之前迁居长沙，到淳熙三年（1176）时，已族衍二代。

郑思恭。韩元吉《秘阁修撰郑公墓志铭》载：

> 秘阁修撰郑公，既葬于衡山，其孙景先来告曰："大父之未有疾也，命景先买地衡州，得衡山县紫盖乡长兴之原，且叹曰：'……吾乡在襄邑，生不可归矣！死可无地而葬以累汝耶。'……大父以乾道七年七月二十日，果弃诸孙，而景先以九月甲申葬公其穴，请为之铭。"……按郑氏，世为拱州襄邑人……公讳安恭，字子礼，以避后谥，改思恭……平生未尝营产，第以教子孙恤宗族为念，所居号西

---

① 《宋史》卷253折彦质之父折德戾本传载："折德戾，世居云中，为大族。父从阮，自晋、汉以来，独据府州，控扼西北，中国赖之。"（中华书局1977年标点本，第8861页）折氏之先祖家云中，而自后晋至宋代，折氏长居府州（宋隶河东路）。因此，折彦质之原籍应指府州，前引《要录》卷179载折氏"世家陕西"一说应误。

② 辛更儒：《杨万里集笺校》卷72，中华书局2007年版，第3021—3022页。另（宋）周必大《省斋文集》卷19《题刘炳先家五贤帖》亦云："刘君光祖、昭祖兄弟，自庐陵徙家长沙。"其昭祖或即为述祖也。见《丛书集成三编》，台北新文丰出版公司1999年版，第46册第365页。

湖，作佚老堂以自适，衡人举尊重之……郑之去襄邑也，至是始家于衡。①

郑思恭原籍襄邑，生不能归，盖靖康乱后南迁宦游者，其来衡山大约在乾道七年（1171）稍前之时。

刘孝昌。楼钥《宝谟阁待制献简孙公神道碑》载其隐居衡山，不详其原籍及迁来时间。②《宋史》卷437《刘清之传》云："刘孝昌者，挚之孙也，贫不自立，清之买田以给之。"按时值刘清之为官衡州，即大约淳熙十四年（1187）前后③，由此可推知刘孝昌迁来的时间当在南宋前期。又刘孝昌乃北宋刘挚之孙，按《宋史》卷340刘挚本传云："刘挚字莘老，永静东光人……十岁而孤，鞠于外氏，就学东平，因家焉。"据之刘孝昌乃东平人。

张邦昌，字子能，永静军东光人。④金灭北宋，以其建伪楚，归朝后于建炎元年（1127）九月赐死于潭州，"全其家属，令潭州日给口券，常切拘管"⑤。

汪藻，字彦章，饶州德兴人。⑥绍兴十三年（1143），夺职居永州⑦，累赦不宥，二十四年（1154）卒。⑧

王襄，邓州南阳人，建炎元年（1127）六月后谪授宁远军节度副使，永州安置而卒。⑨

---

① （宋）韩元吉：《南涧甲乙稿》卷20，《丛书集成新编》，台北新文丰出版公司1985年版，第63册，第562—563页。
② （宋）楼钥：《攻愧集》卷96，《丛书集成新编》，台北新文丰出版公司1985年版，第64册，第466页。
③ 《宋史》卷105《礼志八·先代陵庙》，中华书局1977年标点本，第2560页。
④ 《宋史》卷475《张邦昌传》，中华书局1977年标点本，第13789页。
⑤ 《要录》卷9，建炎元年九月壬子，中华书局1956年排印本，第224页。
⑥ 此据（宋）孙觌《鸿庆居士集》卷34《宋故显谟阁学士左大中大夫汪君墓志铭》，《丛书集成续编》，台北新文丰出版公司1988年版，第127册，第286页；《宋史》卷445《汪藻传》，中华书局1977年标点本，第13130页。《要录》卷1建炎元年正月甲午作婺源人（中华书局1956年排印本，第23页）。
⑦ 《要录》卷150，绍兴十三年十月甲辰，中华书局1956年排印本，第2414页。
⑧ 《要录》卷166，绍兴二十四年六月癸未，中华书局1956年排印本，第2718页；《宋史》卷445《汪藻传》，中华书局1977年标点本，第13132页。
⑨ 《宋史》卷352《王襄传》，中华书局1977年标点本，第11126、11127页；《要录》卷6，建炎元年六月己未，中华书局1956年排印本，第141页。

第二章 唐宋时期湖南移民之过程

以上为靖康乱后自北方与东南、西部等地迁来的官僚士大夫，避乱、宦任、游学或谪居等，迁来原因不一而足，时间上主要集中在建炎、绍兴间。

余端礼，字处恭，衢州龙游人，庆元间复帅潭，终卒此。①

单路分。《游宦纪闻》卷7载："庆元间，单路分炜字丙文……单虽西班，乃中原故家。居黔阳，好古博雅。"②又《东南纪闻》卷2载："单路分炜字炳文，京师人，后居沅州。"③据两史所载，单路分原籍宋京师开封，约南宋庆元前后迁居沅州黔阳县。吴氏宋代表列为建绍间迁，当误。

许玠，字介之，襄邑人。④约南宋中叶后南渡，寓居衡阳，善诗，著《东溪诗稿》，晚年始被召。⑤

欧阳新，字仲齐，吉州人。宋末〔淳祐元年（1241）后〕与子必泰寓居长沙，因宗人欧阳守道荐，任岳麓书院讲书，不久卒此。⑥

李方子，字公晦，邵武人。⑦为朱熹高足，嘉定七年（1214）登进士⑧，约南宋末时迁辰州，卒此。⑨

施道州。《后村先生大全集》卷13《赠施道州三首（之一）》述云：

---

① 辛更儒：《杨万里集笺校》卷124《宋故少保左丞相观文殿大学士赠少师郇国余公墓志铭》，中华书局2007年版，第4782、4794页；《宋史》卷398《余端礼传》，中华书局1977年标点本，第12103、12106页。
② （宋）张世南：《游宦纪闻》，中华书局1981年点校本，第58页。
③ （元）佚名：《东南纪闻》，《丛书集成新编》，台北新文丰出版公司1985年版，第87册，第461页。
④ （宋）周必大：《平园续稿》卷15《书匹纸赠许玠介之》，《丛书集成三编》，台北新文丰出版公司1999年版，第46册，第722页。
⑤ （清）厉鹗：《宋诗纪事》卷56《许玠小传》，上海古籍出版社1983年点校本，第1428页。
⑥ 《宋史》卷411《欧阳守道传》，中华书局1977年标点本，第12364—12365页。
⑦ 此据（宋）孙应时《烛湖集》卷17《邵武李公晦方子佳士也，以其祖澹轩先生吕之行实挽诗见示为作八句》，《景印文渊阁四库全书》，台湾商务印书馆1986年版，第1166册，第722页。（宋）真德秀《西山先生真文忠公文集》卷44《叶安仁墓志铭》载作"昭武"人（《四部丛刊集部》，商务印书馆民国十一年再版影印本），《宋史》卷430本传亦从之（中华书局1977年标点本，第12790页），盖以郡名称之。葛剑雄主编，吴松弟著《中国移民史·第四卷：辽宋金元时期》（福建人民出版社1997年版）第390页作李晦，盖误。
⑧ 《宋史》卷430《李方子传》，中华书局1977年标点本，第12791页。
⑨ （宋）刘克庄：《后村先生大全集》卷7《哭李公晦二首（没于辰州）》，《四部丛刊集部》，商务印书馆民国十一年再版影印本。

> 施先生学有源流，家自长安徙益州。畴昔建牙当一面，祇今失国托诸侯。身侨岳麓无生计，日断岷峨起暮愁。闻道汉廷须黼黻，蜀珍那得此淹流。

吴氏宋代表据此列施道州宋端平时自益州迁衡阳。其始迁地作益州，据诗文无疑为是。其迁入地衡阳，大概自"身侨岳麓"一句而推来，"岳麓"应指长沙岳麓山①，亦可代指长沙，所以其迁入地应是长沙。关于其迁来时间，诗文中但言"失国"时事，未载明具体为何时。今考《宋纪》及《续通鉴》，蒙军曾于端平三年（1236）和淳祐元年（1241）两次攻陷成都（益州）②，施氏应于此时前后来长沙。

刘宗说之祖父。欧阳玄《元故中奉大夫江南诸道行御史台侍御史刘公墓碑铭》载：

> 公讳宗说，字传之，世成都华阳人。大父宋末尝为茶阳［陵］军使，因家邻境之攸舆。③

刘宗说之祖父为华阳人，宋末家湘东攸县，亦为宦游而迁者。

师严，字道立，襄阳人。读书识大义，善椠射。度宗咸淳末，元兵围襄阳，脱身奔临安，上书论事，不为所用，遂客武陵，终卒此。④

邓得遇，字达夫，邛州人。⑤宋末徙居湘乡⑥，累官静江府，元兵至，投江死。至今子孙繁衍。⑦

---

① （宋）王存《元丰九域志·新定九域志（古迹）》卷6潭州条下载有岳麓山（中华书局1984年点校本，第643页）；（宋）祝穆撰，（宋）祝洙增定《方舆胜览》卷23《湖南路·潭州》山川条下载有麓山（中华书局2003年点校本，第411页），皆指此。
② 《宋史》卷42《理宗纪》，中华书局1977年标点本，第812页；《续资治通鉴》卷170，淳祐元年十一月，中华书局1957年标点本，第4635页。
③ 李修生主编：《全元文》卷1091，凤凰出版社2004年点校本，第34册，第698页。
④ （元）杜本：《谷音》卷上，《丛书集成新编》，台北新文丰出版公司1985年版，第57册，第563页；（清）厉鹗：《宋诗纪事》卷78《师严小传》，上海古籍出版社1983年点校本，第1908页。
⑤ 《宋史》卷451《邓得遇传》，中华书局1977年标点本，第13280页。
⑥ （明）李贤等：《大明一统志》卷63《长沙府·流寓》，台北台联国风出版社1977年影印本，第3945页。
⑦ （民国）湖南省文献委员会：《邓姓氏族源流》，湖南图书馆藏民国三十六年—1949年稿本。

田公著之先祖、王氏兄弟。《道园学古录》卷9《慈利州天门书院记》载：

> 澧之慈利州西百五十里有山曰天门，盘结奇秀，其峰十有六，皆可以物象拟而名之，盖胜地也。蜀人有田公著者，自其先世来居之数传矣。至元乙亥，王某兄弟亦蜀人也，避地至焉，开门授徒以自给。公著之父率其子弟往受教，久之，乐闻其说。

吴氏宋代表列田著（按：应作田公著）宋末自蜀迁慈利，而记中已明言"自其先世来居之数传矣"，其误甚明，应是田氏先祖迁来，迁时不明，但言宋末元初时已数传，或是靖康乱后至者，待证。至元乙亥岁即宋末恭帝德祐元年（1275），王氏兄弟自蜀迁来开馆授徒，也算是一般士人。

以上是自南宋中叶至宋末移民湖南的官僚士大夫，较靖康乱时大为减少，多为宦游避地而迁，主要集中于宋末时期，其他时段较少。

（二）游寇和兵士

游寇是一种土匪式的流动武装集团，建炎末、绍兴初，有大批游寇集团进入湖南。李纲称："荆湖南路：马友约六万余人、马数千匹、船数千只，见在潭州；李宏约一万余人，见在岳州；曹成约十万余人，见在道州；刘忠约一万余人，见在岳州平江、潭州浏阳界出没作过；胡元奭三千余人，见在茶陵界上；李冬至余党五千余人，见在郴、连界上。荆湖北路：杨华约一万人，雷进约八千余人，刘超一万二千余人，见在鼎、澧州界。已上约二十余万人。其余接境去处，千百为群，又不在此数。"[①] 还有相州林虑人孔彦舟率淮西溃兵"侵据荆南鼎澧诸郡"。[②] 绍兴元年（1131），江西安抚大使朱胜非言："所谓游寇者，皆江北剧贼。"[③] 可见这些游寇大都是长江以北之人。游寇的来源，基本上由两部分构成：一是由北方民间的抗金武装和各地勤王义军转化而来，二是被金人击溃逃散的宋

---

① （宋）李纲：《李纲全集》卷66《具荆湖南北路已见利害奏状》，岳麓书社2004年点校本，第699页，其标点稍改之。
② 《要录》卷31，建炎四年二月甲午，中华书局1956年排印本，第613页，其标点稍改之。
③ 《要录》卷42，绍兴元年二月乙酉，中华书局1956年排印本，第768页。

兵。① 至绍兴二年（1132），湖南游寇悉平，各部游寇在被击溃或招安之后，一部分被收编为军②，一部分被"沿路放散"③，还有的因群龙无首而散处江湖间。④ 后两者应是湖南移民的重要来源。另有部分散落江湖之间的游寇流民转而依附杨么。史载：杨么举义，"孔彦舟、马友、刘超、彭筠散亡之众，尽入其党，以故人数众多"。⑤ 从中可见其一斑也。绍兴五年（1135）六月，杨么及其余部平，"得丁壮五六万人，老弱不下十余万"。⑥ 这十五六万人之中，北方游寇、流民应占有相当大的一部分，被招降后或归业，或充水军，大都应留居于附近州郡。⑦

　　兵士的迁移也构成了靖康乱后湖南移民群体中的重要组成部分。建炎四年（1130）二月，知蔡州程昌寓在撤离蔡州之际，命部将杜湛、邵宏渊等"将蔡兵二千自随"⑧，其部随后进入鼎州，加上一起迁来的"兵官、僚属""随军官属及人兵、老小"⑨，总计应超过一万五千余人。绍兴二十九年（1159）十二月，"直龙图阁知鼎州凌景夏乞减程昌寓所增蔡州官兵衣粮钱六万四千余缗，诏减四分之一。"⑩ 可见蔡州兵自从随程昌寓入鼎州，已在这里生活了三十余年，以后亦不见蔡州兵移往他处的记载，应都终老于此。绍兴十三年（1143），"朝廷移田晟军自蜀来屯于荆南"⑪。这是自蜀地迁来的部队。绍兴九年（1139），茶陵县建为军，"仍以将兵三百

---

① 参见何忠礼《略论南宋初年平定游寇的斗争》，《浙江大学学报（人文社会科学版）》1999年第4期。
② 《要录》卷58，绍兴二年九月辛巳，中华书局1956年排印本，第1011页。
③ （宋）李纲：《李纲全集》卷73《弹压遣发董旼降到王方曹成人马经过衡州出界奏状》，岳麓书社2004年点校本，第756页。
④ （宋）李纲：《李纲全集》卷72《乞正李宏擅杀马友典刑奏状》，岳麓书社2004年点校本，第752页。
⑤ （宋）李纲：《李纲全集》卷73《乞发遣水军吴全等付本司招捉杨么奏状》，岳麓书社2004年点校本，第758页。
⑥ 《要录》卷90，绍兴五年六月丁巳，中华书局1956年排印本，第1505页。
⑦ 《要录》卷91，绍兴五年七月丙子，中华书局1956年排印本，第1515页。
⑧ 《要录》卷31，建炎四年二月甲午，中华书局1956年排印本，第612页；同书卷32，建炎四年四月，第637页。
⑨ （宋）岳珂：《鄂国金佗稡编续编·续编》卷25《鼎澧逸民叙述杨么事迹一》，中华书局1989年校注本，第1566页。
⑩ 《要录》卷183，绍兴二十九年十二月辛未，中华书局1956年排印本，第3066—3067页。
⑪ （宋）胡寅：《斐然集》卷26《左朝请大夫王公墓志铭》，中华书局1993年点校本，第597页。

隶之"①，此后驻守将兵多有留居茶陵者（见《湖南移民表》之茶陵表）。宋末蒙宋战乱，也有军士流移来今湖南境。如端平间襄、汉扰乱以后，岳州等地"流移军民布满境内"。②

（三）一般民户的迁移

关于靖康乱后一般民户来湘，史籍中有两类不同的记载：

一是靖康乱后有大量一般民户迁来。庄绰撰《各地食物习性》云："建炎之后，江、浙、湖、湘、闽、广，西北流寓之人遍满"。③将湖湘地域列于"西北流寓之人遍满"的地区。《要录》卷96载至绍兴五年（1135）时，"荆湖南路户九十五万余"，相当于北宋崇宁间的最高户数。④这是湖南在遭受战乱后不久户口所达到的数字，应包含有大量的"流寓之民"。又李纲《自长沙至醴陵道中有感》诗云：

[自长沙至醴陵道中，田皆垦辟，道旁有筑室而居者。]年来盗贼若冰消，襁负归民满四郊。烟雨一犁初破土，江村环堵且诛茅。疮痍不扰生新肉，燕雀无虞返旧巢。安集勤斯徒自叹，勿令虎兕更咆哮。⑤

此诗作于绍兴三年（1133）二月⑥，据之当时长沙至醴陵一带已有大量逃民归来或移民迁居。又《要录》卷31载：建炎四年（1130）二月甲午，"直龙图阁知蔡州程昌㝢以王命不通，军储乏绝，率军民弃城南归"。《金佗续编》卷25《鼎澧逸民叙述杨么事迹一》亦载程昌㝢自蔡州南奔时，除带领军队及其家属，还有"避难百姓"。

二是靖康乱后相当长的一段时间内，湖南（含时隶湖北路今属湖南诸州郡）本地人口流失严重，也很少见一般民户迁来之踪影。绍兴元年（1131）正月，监察御史韩璜上言："臣误蒙使令，将命湖外，民间疾苦，法当奏闻：自江西至湖南，无问郡县与村落，极目灰烬，所至破残，十室

---

① 《要录》卷127，绍兴九年三月癸卯，中华书局1956年排印本，第2064—2065页。
② （宋）魏了翁：《鹤山先生大全文集》卷30《缴奏奉使复命十事》，《四部丛刊集部》，商务印书馆民国十一年再版影印本。
③ （宋）庄绰：《鸡肋编》卷上，中华书局1983年点校本，第36页。
④ 《宋史》卷88《地理志四》载崇宁时荆湖南路各州户数，总约95.2万（中华书局1977年标点本，第2198—2201页）。
⑤ （宋）李纲：《李纲全集》卷29，岳麓书社2004年点校本，第393页。
⑥ 系年参考赵效宣《宋李天纪先生纲年谱》，台湾商务印书馆1980年版，第169—170页。

九空。询其所以，皆缘金人未到，而溃败散之兵先之；金人既去，而袭逐之师继至。官兵盗贼，劫掠一同；城市乡村，搜索殆遍。盗贼既退，疮痍未苏，官吏不务安集，而更加刻剥；兵将所过纵暴，而唯事诛求。嗷嗷之声，比比皆是；民心散畔，不绝如丝。"① 同年二月，江西安抚大使朱胜非言："入衡州界，有屋无人；入潭州界，有屋无壁。"② 绍兴二年（1132）八月，李纲入湖南时也见到了相同的情景：

> 忆昔湖南全盛日，郡邑乡村尽充实。连年兵火人烟稀，田野荆榛气萧瑟。我初入境重伤怀，空有山川照旌节。试呼耆老细询问，未语吞声已先咽。自从虏骑犯长沙，巨寇如麻恣驰突。杀人不异犬与羊，至今涧谷犹流血。盗贼纵横尚可避，官吏贪残不堪说。挟威倚势甚豺狼，刻削诛求到毫发。父子妻孥不相保，何止肌肤困鞭挞！上户逃移下户死，人口凋零十无八。③

先有兵盗为乱，继有官吏苛剥，造成湖南之民"上户逃移下户死，人口凋零十无八"，湖南之地，或"十室九空""有屋无人"，或"所至残破""有屋无壁"，这是绍兴元年、二年时湖南的情况。而据《宋会要》食货2之27载，至绍兴六年（1136），湖南路还是"流移甚多，旷土不少"之地。约在此时前后，胡寅亦上言："衡州昨经孔彦舟兵屯五十余日[其时在绍兴元年，1131]，杀戮净尽。今经五岁矣，城外三四十里间，尚无耕种之民。"④ 绍兴二十一年（1151），曾任邵州的吕稽中言湖南与广西相连一带仍是"闲田甚多"，无人耕种。⑤ 到绍兴二十四年（1154）时，湖南游民复业者依然很少。《要录》载："旧荆南户口数十万，寇乱以来，几无人迹，诏蠲口赋以安集之，然十未还一二。先是，议者希朝廷意，谓流民已复，可使岁输十二，其后频岁复增，吏不能供，至是积逋二十余万

---

① 《要录》卷41，绍兴元年正月癸亥，中华书局1956年排印本，第759页。
② 《要录》卷42，绍兴元年二月乙酉，中华书局1956年排印本，第768页。
③ （宋）李纲：《李纲全集》卷29《八月十一日次茶陵县入湖南界有感》，岳麓书社2004年点校本，第388页。系年参考赵效宣：《宋李天纪先生纲年谱》，台湾商务印书馆1980年版，第158页。
④ （宋）胡寅：《斐然集》卷11《论衡州修城札子》，中华书局1993年点校本，第324页。
⑤ 《要录》卷162，绍兴二十一年九月己酉，中华书局1956年排印本，第2644页。

缗。"① 按照"十无八""十未还一二"的记载来推测，则绍兴间荆湖南路户数不足二十万，与《要录》前载九十五万之数相去甚远。另外，隶属荆湖北路之鼎、澧、岳州的情况亦与南路相似，如"鼎州龙阳县，经寇攘之余，井邑萧条，居民稀少"。② 岳州至淳熙三年（1176）仍然是"汙莱弥望，户口稀少"。③ 因此，当时湘地民户多迁往他地，人户稀少，不见"流寓之人遍满"之情形。

上述两类记载，互相矛盾，甚至是一人或同史所记，也不尽一致。笔者认为，这两类不同的记载中，以第二类更为贴近事实，理由有六：

第一，庄绰所描绘之情形不一定为其亲眼所见，且缺乏他人一手资料为辅证，难以为确据，而第二类情况皆为韩璜、朱胜非、李纲等人所亲见，异笔同辞，应为可信。

第二，如果说庄绰所载为真实，那也应该是对官僚士大夫移民而言的，并不能反映一般民户移民之状况。

第三，《要录》所载绍兴五年荆南户数，可能仅仅沿袭崇宁之数，当时逃亡户数皆不在此内，而其绍兴二十四年所言则是对于事实的真实反映。

第四，本地一般民户因兵盗为乱和官吏盘剥或死或逃，逃移后不愿返回，外地之民亦应不会迁移于此种不利之环境。

第五，李纲绍兴三年诗所言虽为其亲眼所见，但不能反映当时湖南整体之状况，亦不能反映此后之情况。可能在绍兴二十四年之前的湖南某时某地，出现过如李纲所见之流民返回或移民迁居较多的现象，但就整体而言，还是不容作乐观估计的。

第六，《要录》与《金佗续编》所载河南"避难百姓"，当为靖康乱时北方一般民户移民南迁湖南之反映，但与后来绍兴末与孝宗时期大量南方一般民户移民迁移湖南相比，其规模明显要小得多（见后文论述）。

既是如此，《要录》卷31建炎四年（1130）二月甲午条下"东北流移之人，相率渡江"之记载又作何解释呢？笔者认为，这些渡江之人，一部

---

① 《要录》卷167，绍兴二十四年十一月甲寅，中华书局1956年排印本，第2731页。
② （宋）洪迈：《夷坚志·支戊》卷8《龙阳章令》，中华书局2006年点校本，第1118页。
③ 《宋史》卷174《食货志上二·赋税》，中华书局1977年标点本，第4218页。

分为官僚士大夫，时逢钟相举义，"士大夫避乱者多依之"，即可为证；另一部分为游寇，史载于此时"武经大夫潍州团练使孔彦舟自淮西收溃兵侵据荆南鼎、澧诸郡"，亦可为证。① 其中可能有一般民户随之渡江，而史载不详，待考。

通过前文分析，可见在靖康乱后相当长的一段时间内，迁入湖南境内者主要是官僚士大夫、游寇和撤退军兵，亦有少量北方一般民户移民，那么在南宋前期，何时才出现一般民户迁移湖南的高潮？南宋前期的湖南一般民户移民主要为何而迁，即大部分一般民户移民迁移的性质是什么？并由此能否确定《宋志》所言"［荆湖］南路有袁、吉壤接者，其民往往迁徙自占，深耕穊种，率致富饶，自是好讼者亦多矣"是指何时之事？我们可依次对湘北、湘中与湘南一般民户移民的情况稍作考察，以对上述问题作一大体推断。

首先来看湘北州县之情况。乾道四年（1168），曾任鄂州守的李椿说："巡历诸郡，以目所见，惟常德府已耕垦及九分以上，澧州及七分以上，其余州郡亦五分以上下。"② 淳熙三年（1176），臣僚亦言："今湖北惟鼎、澧地接湖南，垦田稍多。"又言："且皆江南狭乡百姓，扶老携幼，远来请佃，以田亩宽而税赋轻也。"③ 据之可知至乾道、淳熙时，鼎、澧等州在绍兴年间"井邑萧条，居民稀少"的情况有所改观，其原因是江南狭乡百姓以"田亩宽而赋税轻"而迁来佃垦，非为避难之民也。田地耕垦已接近战乱前的七分或九分以上，则人户也应恢复到七分至九分左右。《鄂国金佗续编》卷26《鼎澧逸民叙述杨么事迹二》载：

> 爰自建炎三年水贼杨华、杨么等起事，至淳熙九年，已历五十余年，未问府县人民生齿，安居乐业，繁伙熙熙，至如龙阳县上、下沚江乡村，民户无虑万家，比屋连檐，桑麻蔽野，稼穑连云，丁黄数十万。④

---

① 《要录》卷31，建炎四年二月甲午，中华书局1956年排印本，第613页。
② 《历代名臣奏议》卷258，宋孝宗时司农卿李椿上奏，上海古籍出版社1989年影印本，第3382页。
③ 《宋史》卷174《食货志上二·赋税》，中华书局1977年标点本，第4218页。
④ （宋）岳珂：《鄂国金佗稡编续编》，中华书局1989年校注本，第1580页。

引文中所指府县，当指常德府及其附近曾遭杨幺战乱影响的府县，至淳熙九年（1182）时，"人民生齿，安居乐业，繁伙熙熙"，尤其是常德府龙阳县的上、下沚江乡村，民户万家，农业生产繁盛，当可旁证李椿等臣僚所言不虚。另外，岳州在淳熙三年（1176）时虽仍是"汙莱弥望，户口稀少"，也当属耕垦及"五分以上下"之州郡，户口亦因请佃百姓的迁来而有所恢复。① 请佃民户的迁来，一方面使土地耕垦得到恢复；另一方面，因原居民逃户归业，与佃户"争夺词讼不绝，州县莫之适从"②，亦反映出请佃移民之多。

再看湘中潭州和湘南衡州之情况。约乾道九年（1173）前后，王阮《代胡仓进圣德惠民诗一首并序》言长沙已为"县县人烟密"之地。③ 绍熙三年（1192），周必大作《潭州劝农文》称："重湖以南，地广人众。"④其中虽言及湖南整体情况，但还是主要针对潭州而言。表明到宋孝宗、光宗时，潭州已人烟稠密、民户众多，绍兴间"有屋无壁""十室九空"的情况已完全得到改观。又廖行之《省斋集》卷5《统县本末札子》载："衡之五邑，由中兴以来，版籍日登，皆万户县也。"据《省斋集》附录墓志，廖行之乃绍兴七年（1137）生，淳熙十一年（1184）登进士第后始任官，十六年（1189）卒，上揭札子应在其为官后作，所记载的情况当是淳熙末时的情况。《宋史》卷88《地理志四·荆湖南路》载衡州崇宁户168095，平均每县三万三千余，则早为万户县矣，其说"版籍日登"当是针对靖康乱后民户流失严重，后又日渐增多的情况而言的。建炎绍兴时湖南等地户口十不存一二，衡州亦是如此（前引朱胜非经过衡州时所观察到的情况与李纲经过茶陵时所观察到的情况可证），则当时衡州平均每县户数不过6000余，而到淳熙间增加至万户以上，衡州一地增加当超过两万户。潭、衡两地的人口增长源自哪里？显然无法用单纯的人口自然增长来说明。前引《宋志》言"鼎、澧地接湖南"而"垦田稍多"，可知荆湖南州郡人口的增长与鼎、澧等地人口增长的原因相似，也即是江南狭乡百姓

---

① 《宋史》卷174《食货志上二·赋税》，中华书局1977年标点本，第4218页。
② 《历代名臣奏议》卷258，宋孝宗时司农卿李椿上奏，上海古籍出版社1989年影印本，第3382页。
③ 北京大学古文献研究所编：《全宋诗》，北京大学出版社1998年版，第50册，第31109页。
④ （宋）周必大：《省斋文集》卷37，《丛书集成三编》，台北新文丰出版公司1999年版，第46册，第507页。

因田多赋轻而迁来，使湖南人口急剧增长。他们迁来后，本地也同鼎、澧等州一样，出现了"争讼"土地的现象。《宋史》卷88《地理志四·荆湖南北路》言，"[荆湖]南路有袁、吉壤接者，其民往往迁徙自占，深耕概种，率致富饶，自是好讼者亦多矣"。《宋志》未明言此乃何时之事，而其所述外来移民能迁徙自占土地的情况，只有在本地民户因乱或徙或死，而土地暂时无主的背景下才会出现的①；后来多"好讼"的现象，当是逃户返乡，要求收回土地，而迁来者已经通过"深耕概种"而"致富饶"，肯定不愿归还土地，"讼"由此而起。此种情形与鼎、澧等州极其相似，所以上揭《宋志》所载也应是绍兴末至孝宗时之事。

通过对湘北、湘中与湘南各地情况的考察，我们可以对湖南整体的情况做出几点推断。

第一，南宋前期的湖南一般民户移民主要集中在绍兴末与孝宗时。

第二，从绍兴末到孝宗时迁入湖南之一般民户移民很显然不是因为战乱而迁，他们迁来是因为此地土地充足、赋税较轻而积极前来开垦。

第三，南宋前期的湖南一般民户移民促进了本地经济的发展。

一般民户移民个体通过"深耕概种"而"致富饶"，而他们作为一个整体，也使湖南本区域以人口和土地耕垦为标志的经济水平从战乱的破坏中迅速恢复过来。这也是判断南宋前期湖南一般民户移民性质的重要依据。

综而论之，在南宋初期，湖南本地一般民户因兵盗为乱和官吏盘剥或死或逃，逃移后不愿返回，外地之民也很少迁移于此种不利之环境；绍兴末至孝宗时，随着本地区逐渐趋向稳定，闲置土地较多，加上本地政府积极倡导并提供优惠政策，大量外来一般民户逐渐迁来湖南耕垦，其中有不少由此而致富。所以南宋前期的一般民户移民主要是耕垦移民，而非战乱移民，一般民户移民的到来促进了湖南区域经济的恢复与发展。

---

① 关于这一点，我们可以对比南宋后期的情况来看。据（宋）欧阳守道：《巽斋文集》卷4《与王吉州论郡政书》载，到南宋后期，江西移民迁来湘南州郡，往往只能为"佣奴妾婢"。说明在非动乱时期，传统农垦地带社会经济秩序得以重建和恢复而土地各有主的情况下，移民是无法在迁入地轻易获得耕地的，进而言之，移民能"迁徙自占"土地的情形只可能在社会经济秩序因动乱而被破坏之后才会出现。见《景印文渊阁四库全书》，台湾商务印书馆1986年版，第1183册，第536页。

南宋中后期仍有一般民户迁来湘境。欧阳守道《与王吉州论郡政书》略云：

> 吾州郭之地，岂惟民数稠密而已……此中田野细民，常有去失，而邻郡向上深僻去处，佣奴妾婢，常多吉州人，不由父母与夫雇卖而得之，老死而不可返，此犹其幸而生存者耳，最是事绝踪迹无主名可诉兼被害者，必是至贫之细民，朝夕不给，其妇、子可以一饱诱者，以至贫之细民而遭此无主名可诉之事，只有付之无可奈何，甚可痛也。①

按欧阳守道为宋末吉州人（1208—1273），其所记载之事也当是宋末时的情况。吉州历来为人口稠密的大郡，田野百姓因地狭赋重而流迁他地，也是很自然的事情，而与之相邻的湘南各郡往往成为其首选地。此处所言流迁者皆是一些贫贱之民，而"邻郡向上深僻去处"应主要是与吉州靠近的湘南州郡边界地区。这些贫贱流迁之民，生命和生活皆无保障，当为移民之最下层。

南宋湖南移民在氏族资料中亦有体现。据表3-1-7，南宋前期（高、孝两朝）有128例移民迁入，其中湘北26例，湘东18例，湘中16例，湘西20例，湘西南10例，湘南38例；南宋中后期（光宗以后）迁入274例，其中湘北44例，湘东24例，湘中59例，湘西32例，湘西南40例，湘南75例；南宋不详具体年代迁入者57例，其中湘北7例，湘东11例，湘中10例，湘西2例，湘西南4例，湘南23例。此外，还有102例于宋代不详具体时段迁入湖南，其中，湘北8例，湘东3例，湘中7例，湘西10例，湘西南7例，湘南67例，并述于此。又据表3-1-5，上列移民个案中，可能为上层移民者南宋总计142例（前期有33例，中后期87例，不详具体年代22例），其余317例（前期95例，中后期187例，不详35例）应是一般民户移民。宋代不详具体年代移民中约有22例为官僚士大夫等上层移民，其余80例应为一般民户移民。

---

① （宋）欧阳守道：《巽斋文集》卷4，《景印文渊阁四库全书》，台湾商务印书馆1986年版，第1183册，第532、536页。

表 2-2-1　宋代湖南移民个案

姓名	始迁地	迁移时间	迁入地	迁移原因	资料来源	备注
w 张氏	金陵（今江苏南京市）	北宋（或以前）	鼎州桃源	不详	《宋史》卷331，第10668页	宋人张颜之祖先
w 周令妻、三女	蜀川（今四川）	宋太宗时	衡阳	嫁衡阳令周氏三女相欢适人	《洛阳搢绅旧闻记》卷2，第19页；《长编》卷18，第394页	
w 黄捉鬼兄弟数人	吉州（治今江西吉安府）	宋庆历间	常宁、蓝山溪洞	为巫人，习蛮法，诱蚕众盗贩盐	《长编》卷143，第3430页	
w 王子之家属	宋辽两属地（雄州，治今河北雄县）	宋熙宁六年（1073）	潭州	坐事编管	《长编》卷245，第5952页	
w 额伯尔	西界（西夏，首府今宁夏银川市）	宋元符二年（1099）	潭州	战俘	《长编》卷516，第12272页	
b 韩黄	颍昌（治今河南许昌）	南宋初	衡山	寓居	《斐然集》卷21，第449页，《胡宏集》第182页	
b 刘孝昌	东平（治今山东东平县西北）	南宋前期	衡山	游学	《攻媿集》卷96，第466页；《宋史》卷437，340，105，第12956，10849，2560页	
b 李椿	开封（治今河南开封市）	宋靖康乱后	衡州	避乱	《杨万里集笺校》卷116，第4449页；《宋史》卷389，第11937、11940页；《宋史》卷450，第13253页	

第二章 唐宋时期湖南移民之过程

续表

姓名	始迁地	迁移时间	迁入地	迁移原因	资料来源	备注
b 杨祥	弘农（今河南灵宝县东北）	约宋靖康乱后	醴陵	避地	《宋史》卷423，第12644页；《登科记考》卷18，第656—657页；《旧唐书》卷176，第4561、4564页	
b 田氏	蜀（今四川）	靖康乱时?	慈利	避乱?	《道园学古录》卷9，第79页	田公著之祖先
b 贾棻	郓州（治今山东东平县西北）	宋靖康乱后	长沙	避乱	《南轩集》卷41，第237页	
b 贾林	郓州（治今山东东平县西北）	宋靖康乱后	长沙	避乱	《南轩集》卷41，第237页	
b 王子钦	夔子?（今湖北秭归县）	宋靖康乱后	桂阳军	避乱	《鸿庆居士集》卷31，第260页	后迁他地，归原籍
b 董氏	濮州雷泽（治所今山东菏泽市）	宋建炎南渡时	鼎州	避乱	《鹤山先生大全文集》卷80	董道隆之先祖
w 胡筒能	杭州（治今浙江杭州市）	宋靖康乱后	潭州	避乱	《斐然集》卷26，第579、580页	
b 赵隆之	京师（今河南开封市）	宋靖康二年（1127）	衡山	避乱	《胡宏集》，第183页	

· 107 ·

续表

姓名	始迁地	迁移时间	迁入地	迁移原因	资料来源	备注
b 侯寘	东平（治今山东东平县西北）	宋南渡后	长沙	避乱	《南轩集》卷34，第201页；《杨万里集笺校》卷72，第3021页	另参考文中本条
b 吴可	金陵（今江苏南京市）	宋建炎后	湘江	避寇	《四库总目》卷157	
b 杜昉	定州安喜（治今河北定州市）	宋建炎初	武陵	寓居	《舆地纪胜》卷68，第616页；《长编》卷1，第9页	
b 张邦昌	永静东光（今河北东光县）	宋建炎元年（1127）	潭州	赐死，家属居此	《要录》卷9，第224页；《宋史》卷475，第13789、13793页	
b 王襄	邓州南阳（今河南南阳市）	宋建炎元年（1127）	永州	谪官安置而卒	《宋史》卷352，第11126—11127页；《要录》卷6，第141页	
王蕃	开封（今河南开封市）	宋建炎四年（1130）	祁阳	避地卒此	《平园续稿》卷37，第124页	葬桂林
王镇	开封（今河南开封市）	宋建炎四年（1130）	南岳	随父避地	《平园续稿》卷37，第124页	
贺允中	上蔡（今河南上蔡县）	宋绍兴元年（1131）或稍前	潭州	寓居	《要录》卷43，第779页	

· 108 ·

续表

姓名	始迁地	迁移时间	迁入地	迁移原因	资料来源	备注
w 汪藻	饶州德兴（治今江西德兴市）	宋绍兴间	永州	夺职居此，累赦不宥而卒	《要录》卷1、150、166，第23、2414、2718页；《鸿庆居士集》卷34，第286页；《宋史》卷445，第13130、13132页	
w 周随亨	江山（治今浙江江山市）	宋绍兴初	江华	避贼寓居	《要录》卷51，第908页	
b 万俟禼	开封阳武（今河南原阳县）	宋绍兴初	沅州	避乱	《要录》卷12、46，第279、838页；《宋史》卷474，第13769页	
b 胡安国	建州崇安（治今福建武夷山市）	宋绍兴初	衡山	始避地湖南，后讲道归隐衡山	《斐然集》卷25，第552页；卷20，第410—411页	
b 胡宏	建州崇安	宋绍兴初	衡山	随父避地湖南	《斐然集》卷25，第552页；卷20，第410—411页	胡安国子
b 胡寅	建州崇安	宋绍兴初	衡山	随父避地湖南	《斐然集》卷25，第552页；卷20，第410—411页	胡安国养子
b 胡宁	建州崇安	宋绍兴初	衡山	随兄避地湖南	《斐然集》卷25，第552页；卷20，第410—411页	胡安国子
w 胡安止	建州崇安	宋绍兴初	衡山	随父避地湖南	《南轩集》卷40，第232页	胡安国弟
w 胡申	建州崇安	宋绍兴初	衡山	随父避地湖南	《斐然集》卷25，第559页	胡安国女

续表

姓名	始迁地	迁移时间	迁入地	迁移原因	资料来源	备注
b 向沈	开封（治今河南开封市）	宋绍兴初	衡山	随胡安国避乱	《卢溪文集》卷47，第323、325页	胡安国女婿
b 刘锜	秦州成纪（今甘肃天水市）	宋绍兴初	始家湘潭，再居浏阳	寓居	《宋史》卷366、379，第11399、11703页；《斐斋文集》卷8，第564页；《要录》卷168，第2751页	
b 向子忞	开封（治今河南开封市）	宋绍兴二年（1132）前后	衡阳	南渡后官游	《杨万里集笺校》卷130，第5025、5026页；《要录》卷51，第908页	
b 向浣	开封（治今河南开封市）	宋绍兴二年（1132）前后	衡阳	南渡后官游	《杨万里集笺校》卷130，第5025、5026页	吴氏未代表作向澣
赵师孟	开封（治今河南开封市）	宋绍兴二年（1132）稍后	衡山	乱后官居	《南轩集》卷40，第230页	
b 李稙	招信（治今安徽嘉山县北）	宋绍兴四年（1134）前后	醴陵	秦桧当国，丐祠奉来而寓居	《宋史》卷379，第11701—11703页，《要录》卷3，第64页	
b 刘宝	东平（治今山东东平县西北）	宋绍兴五年（1135）	华容	从征杨幺	《大明一统志》卷62，第3895页；《刘姓氏族源流》	

第二章 唐宋时期湖南移民之过程

续表

姓名	始迁地	迁移时间	迁入地	迁移原因	资料来源	备注
w 张浚	汉州绵竹（今四川绵竹县）	宋绍兴十二年（1142）前后	长沙	寓居	《宋史》卷361，第11297页；《要录》卷147，2363页；《南轩集》41，第236页	
w 张栻	汉州绵竹（今四川绵竹县）	宋绍兴十二年（1142）前后	长沙	随父寓居	《南轩集》卷40，第232页；《宋史》卷429，第12770页	张浚子
b 王震	开封（治今河南开封）	宋绍兴十三年至十六年（1143—1146）间	武陵	南渡后宦游	《斐然集》卷26，第595、597页	
b 贾说	郑州？（治今河南郑州市）	宋绍兴十四年（1144）	零陵	靖康乱后	《斐然集》卷26，第578、579页	
w 吴铨	浦城（今福建浦城县）	宋绍兴二十年（1150）前后	长沙	寓居	《南轩集》卷41，第236页	万俟卨女婿
w 万俟氏	开封阳武（今河南原武县）	宋绍兴二十年（1150）前后	长沙	寓居	《南轩集》卷41，第236页	万俟卨女
b 邢孝	郑州原武（治今河南原阳县）	宋绍兴二十六年（1156）	武陵	宦游	《要录》卷175，1，第2881，15页	
b 刘萌	东平（治今山东东平县西北）	宋绍兴二十六年（1156）	潭州	葬父母	《南轩集》卷13，第93页；《胡宏集》，第181—182页	
b 折彦质	府州（治今陕西府谷县）	宋绍兴二十八年（1158）前后	潭州	宦游，高宗赐田于此	《要录》卷179、185，2958、3111页；《宋史》卷253，第8861页	

· 111 ·

续表

姓名	始迁地	迁移时间	迁入地	迁移原因	资料来源	备注
w 刘光祖	吉州安福（治今江西安福县）	乾道二年（1166）之前	长沙	寓居	《杨万里集笺校》卷72，第3021—3022页；《省斋文集》卷19，第365页	
w 刘述祖	吉州安福（治今江西安福县）	乾道二年（1166）之前	长沙	寓居	《杨万里集笺校》卷72，第3021—3022页；《省斋文集》卷19，第365页	
b 郑思恭	襄邑（今河南睢县）	宋乾道七年（1171）之前	衡山	乱后宦游	《南涧甲乙稿》卷20，第562—563页	
w 余端礼	衢州龙游（今浙江龙游县）	宋庆元间	潭州	帅覃卒此	《杨万里集笺校》卷124，第4782、4794页；《宋史》卷398，第12103、12106页	
b 单路分	京师（今河南开封市）	宋庆元前后	沅州黔阳	宦游（避乱）	《游宦纪闻》卷7，第58页；《东南纪闻》卷2，第461页	
b 许玠	襄邑（今河南睢县）	宋宝祐前后	衡阳	寓居	《平园续稿》卷15，第722页，《宋诗纪事》卷56，第1428页	
b 施道州	益州（治今四川成都市）	宋端平三年（1236）至淳祐元年（1241）前后	长沙	避乱	《后村先生大全集》卷13	
w 欧阳新，子必泰	江西吉州（治今江西吉安市）	宋末 [淳祐元年（1241）后]	长沙	寓居	《宋史》卷411，第12364—12365页	

· 112 ·

第二章 唐宋时期湖南移民之过程

续表

姓名	始迁地	迁移时间	迁入地	迁移原因	资料来源	备注
b 师严	襄阳（治今湖北襄阳市）	宋咸淳末	武陵	避乱客居	《谷音》卷2，第563页；《宋诗纪事》卷78，第1908页	
b 李方子	邵武（治今福建邵武市）	宋末	辰州	寓居	《烛湖集》卷17，第722页；《后村先生大全集》卷7	
b 刘氏	华阳（治今四川成都市）	宋末	攸县	宦游	《全元文》卷1107，第34册，第698页	刘宗说之祖父
b 邓得遇	邛州（治今邛崃县）	宋末	湘乡	宦游	《宋史》卷451，第13280页；《大明一统志》卷63，第3945页；《邓姓氏族源流》	
b 王氏兄弟	蜀（今四川）	宋末元初	慈利	避地	《道园学古录》卷9，第79页	
w 彭虎臣	湘乡	约两宋之际（1150）以前	湘潭	因兄弟争财	《斐然集》卷26，第600页	湘乡始祖彪氏
w 彭允足	溪州	宋乾德五年（967）	濮州（治今山东鄄城县北）	为溪洞酋豪，据山险，持两端，因其入朝而置之内地	《长编》卷8，第196页；《宋史》卷493，第14173页	溪峒蛮

续表

姓名	始迁地	迁移时间	迁入地	迁移原因	资料来源	备注
w彭允贤	溪州	宋乾德五年（967）	卫州（治今河南卫辉市西南）	为溪洞酋豪，据山险，恃两端，因其入朝而置之内地	《长编》卷8，第196页；《宋史》卷493，第14173页	溪峒蛮
w朱昂	衡山	宋咸平三年（1000）	江陵（治今湖北江陵县）	请老江陵	《华阳集》卷40，第560页；《宋史》卷439，第13008页	衡山始祖朱葆光
w魏进武	辰州	宋大中祥符七年（1014）	淮南（治今江苏扬州市）	为溪洞都指挥使，率山瑶寇数城告，朝廷招降置内地	《长编》卷83，第1902页；《宋史》卷493，第14176页	溪洞蛮
w李顺同等八百余人	下溪州	宋天禧二年（1018）	安州（治今湖北安陆市）、复州（治今湖北天门市）间	为下溪州蛮，寇辰州、澧州刺史方等降之，置内地	《长编》卷91注，2097—2098页	溪峒蛮
w彭仕汉	下溪州	宋天禧二年（1018）	西京（今河南洛阳市）	招降置内地，监许税，留西京	《长编》卷91，第2097、2112页；《长编》卷100，第2319页；《宋史》卷493，第14177—14178页	溪洞蛮

· 114 ·

第二章 唐宋时期湖南移民之过程

续表

姓名	始迁地	迁移时间	迁入地	迁移原因	资料来源	备注
w彭儒霸	下溪州	宋天禧二年（1018）	陈州（治今河南淮阳县）	招降置内地	《长编》卷91，第2112页	溪洞蛮
w彭儒聪	下溪州	宋天禧二年（1018）	郑州（治今河南郑州市）	招降置内地	《长编》卷91，第2112页	溪洞蛮
w彭儒素率其党九十二人	忠彭州（忠顺州）	宋天圣三年（1025）	复州（治今湖北天门市）	其父忠文绾为下溪州彭文儒刺史彭文儒猛攻杀，来归，因朴兵复州都知兵马使，余官并月给钱粮	《长编》卷103，第2386页；《宋史》卷493，第14178页	溪洞蛮
w周敦颐	道州营道	宋熙宁间	南康（治今江西星子县）庐山莲花峰	臣游退居	《宋史》卷427，第12710、12711页	

· 115 ·

续表

姓名	始迁地	迁移时间	迁入地	迁移原因	资料来源	备注
w 彭师晏等十八人	下溪州	宋熙宁九年(1076)	赴阙(今河南开封市)	招降置内地,授师晏京东州都监	《长编》卷270、272,第6629、6662页;《宋史》卷493,第14179—14180页	宋溪洞蛮;宋史所载一行至少有六十四人
w 舒光勇	允州	宋熙宁十年(1077)	安州(治今湖北安陆市)	招降置内地	《长编》卷283,第6925页;《默记》卷中,第33—34页	溪洞生黎
w 刘次庄	长沙	北宋末	新淦(今江西新干县)	寓居	《独醒杂志》卷9,第88页;《长编》卷368,第8869页	
w 徐君宝妻某氏	岳州	宋末	杭州(治今浙江杭州市)	被房来居住	《东园友闻》,第414页	

说明:1. 表中姓名一栏标字母"w"者表示吴氏宋代所列者,标"b"者表示明与吴氏宋代所列未同者。
2. 吴氏宋代表载万俟卨妻侯氏自建炎间自开封迁,今查其所引《宋史》卷474《万俟卨传》,无载其妻,今表不列。
3. 吴氏宋代表载邵宏渊,授其所引《大明一统志》卷64《常德府·流寓》载:"邵宏渊,大名人,寓武陵,宋高宗时,贼钟相反于湖湘,宏渊将兵摘其渠魁,授鼎澧统领,授鼎澧诸县,皆为贼所据。"据《要录》卷32载,建炎四年(1130)四月,"统领官部宏渊等将蔡兵二千自随,至汉阳,时公安、石首、松滋、澧阳诸县,皆为贼所据。"邵宏渊始来镇压时已为统领官,《明志》所言因功授官之说应误。又检《要录》183、193、194、195、196、197所载邵氏相关事迹,皆不见载其寓居武陵之事,不知《明志》所据何史,今表不列。
4. 吴氏宋代表列邢绛之父邢焕,今表不列,见正文考证)。

·116·

第二章 唐宋时期湖南移民之过程

5. 吴氏宋代代表列程昌寓建炎间迁鼎州,今查其所引《中兴小记》卷8,建炎四年(1130)程昌寓自蔡州率部人鼎州镇压仲相余部,为帅臣,知鼎州,不载其寓居事,今表不列。

6. 吴氏宋代代表列胡安国之孙胡大壮,考其所引《后乐集》卷12《奉举布衣胡大壮乞赐褒录状》,嘉定五年(1212)之时,胡大壮已"年逾六十",即使按七十岁算,也应在绍兴十二年(1142)之后生,又《斐然集》卷25《先公行状》载胡安国绍兴八年(1138)殁,而胡大壮等乃胡安国"没五年之后始生",与上述推论相吻合,因而胡大壮为胡氏绍兴三年(1133)迁ら再生,列其随胡安国迁实为不妥,今表不列。

7. 吴氏宋代代表列赵年之建炎间自河南迁潭州,今查其所引《宋史》卷452,并未载其人其事,应误,今表不列。

8. 吴氏宋代代表列刘锜妻薛氏,今查其所引《斐然文集》卷8,并未载薛氏之事,今表不列。

9. 吴氏宋代代表列刘锜之元孙刘镐之元孙刘垣,据其所引《大明一统志》卷62,刘宗应为刘宝之误。

10. 吴氏宋代代表列刘宗建炎间自开封迁永甯,今查其所引《斐然集》卷26,《诚斋集》卷130,并未载其人其事,今表不列。

11. 吴氏宋代代表列贾當建炎间目向子忞之子向建绍间自开封迁衡州,今检其所引《斐然集》卷8,无法知其在刘锜迁前生或迁后生,亦不列。

12. 吴氏宋代代表列韩希孟原籍河南,迁岳阳,且列人靖康乱后迁民,实言之乏据。

13. 吴氏宋代代表列王将作薛作韩蕃,其所引《宋史》卷460《韩氏女传》载:"韩氏女,字希孟,巴陵人,或曰丞相荀之裔。"吴氏据之列韩希孟原籍河南,迁岳阳,且列人靖康乱后迁民,实言之乏据,今表不列。

14. 吴氏宋代代表列许自便,复左朝请大夫,引四库本《宋名臣言行录》别集上卷3。[南宋初,滕康]贷授少监,分司南京,永州居住。未朔年许自便,复左朝请大夫,依前宫祠,绍兴二年薨,年四十八。八年,追复龙图阁学士。"(本处引自《四朝名臣言行录·别集下》卷3《滕康》,《宋名臣言行录五集》第2册)又引卷34《姑苏志》载:"同知枢密滕康墓茔华山。"可见滕康谪居永州的时间极短,死后葬他地,今表不列。

15. 吴氏宋代代表列滕康《宋元学案》卷71列宋文仲自开封迁衡州,考其所引《宋名臣言行录》别集卷3,并未载张氏。

16. 吴氏宋代代表张氏建炎中自应天府迁永州,考其所引《宋名臣言行录》别集卷3,并未载张氏。

17. 吴氏宋代代表据《宋元学案》卷71列宋文仲自开封迁衡州,所迁时间不详。按《陈傅良先生文集》卷20《湖南提举举士状》言宋"衡阳人",又言,"盖文仲生长南土,其家学则中原文献也"。可见宋文仲乃生长于南土,为衡阳人,非文仲,今表不列。

18. 吴氏宋代代表列李椿之孙李大谦,重孙李苕,据《宋史》卷389李椿本传,李椿靖康乱后南迁时年仅15岁,其子孙应为土生土长的衡州人,今表不列。

·117·

表 2-2-2　北宋湖南州郡户数之变迁

州（监）	太平户（100%）	元丰户及对太平户增长率（%）	崇宁户及对元丰户（100%）增长率（%）
岳州	14595	96684　662.4	97791　101.1
鼎州	15691	41160　262.3	58297　141.6
澧州	11946	58679　491.2	81673　139.2
辰州	3402 —	8913　262	10730　120.4
沅州	4032 —	10565　262	9659　91.4
靖州	3999 —	10475　262	18692　178.4
潭州	52906	357824　676.3	439988　123
衡州	14494	180050　1242.2	168095　93.4
邵州	10072	97234　965.4	98861　101.7
郴州	7500	36988　493.2	39393　106.5
桂阳监	2730 —	40848　1496.3	40476　99.1
道州	16775	36684　218.7	41535　113.2
永州	14378	87201　606.5	89387　102.5

资料来源：《太平寰宇记》①卷113—118《江南西道·岳州·朗州》，第113—118页。（宋）王存：《元丰九域志》卷6《荆湖北路·岳州·鼎州·澧州·辰州·诚州》，中华书局1984年点校本，第196，200，203，205，207页。（宋）王存：《元丰九域志》卷6《荆湖北路·岳州·鼎州·澧州·辰州·诚州》，中华书局1984年点校本，第272，270，271，274，275，276页；《荆湖南路·潭州·衡州·邵州·郴州·桂阳监·道州·永州》，第259，260，263，263，265，261，262页。《宋史·地理志四·荆湖北路·荆湖南路·岳州·鼎州·澧州·沅州·靖州》，中华书局1977年标点本，第2195，2195，2195，2195，2195，2195，2195，2195。

① （宋）乐史：《宋本太平寰宇记》，中华书局2000年影印本。

2196、2196、2197 页；《荆湖南路·潭州、衡州、邵州、郴州、桂阳监、道州、永州》，第 2199、2199、2200、2201、2199、2199 页。

参考梁方仲《中国历代户口、田地、田赋统计》《甲表 35：北宋初年各道府州军监户口数及每县平均口数和每户平均口数》《甲表 36：北宋元丰初年各路府州军主客户数及客户所占的百分比》《甲表 38：北宋各路府州军监户口数及客户所占的百分比》，中华书局 2008 年版，第 192—193 页，205—206 页，219—220 页；葛剑雄主编，吴松弟著《中国人口史·第三卷·辽宋金元时期》第四章《表 4－2：北宋南方、北方各府州军的主客户户数》，复旦大学出版社 2000 年版，第 130 页。

说明：1. 太平记为太平兴国五年至端拱二年（980—989）户数，元丰志为元丰元年（1078）之数，宋志为崇宁元年（1102）户数。户口系年参考梁方仲《中国历代户口、田地、田赋统计》正编之甲表 35、36、38，中华书局 2008 年版，第 188、199、214 页；葛剑雄主编，吴松弟著《中国人口史·第三卷·辽宋金元时期》，复旦大学出版社 2000 年版，第 117、118、119 页。

2. 标"一"者均据《中国人口史·第三卷：辽宋金元时期》第四章"表 4－2"补。

第三节 唐宋时期湖南之迁出移民

一 唐五代时期的迁出移民

唐代前期、中后期迁出移民各见1例。

戴令言。据贺知章《唐故朝议大夫给事中上柱国戴府君墓志铭并序》载，戴氏乃长沙人，开元二年（714）终洛阳，春秋五十有六。[①] 又《旧唐书》卷90《杨再思传》载戴令言长安末时曾任左补阙，大概于此时前后来洛阳。

罗秀。《新五代史》卷39《罗绍威传》："罗绍威字端己，其先长沙人。祖让，北迁为魏州贵乡人。父弘信。"按《旧唐书》卷181《罗弘信传》："罗弘信字德孚，魏州贵乡人。曾祖秀，祖珍，父让，皆为本州军校。"据之，罗氏自罗秀开始就已为魏州军校，则其家族自长沙迁魏州者当是罗秀，而非《新五代史》所言罗让。又魏州牙军始建于广德元年（763）[②]，而据本传，罗弘信生于太和九年（835），则其曾祖罗秀迁魏州贵乡当在唐广德元年至太和九年。

唐末五代时迁出移民较多，与当时割据局面密切相关。

欧阳彬，字齐美，衡山人。世为县吏，至彬特好学，工于辞赋。马殷之有湖南，彬将希其用而不得，愤而入蜀，蜀主大悦，擢清要。[③] 按《类说》卷26《九州歌》载欧阳彬入蜀时马氏并得岳州、武陵[④]，当为开平二

[①] 罗振玉：《芒洛冢墓遗文四编·补遗》，《石刻史料新编》，台北新文丰出版公司1982年影印本，第1辑，第19册，第14321—14322页。

[②] 《通鉴》卷222，唐广德元年六月庚寅，中华书局1956年标点本，第7144页；《新唐书》卷210《田承嗣传》，中华书局1975年标点本，第5924页。另参考吴廷燮《唐方镇年表》，中华书局1980年版，第600页。

[③] 《通鉴》卷273，后唐同光二年十一月，中华书局1956年标点本，第8926—8927页；（宋）张唐英：《蜀梼杌》卷下，商务印书馆民国二十八年排印本，第22页；（宋）陶岳：《五代史补》卷3《欧阳彬入蜀》，《中华野史》，泰山出版社2000年整理本，宋朝卷一，第98页。

[④] （宋）曾慥编：《类说》，文学古籍刊行社1955年影印本，第1746页。

年（908）之时。①

萧氏。周必大《资政殿学士宣奉大夫参知政事萧正肃公燧神道碑》载："公讳燧，字照邻。先世唐望族，散居潭之浏阳，南唐时徙袁州新喻县，今隶临江军。"②陆游《老学庵笔记》载："临江萧氏之祖，五代时仕于湖南，为将校，坐事当斩，与其妻亡命焉。"③

徐仲宝，长沙人，杨吴顺义时至扬都（即扬州，时为杨吴首府），任舒城令，再为乐平令。④

沈彬（参见前迁入条）。沈彬隐居湖南茶陵云阳山十余年，杨吴末，李昇（后为南唐烈祖）镇金陵，命郡县征辟贤才，沈彬往谒，授秘书郎，后退居高安而卒。⑤

雷彦恭，本武陵人，蛮酋雷满之子。后梁开平二年（908）被马殷部围攻，遂奔广陵。淮南以彦恭为节度副使。⑥

马殷女马氏。后梁乾化三年（913），南汉主刘岩求婚于马楚，楚王马殷许妻以女。⑦后梁贞明元年（915），刘岩迎娶马氏，⑧并于贞明五年（919）立为皇后。⑨

马殷女马氏。钱传瓘为吴越王钱镠之第十四子，后梁龙德元年（921）娶

---

① 《通鉴》卷264，天复三年五月，中华书局1956年标点本，第8609页；同书卷266，后梁开平二年五月，第8701页。
② （宋）周必大：《平园续稿》卷27，《丛书集成三编》，台北新文丰出版公司1999年版，第47册，第57页。
③ （宋）陆游：《老学庵笔记》卷7，中华书局1979年点校本，第96页。
④ （宋）徐铉：《稽神录》卷5《徐仲宝》，《宋元笔记小说大观》，上海古籍出版社2001年校点本，第1册，第199页；（清）吴任臣：《十国春秋》卷12《徐仲宝传》，中华书局1983年点校本，第162页。
⑤ （宋）马令：《南唐书》卷15《沈彬传》，《丛书集成初编》，商务印书馆民国二十四年排印本，第102页；（宋）陆游：《南唐书》卷7《沈彬传》，《陆放翁全集》，中国书店1986年版，上册，第29页。（宋）陶岳《五代史补》卷4《沈彬石椁》载南唐后主时迁（《中华野史》，泰山出版社2000年整理本，宋朝卷一，第102页），应误。
⑥ 《旧五代史》卷17《雷满传》，中华书局1976年标点本，第237页；《通鉴》卷266，后梁开平二年五月，中华书局1956年标点本，第8701页。《新五代史》卷41《雷满传》系于后梁开平三年（中华书局1974年标点本，第446页），应误。
⑦ 《通鉴》卷268，后梁乾化三年十月，中华书局1956年标点本，第8777页。
⑧ 《通鉴》卷269，后梁贞明元年八月，中华书局1956年标点本，第8796页。
⑨ 《通鉴》卷270，后梁贞明五年正月，中华书局1956年标点本，第8842页。

楚王女马氏，未几，传瑛死，马氏"奋不欲生"，誓不再嫁，终于吴越国。①

萧戾。《武溪集》卷20《故萧府君墓志铭并序》载："府君讳陟，字希升。其先潭州浏阳人，五代祖戾初仕湖南，知马氏政衰，乃挈族去其国，以归江南。李主大悦，赐田十万，家于新喻，今占籍临江军。"② 可知萧氏于马楚末因马氏政衰而自浏阳迁新喻。

李彦温、刘彦瑫及马希范与马希广诸子。后汉乾祐三年（950），时值马氏内乱，朗州步军指挥使武陵何敬真等以蛮兵三千陷长沙。马楚将领李彦温望见城中火起，自驼口引兵救之，而朗人已据城拒战。彦温攻清泰门，不克，与另一将领刘彦瑫"各将千余人奉文昭王及希广诸子趣袁州，遂奔唐"③。

以上诸人于五代马楚时，或因求仕、联姻，或因逃罪、避乱，或因内讧、政衰，而迁往邻境诸邦，其规模不大，且均属上层人士。后周广顺元年（951），南唐将边镐率军灭楚，马楚国上层人士多被迁于南唐，形成五代时期又一次大规模割据势力之移民。

一支由马希崇率领自长沙出发，马氏宗族及将佐千余人。《通鉴》卷290载：后周广顺元年（951），"唐边镐趣马希崇帅其族入朝，马氏聚族相泣，欲重赂镐，奏乞留居长沙，镐微哂曰：'国家与公家世为仇敌，殆六十年，然未尝敢有意窥公之国。今公兄弟斗阋。困穷自归，若复二三，恐有不测之忧。'希崇无以应，十一月，辛酉，与宗族及将佐千余人号恸登舟，送者皆哭，响振川谷。"

一支由马希萼率领，自衡山经潭州东下，将佐士卒计万余人。《通鉴》卷290载：后周广顺元年（951）十一月，"辛未，唐边镐遣先锋指挥使李承戬将兵如衡山，趣马希萼入朝。庚辰，希萼与将佐士卒万余人自潭州东下"。

在这次大迁移中，"湖南刺史皆入朝于唐"④，其他主要文士武将皆随

---

① （清）吴任臣：《十国春秋》卷83《钱传瑛传》，中华书局1983年点校本，第1200—1201页。
② （宋）余靖：《武溪集》，《丛书集成续编》，台北新文丰出版公司1988年版，第124册，第592页。
③ 《通鉴》卷289，后汉乾祐三年十二月，中华书局1956年标点本，第9445—9446页。（宋）陆游：《南唐书》卷2《元宗纪》亦载其事（《陆放翁全集》，中国书店1986年版，上册，第7页）。
④ 《通鉴》卷290，后周广顺元年十二月，中华书局1956年标点本，第9471页。

第二章 唐宋时期湖南移民之过程

迁至南唐，可考者有廖偃、廖凝、彭师暠、朱遵度、孟宾于和王赟等，此外还有黄氏、杨氏等女性成员（见表2-1-1）。

马氏及其将吏入南唐后皆授官职。"[唐主]以马希萼为江南西道观察使，镇洪州，仍赐爵楚王；以马希崇为永泰节度使，镇舒州。湖南将吏，位高者拜刺史、将军、卿监，卑者以次拜官。唐主嘉廖偃、彭师暠之忠，以偃为左殿直军使、莱州刺史，师暠为殿直都虞候，赐予甚厚。"永州刺史王赟独后至，"唐主毒杀之"①。

后周世宗与南唐争夺淮南，马氏十七兄弟因之入京师开封。史载："显德三年（956），世宗征淮，下扬州，下诏抚安马氏子孙。已而扬州复入于景，希崇率其兄弟十七人归京师，拜右羽林统军，希能左屯卫大将军，希贯右千牛卫大将军，希隐、希浚、希知、希朗皆为节度行军司马。"②

马楚国灭，湖南还有刘言等几股势力，在争夺中失势者仍不得不迁往他地，朗州马光惠即是其一。后周广顺元年（951），"马氏举族为江南所俘，朗州无帅，众乃推列校马光惠为武平军留后，光惠署[刘]言为副使。既而光惠耽荒僭侈，军情不附，遂行废黜，以言代光惠为留后。时周广顺二年秋也。"刘言遂执"马光惠送建康"。③

刘言为朗帅，不久亦为武陵人周行逢等所害，周氏遂据朗、潭等州。建隆三年（962）周行逢死，子周保权继立。周保权年幼，宋遂于乾德元年（963）三月克朗州，尽复湖南之地，俘获周保权归京师，其部下李观象等随迁而来。④

---

① 《通鉴》卷290，后周广顺元年十二月，中华书局1956年标点本，第9471页。
② 《新五代史》卷66《马殷世家附希广世家》，中华书局1974年标点本，第829页。《宋史》卷483《湖南周氏世家》："宋兴，[马]希崇率兄弟十七人归朝，皆为美官。"（中华书局1977年标点本，第13947页）与之所载略异。
③ 《旧五代史》卷133《刘言传》，中华书局1976年标点本，第1765页；（宋）马令：《南唐书》卷3《嗣主书》，《丛书集成初编》，商务印书馆民国二十四年排印本，第18页。按：马氏《南唐书》系于保大十年（即后周广顺二年）秋，与《旧五代史》相同。而（宋）路振《九国志》卷11《刘言传》载刘言代马光惠在后周广顺元年（齐鲁书社2000年点校本，第127页），《通鉴》卷290亦系其事于后周广顺元年六月（中华书局1956年标点本，第9462页），当误。
④ 《长编》卷4，乾德元年三月壬戌，中华书局1979—1995年点校本，第87页；《宋史》卷483《湖南周氏世家》，中华书局1977年标点本，第13950—13951页。

二　宋代迁出移民

宋代迁出移民除溪洞首领与僧道人士之外，其余仅见4例（见表2-2-1）。前三例为宦游，皆在北宋；后一例因战乱，在南宋末。

朱昂，字举之。其父朱葆光唐末五代初自京兆万年南迁，遂为衡山人。朱昂宋初仕宦，咸平二年（999）后致仕，归老江陵。①

周敦颐，字茂叔，世称濂溪先生。其先祖周崇昌于唐永泰间自青州迁湘南延唐，裔衍营道，遂为营道人。熙宁间知南康军，遂家庐山莲峰下。年五十七而卒，后谥元公，再封汝南伯。②

刘次庄。曾敏行《刘次庄自幼喜书》载："刘殿院次庄，长沙人，自幼喜书。尝寓于新淦。"③《长编》卷368载，元祐元年（1086）闰二月甲申，"承议郎、殿中侍御史刘次庄为江南西路转运判官。"按此前不载其仕宦江西之事，此后之宦任亦不详，其寓居新淦，应是此次为官江西后。

某氏。《东园友闻》载："宋末，岳州徐君宝之妻某氏被虏来杭〔州〕居。"④

以上4人皆为士人（《东园友闻》所载某氏女曾题《满庭芳》一阕，可知为士女）。此外，还应有一般民户的迁徙。如靖康乱后，湖南民户"十室九空"，"十无八"，这些大量减少的民户一部分可能死于战乱，大多数应逃往他地，战事稍息，有部分返回（参见本章第二节所述），但就此而迁居他地者也当不在少数。

还有被掠卖出境者。《宋史》卷300《周湛传》载：

初，江、湖民略良人，鬻岭外为奴婢。湛至，设方略搜捕，又听

---

① 《宋史》卷439《朱昂传》，中华书局1977年标点本，第13005、13008页；（宋）王珪：《华阳集》卷40《永寿郡太君朱氏墓志铭》，商务印书馆民国二十四年排印本，第560页。
② （宋）魏了翁：《鹤山先生大全文集》卷48《长沙县四先生祠堂记》，《四部丛刊集部》，商务印书馆民国十一年再版影印本；《宋史》卷427《周敦颐传》，中华书局1977年标点本，第12710、12711页。
③ （宋）曾敏行：《独醒杂志》卷9，上海古籍出版社1986年标校本，第88页。
④ （元）佚名：《东园友闻》，《丛书集成新编》，台北新文丰出版公司1985年版，第87册，第414页。

其自陈，得男女二千六百人，给饮食还其家。

据传，周湛是北宋仁宗前后时人，江、湖"良人"被掠卖出境一事则当在宋仁宗时或之前。

另据氏族资料所载，唐宋域际迁出移民总计35例：唐五代9例，其中唐中后期1例，唐末五代时8例，唐前期则无；宋代26例，其中北宋前期1例，北宋后期2例，南宋前期1例，南宋中后期7例，北宋不详具体时段6例，南宋不详具体年代3例，宋代不详具体时段6例（见表3-2-2）。

第四节 唐宋时期湖南少数民族与少数民族地区之移民

一 少数民族战俘在湖南的安置

唐宋时期，中原政权与周边少数民族政权不时发生战争，所获战俘有时安置于湘地，见于史载者，唐宋各有一例。

一是唐元和时的吐蕃战俘罗没等十七人。《旧唐书》卷17（上）《敬宗纪》：宝历元年（825）五月，"丁卯，湖南观察使沈传师奏：'当道先配吐蕃罗没等一十七人，准敕放还本国，今各得状，不愿还。'从之。"据此可知罗没等配湖南当在宝历元年五月之前，但具体时间不详。今考韩愈于谪潮州途中所作《武关西逢配流吐蕃》诗云："嗟尔戎人莫惨然，湖南地近保生全。我今罪重无归望，直去长安路八千。"[1] 再考两唐书韩愈本传，韩愈贬潮州当在元和十四年（819）正月，即宝历元年前六年，他在武关西所遇见配流之吐蕃可能为罗没等一行，如是则罗没等十七人来湖南的时间当在元和十四年。

二是北宋元符二年（1099）西夏战俘额伯尔。《长编》卷516载：元符二年闰九月丙子，"诏新擒西界监军额伯尔，送潭州编管，给官屋居住，

---

[1] 屈守元等：《韩愈全集校注》，四川大学出版社1996年版，第761页。

月支钱十贯，米麦三石；委都监监管，无令失所。"

二　湖南溪洞少数民族首领在内地的安置

将湖南溪洞首领安置于内地，以防止其聚众为乱，是宋政府的一贯做法，"盖沅州等处，昔皆用兵诛锄首领，或徙置内地，荡平巢穴，故所置州县久远得安"。[①] 而之前的唐五代时期未见记载。宋代所安置的溪洞首领有：

彭允足、彭允贤。《长编》卷8载，乾德五年（967）十月，"丁丑，以溪州团练使彭允足为濮州都指挥使，义军指挥使彭允贤为卫州都指挥使……允足等溪洞酋豪，据山险，持两端，故因其入朝而置之内地"。

魏进武。《长编》卷83载，大中祥符七年（1014）十一月，"戊戌，以辰州溪洞都指挥使魏进武补三班借职、监房州税，仍给装钱赴任。进武自言房州接归、峡山路，颇近蛮界，乞移他所，遂改淮南"。

李顺同等八百余人。《长编》卷91天禧二年（1018）正月乙卯条下注云："乙卯，二十一日也……此月二十七日辛酉又入下溪州，闰四月四日始奏到，今并书之。《史方传》：'下溪州蛮寇辰州，杀巡检王文庆。引兵入溪峒讨捕，降其党李顺同等八百余人，散处安、复间，阴诛其尤恶者杜忽等十九人。'即此役也。"

彭仕汉、彭儒霸和彭儒聪。《长编》卷91载，天禧二年（1018）闰四月，"戊午，补下溪州招降蛮人彭仕汉为右班殿直，儒霸、儒聪并为三班借职，监许、陈、郑州盐税，各赐衣冠、缗帛。"后彭仕汉逃归，宋廷迁其家属于京师。同书卷100载，天圣元年（1023）三月乙酉，"辰州言：'下溪州刺史彭儒猛子右侍禁仕汉状称，向以父老兄亡，遽留家属西京，潜归本道，与父钤束溪民，欲乞放还家属。'诏河南府遣人部送赴阙，以官舍居之。"

彭儒素等九十二人。《长编》卷103载，天圣三年（1025）七月，"丁未，荆湖北路转运使孙冲言：'下溪州刺史彭儒猛攻杀知忠彭州彭文

[①]《长编》卷447，元祐五年八月丙辰，中华书局1979—1995年点校本，第10756页；（宋）苏辙：《苏辙集·栾城集》卷44《论渠阳蛮事札子》，中华书局1990年校点本，第782页。

绾，其子儒素率其党九十二人来归。欲补儒素为复州都知兵马使，余官并月给钱粮。'从之。忠彭州，今忠顺州也"。据《元丰九域志》及《武经总要》所载，忠彭州乃北江羁縻州。①

彭师晏等十八人。《长编》卷270载，熙宁八年（1075）十一月丙戌，荆湖北路转运使孙构言："下溪州刺史彭师晏等十人内附。"同书卷272载，熙宁九年（1076）正月己卯，"于是师晏等十八人赴阙。诏授师晏礼宾副使、京东州都监不签书兵马事，余皆补班行有差"。

舒光勇。《长编》卷283载，熙宁十年（1077）六月，"甲午，允州蛮舒光勇为三班奉职、安州监当。以知沅州谢麟言光勇先纳土而逃，今诣州自陈，乞依南江溪峒例补授故也"。

自崇宁、大观以后，宋政府遵循成法，安置溪洞首领到内地。绍兴初，臣僚上言：

> 臣窃见溪峒归明官，应湖南边郡及二广皆有，自崇观以来员数浸多，当时朝廷务要优恤远人，于是添差为诸州郡指使，及添差监酒税之类，意在资以俸给，以活其家，本不取其才任……至如归明官，有自归明至今，已及十年、十五年，乃至二十年，未尝罢去。②

南宋初，此法仍被沿袭。如李纲言：

> 其潭、衡等州见管添差监当指使，并系广西、湖北管下溪峒酋首，初以纳土补官，次则注授差遣，迁徙出离巢穴，以安边面。依条不厘务，亦不差注替人，本州常切羁縻。③

---

① （宋）王存：《元丰九域志》卷10《羁縻州·荆湖路》，中华书局1984年点校本，第485页。（宋）曾公亮等：《武经总要·前集》卷21《边防·荆湖北路》，《中国兵书集成》，解放军出版社等1988年影印本，第3—5册，第1032页。
② （宋）李纲：《李纲全集》卷76《相度归明官任满轮易奏状》，岳麓书社2004年点校本，第783页。
③ 同上。

三 溪洞之民向省地①的侵占（迁移）

一般来说，中央王朝强盛时，溪洞蛮夷多向化归顺，省地扩大，汉民迁入溪洞的机会就会增多；而中央王朝衰弱时，溪洞蛮夷则倾向于各据一方，蚕食省地，向省地迁移。湘西和湘南溪洞之民向省地迁移的现象在唐五代时期也时有出现。戎昱《澧州新城颂并序》言，"吴楚风俗，夷僚溪蛮好乱相寇"。② 可见唐代溪洞蛮入寇为常有之事。如元和五年（810），"有溆州蛮首张伯靖者，杀长吏，据辰、锦等州，连九洞以自固，诏［严］绶出兵讨之。绶遣部将李忠烈赍书晓谕，尽招降之"。③ 其所据省地时间并不长。唐末五代天下大乱，溪洞蛮乘机大肆侵略省地，至长期占据唐故州郡，自署刺史。"溪峒蛮僚，自唐末之乱，不供王赋，颇恣侵掠，为居民患"④。乾符六年（879），武陵蛮雷满陷朗州，石门蛮向瑰陷澧州，⑤ 是为唐末五代溪洞蛮瑶大规模入侵省地之始。唐代于湘西所置辰、锦、溪、巫、叙等州，唐末后"蛮酋分据其地，自署为刺史"。后晋天福中，马希

---

① 在唐宋史料之中，就民族关系而使用"省地"一词始见于《长编》，前后出现 42 次，后来之《要录》与《宋史》分别使用 11 次和 13 次（《长编》各卷与次数：187/1、194/1、215/1、218/1、249/1、251/2、253/2、259/2、274/1、280/1、291/3、296/1、300/1、303/4、306/1、310/2、327/1、328/1、332/1、335/1、341/2、349/1、351/2、365/1、373/1、411/1、413/1、413/1、419/1、421/1、479/1。《要录》各卷与次数：80/1、152/2；154/3、155/1、166/1、168/1、187/2。《宋史》各卷与次数：35/2、278/1、350/1、472/1、488/1、494/4、495/3）。他们所载"省地"一词，大都用在与西南溪洞少数民族的关系上，并常与"溪洞"一词相对使用，主要区别如下：一是从宋政府的管辖形式来看，省地是宋政府直接管辖之地，溪洞为宋政府羁縻之地（或完全不受其控制之地）。二是省地并非一成不变，若政府拓边，溪洞之民纳土，省地随之扩大；而蛮瑶侵扰，政府弃边，省地随之缩小。三是在省地生活的蛮瑶称为熟瑶，著于图籍，纳二税役钱，而生活于溪洞的蛮瑶称之为生瑶，仅偶有贡献。溪洞之蛮夷向省地迁移，其地理距离相对较小，但其所跨越的文化距离相对较大，在促进少数民族汉化与各民族融合等方面都起着重要的作用，故本文亦将溪洞之民向省地的迁移（侵占）纳入移民之内。虽然唐五代时并无"省地"之观念，本文在分析唐五代之情况时，仍然借用这一概念。
② 《全唐文》卷 619，中华书局 1983 年影印本，第 6248 页。
③ 《旧唐书》卷 146《严绶传》，中华书局 1975 年标点本，第 3960—3961 页。
④ 《长编》卷 4，乾德元年八月甲申，中华书局 1979—1995 年点校本，第 103 页。
⑤ 《新唐书》卷 9《僖宗纪》，中华书局 1975 年标点本，第 269 页。

第二章 唐宋时期湖南移民之过程

范承袭父业,据有湖南,"时蛮瑶保聚,依山阻江,殆十余万。至周行逢时,数出寇边,逼辰、永二州,杀掠民畜无宁岁"。①

北宋时,溪洞蛮向省地侵占、迁移略见几例:

梅山蛮侵占潭邵省地。《长编》卷16开宝八年(975)五月乙酉条下载,"梅山峒蛮闻江表用兵,乘间寇潭、邵州"。同书卷238熙宁五年(1072)九月丁卯条下载,"梅山蛮素凶犷,数出抄掠汉界"。又《忠肃集》卷12《直龙图阁蔡君墓志铭》言,"潭、邵间所谓上下梅山,其地千里,马氏以来,瑶人据之,号莫瑶。国朝有厉禁,制其耕垦出入,然岁久公然冒法,又稍招萃流浪"②。潭邵间上下梅山自马楚时就被莫瑶占据,宋初以来不时侵掠、耕垦省地,至熙宁时,朝廷议开梅山,后瑶人纳土,设新化、安化二县,梅山蛮始平。

澧州慈利县蛮侵汉土。《长编》卷78言,大中祥符五年(1012)八月己亥,"澧州慈利县蛮人侵扰汉土,荆湖北路转运使陈世卿率兵逐之,因请复置澧州、武口等寨控之……先是,澧州民四十七家诉蛮侵其地,诏阁门祗候开封史方乘驿往,与转运使同案视。于是自竹疏驿至申文崖复地四百里"。可见慈利蛮曾至少侵省地四百里。

下溪州彭氏对省地的侵占。《长编》卷215熙宁三年(1070)九月庚寅条下载,"下溪州刺史彭仕羲……颇黠骜,数侵盗省地,边民不安,即辰州界石马崖下喏溪置铺据守。嘉祐初,雷简夫、窦舜卿数遣人招谕,令归侵地,不听。以兵丁逐之,暂去复来。后才归喏溪下明溪一寨而止。八年,知州段继文复遣指挥曹振等以众数千攻之,不克。至是,仕羲为其子师彩所杀。……其兄师晏结同巡检彭仕选、都指挥使周允荣等攻围师彩,杀之,并诛其党田忠财等三十余人,纳誓表,上其父平生鞍马、器械,仍归喏溪地"。关于雷简夫等于嘉祐初收复省地之事,《长编》卷187载:嘉祐三年(1058)八月,"庚申,荆湖北路转运司言已招安彭仕羲,省本路军马。始,雷简夫受命,体量仕羲未可专用恩泽诱化,至则督诸将进兵,筑明溪上下二寨,据其险要,拓取故省地石马崖五百余里"。据之,石马崖、喏溪等地原为省地,被下溪州彭氏长期侵占,朝廷于嘉祐初开始着力

---

① 《宋史》卷493《蛮夷一·西南溪峒诸蛮上》,中华书局1977年标点本,第14172页。
② (宋)刘挚:《忠肃集》,《丛书集成新编》,台北新文丰出版公司1985年版,第62册,第44页。

收复，至熙宁三年九月始得其地。

渠阳军蛮侵扰省地。《宋史》卷494《蛮夷二·诚徽州》："元祐二年（1087），改诚州为渠阳军，罢两州兵马及守御民丁。有杨晟台者，乘间寇文村堡，知渠阳军胡田措置亡术，蛮结广[①]西融州蛮砦粟仁催，往来两路为民患，调兵屯渠阳至万人，湖南亦增屯兵应援，三路俱惊。朝廷方务省事，议废堡砦，撤戍守，而以其地予蛮，乃诏湖北转运副使李茂直招抚，又遣唐义同措置边事讨之。后以渠阳为诚州，命光僭之子供备库使昌达、供备库副使杨昌等同知州事，而贯保、丰山、若水等砦皆罢戍，择授土官，俾父间毁楼橹，撤官舍，护领居民入砦。"又《长编》卷479载，元祐七年（1092）十二月丙子，荆湖北路都钤辖唐义问言："渠阳蛮连年作过，朝廷发近兵讨荡，已画江立定边面……"渠阳蛮连年作过为乱，朝廷虽发兵讨荡，但最终还是弃地废寨。

北宋时，溪洞蛮瑶除通过侵占而迁来省地外，还可通过归附而被安置在省地。如《长编》卷184载，嘉祐元年（1056）十一月庚寅，"[梅山蛮]酋长四百余人，皆出听命，因厚犒之，籍以为民，凡千一百户。"又同书卷290言，元丰元年（1078）六月癸卯，"权知邵州侍其瑾言，扶竹水山瑶梁义等愿附招纳，籍为省民，隶邵阳县，输丁身钱米。诏荆湖南路安抚司问义，如不愿往湖北，即邵州安存之"。

以上所举北宋蛮瑶侵省地事例大都在北宋前期，而自熙宁后（哲宗时除外），蛮瑶所侵省地大都被收复，蛮瑶归附迁省地亦见于此时，大概与神宗和徽宗时期开拓边境而瑶人相继纳土有关。

靖康乱后，溪洞蛮瑶也乘机侵占省地。首先是武冈军瑶人杨再兴父子对省地的侵占。《要录》卷154载，绍兴十五年（1145）十月乙酉，"直秘阁知潭州刘昉言：'武冈军瑶人杨再兴父子，自建炎中，侵占省地，几二十年，近准御前处分，令昉措置，遂遣安抚司干办公事王历谕以祸福，愿还省地及民田共六十余亩，已招民归业，欲乞永免赋役。'从之"。武冈瑶人杨再兴父子利用战乱而占有省地，至是朝廷招谕安抚，杨氏即归还省地。但事隔不久，杨氏再举侵夺。史云："再兴既还建炎初所侵省地，……犹抄掠不已。"直到绍兴二十四年（1154），鄂州都统制田师中发兵擒捉杨

[①] 《宋史》此处本无"广"字（中华书局1977年标点本，第14198页），融州属广西，此处有"西"，当是漏"广"字，今补之。

氏父子，此事乃告终结。① 另据《要录》所载，杨氏父子所侵占省地在稍后设立的新宁县界。② 其次为卢溪蛮侵据省地。《宋传》言，"卢溪诸蛮以靖康多故，县无守御，仡伶乘隙焚劫。后徙县治于沅陵县之江口，蛮酋田仕罗、龚志能等遂雄据其地"。③

宋孝宗前后，湖南溪洞蛮仍以各种方式侵据省地。隆兴初，湖南溪洞瑶人通过与省民"擅自易田"而占得省地，朝廷不得不下令禁止。④ 约乾道三年（1167）时，周必大言："辰、沅、靖三州之蛮，粗知曲折，大抵散居诸洞，莫相统摄，初无背叛之意。只缘沿边州县作过之吏与夫奸滑小人，因事逃入洞中，多方扇诱，遂致侵扰省地。"⑤ 六年（1170），卢阳西据獠夺省户地。⑥ 七年（1171），前知辰州章才邵向朝廷报告说："沅陵之浦口，地平衍膏腴，多水田，顷为瑶蛮侵掠，民皆转徙而田野荒秽。会守倅无远虑，乃以其田给靖州仡伶杨姓者，俾佃作而课其租，所获甚微。杨氏专其地将二十年，其地当沅、靖二州水陆之冲，一有蛮隙，则为害不细。"⑦ 蛮瑶通过换取、扰夺和佃作等多种方式大规模地侵占省地，导致省户流移。

南宋中后期，溪洞民对省地的侵占日益严重，尤以湘西为剧。绍熙二年（1191），臣僚言："辰、沅罗鬼之族，皆尝深入省地，摇动边陲。"⑧ 可见在绍熙前后，湘西辰、沅等州多有蛮瑶侵扰省地。嘉定元年（1208）后，曾提举湖北路常平的曹彦约说："辰州旧有四县，今亡其一；瑶地旧在会溪之外，今已在北江之内；蛮僚日张，省地日削。"⑨ 另外，湘南溪洞

---

① 《要录》卷166，绍兴二十四年三月壬申，中华书局1956年排印本，第2714页。
② 《要录》卷168，绍兴二十五年四月丁亥，中华书局1956年排印本，第2746—2747页。
③ 《宋史》卷494《蛮夷二·西南溪峒诸蛮下》，中华书局1977年标点本，第14192页。
④ 同上书，第14190页。
⑤ （宋）周必大：《周益公奏议》卷6《乞申严谋入溪洞人法》，《丛书集成三编》，台北新文丰出版公司1999年版，第19册，第186页。
⑥ 《宋史》卷494《蛮夷二·西南溪峒诸蛮下》，中华书局1977年标点本，第14191页。
⑦ 同上书，第14192页。
⑧ （宋）彭龟年：《止堂集》卷1《论雷雪之异为阴盛侵阳之证疏》，《丛书集成新编》，台北新文丰出版公司1985年版，第64册，第537页。亦见《历代名臣奏议》卷308，宋光宗时太学博士彭龟年论雷雪之异疏，上海古籍出版社1989年影印本，第3987页。
⑨ （宋）曹彦约：《昌谷集》卷11《辰州议刀弩手及土军利害札子》，《景印文渊阁四库全书》，台湾商务印书馆1986年版，第1167册，第142页。

也有蛮瑶侵犯省地。如庆元五年（1199）前后，郴州永兴县有"蛮瑶犯省地"①。

四　汉民迁移溪洞

有避乱迁入者。战乱之际，为保全身家性命，有的移民选择向边远山区，甚至蛮夷溪洞逃亡。如北宋羁縻富州刺史向通汉之祖先就于唐末时来溪洞。《长编》卷92天禧二年（1018）六月甲辰条下言，"通汉本青州人，唐僖宗时隔在溪洞，因母疾不茹荤，迄今三十年，语言与中华无异云。"

有避课役逃入者。《长编》卷194载，嘉祐六年（1061）七月戊戌，"诏辰州省地民先逃入溪峒今复归者，蠲丁税三年。"朝廷以蠲免丁税的方法来招诱逃入溪洞之省民，可见这些省民应是不堪课役繁重而逃走者。

有负罪之人逃入溪洞。《长编》卷236熙宁五年（1072）闰七月庚戌王安石言：

若经度，则诸溪洞负罪逃亡人不少，须先募桀黠用事者数人，厚以利啖之，令诱说逃亡人，许以赦宥，且令各获便利，乃可集事。盖蛮人素不与中国通，若此辈不利自属，则必诗张扇动或惊骚；若此辈利自归，则诱导蛮人，使向化甚易也。

又同书卷241熙宁五年十二月丙子载：

诏曰："荆湖溪洞中亡命之人，今日以前，罪无轻重皆释之。如愿居本处，或欲归本乡，各从其便；如能自效，显有劳绩，令章惇等保明等第酬奖；若敢创造事端，扇摇人户，即捕斩以闻。"先是，知辰州石鉴言："昨被旨同章惇措置两江蛮事，尝遣侍禁李资等多方以朝廷威德镌谕诸蛮。今资等言，南江蛮人虽各有归化之意，而溪洞多有向时亡命之人，阻隔蛮情，虽以晓谕许与放罪，尚虑怀疑扇惑，别

---

① （宋）周必大：《平园续稿》卷32《参议董君昌裔墓志铭》，《丛书集成三编》，台北新文丰出版公司1999年版，第47册，第91页。

第二章 唐宋时期湖南移民之过程

致中变。"故有是诏。

可见在熙宁五年之前,就有不少人因罪逃入南北两江溪洞,朝廷担心他们会煽动蛮人为乱,故释其罪而招诱出洞。

有前来耕垦者。《忠肃集》卷12《直龙图阁蔡君墓志铭》载:"潭、邵间所谓上下梅山,其地千里,马氏以来,瑶人据之,号莫瑶。国朝有厉禁,制其耕垦出入,然岁久公然冒法,又稍招萃流浪。"梅山蛮所招纳之人当为汉民,开梅山后得主客14809户,丁79089口,田260436亩。① 这些垦田之民中,当有不少是被梅山蛮召集而来或主动前来者,据《湖南移民表》之新化和安化表,熙宁之前两县共计有44例移民迁入,可为证。当然还应有不少是被劫掠而来的(详见下文论述)。此外,徽、诚等州溪洞也有汉民前去耕垦。《长编》卷345元丰七年(1084)五月己酉载:

> 荆湖路相度公事、右司员外郎孙览言:"……徽、诚蛮多典卖田与外来户,乞立法:溪峒典卖田与百姓,即计直立税,田虽赎,税仍旧。不二十年,蛮地有税者过半,则所入渐可减本路之费。乞下诚、沅、邵三州施行……"诏:"……立蛮人地税……并施行。"

神宗元丰时,已有不少汉地百姓前往诚、徽、邵等州溪洞购买土地耕种,并且在数量上呈日渐增多的趋势。朝廷乘机计直立税,实际上是承认汉人耕种瑶人土地的合法性,是一种鼓励性的措施,因而之后应有更多迁来耕垦之民户。南宋孝宗时,"禁民毋质瑶人田,以夺其业,俾能自养,以息边衅"。② 自此汉民前来垦田又受到限制。而自南宋中叶以后,官府"防禁日弛,山瑶、峒丁得私售田。田之归于民者,常赋外复输税,公家因资之以为利,故谩不加省"。③ 实际是再行北宋元丰七年之成法,恢复了耕垦性移民的合法性,同时也说明汉民迁移溪洞开垦之趋势是难以被禁止的。

有被蛮瑶掠入者。唐代有西原蛮掠道州人户。西原蛮者,"居广、容之南,邕、桂之西"。④ 广德元年(763)十二月陷道州,"掠居人数万去,

---

① 《长编》卷245,熙宁六年五月癸亥,中华书局1979—1995年点校本,第5956页。
② 《宋史》卷494《蛮夷二·西南溪峒诸蛮下》,中华书局1977年标点本,第14194页。
③ 同上书,第14196页。
④ 《新唐书》卷222(下)《南蛮下·西原蛮传》,中华书局1975年标点本,第6329页。

遗户裁四千"①，可见当时被掠人户之多。宋代史载被蛮瑶掠入者较多。咸平六年（1003）前后，高州生蛮"略汉口四百余人"。②景德二年（1005），"诏荆湖溪峒民为蛮人所掠而归者，勿限年月，给还旧产"。③表明在景德二年之前有许多省地民被蛮人掠入溪洞，至是复有逃归者。大中祥符五年（1012），史方等人收复澧州慈利县蛮人所侵汉土时，"得所掠五百余人"④，说明慈利蛮不单侵占省地，还掠夺汉民。为鼓励溪洞蛮归还所掠汉口，朝廷还下诏规定"溪峒蛮夷归先劫汉口及五十人者，特署职名，仍听来贡"。⑤

有因开拓溪洞而进入者。熙宁时，"天子用兵以威四夷"，北江之彭氏、南江之舒氏和诚州之杨氏相继纳土，朝廷于是"设官屯兵，布列砦县，募役人，调戍兵"，官、兵和差役诸色人等于此时进入溪洞者应不在少数。元祐初，前所"创置堡寨并废"，上述人等又大都迁出溪洞。⑥

还有被诱使掠卖入蛮境者。淳化五年（994），宋廷诏曰："江南西路及荆湖南北路、岭南溪洞接连，及蕃商、外国使诱子女出境者捕之。"⑦天禧二年（1018），荆湖南路转运使邱雍言："邵州密迩蛮界，民多掠人口出境卖之。"⑧可见早在北宋前期时，就有汉人被诱使掠卖入溪洞。

有进入溪洞为乱者。庆历三年（1043）前后，"有吉州巫黄捉鬼与其兄弟数人皆习蛮法，往来常宁，出入溪峒，诱蛮众数百人，盗贩盐，杀官军，逃匿峒中"。⑨孝宗时，武冈军客人郭三逃入靖州中洞，"诱引小夷姚

---

① 《新唐书》卷6《代宗纪》，中华书局1975年标点本，第169页；同书卷143《元结传》，第4685页。颜真卿《唐故容州都督兼御史中丞本管经略使元君表墓碑铭并序》载为"人十无一，户才满千"，见《全唐文》卷344，中华书局1983年影印本，第3495页。
② 《宋史》卷493《蛮夷一·西南溪峒诸蛮上》，中华书局1977年标点本，第14175页。
③ 《长编》卷61，景德二年九月壬申，中华书局1979—1995年点校本，第1368页。
④ 《长编》卷78，大中祥符五年八月己亥，中华书局1979—1995年点校本，第1778页；《宋史》卷326《史方传》，中华书局1977年标点本，第10527页。
⑤ 《宋史》卷493《蛮夷一·西南溪峒诸蛮上》，中华书局1977年标点本，第14176页。
⑥ 同上书，第14181页。
⑦ 《宋史》卷5《太宗纪》，中华书局1977年标点本，第96页。
⑧ 《长编》卷91，天禧二年三月丁酉，中华书局1979—1995年点校本，第2103页。
⑨ 《长编》卷143，庆历三年九月乙丑，中华书局1979—1995年点校本，第3430页。亦见《宋史》卷493《蛮夷一·西南溪峒诸蛮上》，中华书局1977年标点本，第14183页。

明教据有一洞田产，不遵王度……聚众烧毁来威、零溪两寨，杀戮人民"①。臣僚亦言武冈之新宁、永州之东安等地有游民恶少之弃本者、商旅之避征税者、盗贼之亡命者进入溪洞后，"萃为渊薮，交相鼓扇，深为边患"，如武冈杨再兴、桂阳陈峒相继为乱，都源于此。为防止汉民入溪洞诱蛮作乱，朝廷"诏禁沿边奸人毋越逸溪峒，诱致蛮僚侵内地，违者论如律，其不能防闲致越逸者亦罪之"②。

除一般百姓，还有军士逃入溪洞。《长编》卷176载，至和元年（1054）六月丙午，"诏荆湖北路安抚司，军士逋入蛮界，其防边土丁能捕获二人以上，与迁一资"。朝廷专门下诏捕捉逃入蛮界的军士，说明当时军士逃入溪洞的现象已经比较严重。

第五节　唐宋时期湖南之僧道移民

唐宋时期的僧道移民是一个特殊的移民群体，他们作为非世俗移民与前述世俗移民多有不同之处：从迁出与迁入地来看，世俗移民的分布非常广泛，而僧道等非世俗移民多为佛教名山；从迁移原因来看，世俗移民为官宦、游学、避乱、开垦等不一而足，而僧道移民多为出道、参禅、挂锡和游止等与佛道之学传授有关之原因；从迁移影响来看，世俗移民于经济、政治和文化等方面都有广泛影响，而这种影响还可通过血缘传递的方式而得以继续传承下去，僧道移民的影响多体现在对宗教文化的传播上，而这种影响往往是通过宗教文化传播本身而不是通过血缘传递的方式被传承下去。

---

① （宋）周必大：《周益公奏议》卷6《乞申严谋入溪洞人法》，《丛书集成三编》，台北新文丰出版公司1999年版，第19册，第186页。另参考《宋史》卷494《蛮夷二·西南溪峒诸蛮下》，中华书局1977年标点本，第14191页。
② 《宋史》卷494《蛮夷二·西南溪峒诸蛮下》，中华书局1977年标点本，第14193—14194页、14191页。

一　迁入之僧道

唐宋时，僧道迁入湖南多选择名山胜地。迁往衡山者有：

释善伏。《续高僧传》："释善伏，一名等照，姓蒋，常州义兴人……显庆五年，行至衡岳。"善伏游止衡山，后坐化于此。①

释怀让。俗姓杜，金州安康人。先天二年（713）往衡岳居般若寺，至天宝三载（744）八月十日终于衡岳，春秋六十八，僧腊四十八。谥大慧禅师，最胜轮之塔。②

释明瓒。《宋高僧传》卷19本传："释明瓒者，未知氏族生缘……寻于衡岳闲居，众僧营作，我则晏如，纵被诋诃，殊无愧耻，时目之懒瓒也。"按本传明瓒来衡山时与李泌有交游。今考《旧唐书》卷130《李泌传》，李泌约肃宗时隐居衡山，可知明瓒大概于肃宗前后来衡山。

释希迁。《宋高僧传》卷9本传："释希迁，姓陈氏，端州高要人也……天宝初，始造衡山南寺。寺之东有石状如台，乃结庵其上，杼载绝岳，众仰之，号曰石头和尚焉……贞元六年庚午岁十二月二十五日顺化，春秋九十一，僧腊六十三。门人慧朗、振朗、波利、道悟、道铣、智舟相与建塔于东岭。……敕谥无际大师，塔曰见相焉。"

释澄心。《宋高僧传》卷29本传："释澄心，姓朱氏，东海人也。厥父任济源令。天宝中，安史之乱遇害。心稚齿随母氏至河内，贫极，母即从人。心不乐随嫁。心之志气不群，乃投应福寺智明法师求教勖，披削登戒。后云游鸟宿，务急参玄于秀师高足门下，了其法要。乃观诸方名迹，遂止衡岳。请益之僧，摩肩骈足。时太守吴宪忠请心入州治，谢而不行。再命栖于龙兴寺，来问道者，丈室恒满。贞元十八年壬午十一月示灭，春秋七十六，以其月二十七日入塔云。"据之可知澄心约于唐天宝末至贞元十八年（802）间来衡山。

释皓玉。《宋高僧传》卷29《唐荆州国昌寺行觉传附皓玉传》："南岳

---

① （唐）道宣：《续高僧传》卷20《唐衡岳沙门释善伏传》，《中华大藏经》，中华书局1993年影印本，汉文部分，第61册，第853页。
② （宋）普济：《五灯会元》卷3《南岳怀让禅师》，中华书局1984年点校本，第126—128页；（宋）赞宁：《宋高僧传》卷9《唐南岳观音台怀让传》，中华书局1987年点校本，第199—200页。

第二章 唐宋时期湖南移民之过程

山释皓玉者，赵氏之子，上党人也。出尘于法清寺，后于荷泽会下，大明心印，入岳中兰若养道。衡阳太守王展员外倾重。终时年八十余，兴元中入塔云。"据之皓玉来衡山当在兴元（784）之前。

释昙藏。《宋高僧传》卷 11 本传："释昙藏不知何许人也，得禅诀于大寂之门。后见石头希迁禅师，所谓再染谓之赪也。贞元二年，嘉遁于衡岳，栖止峰之绝顶。晚年苦于脚疾，移下西园结茅，参请者繁炽。大和元年终于岳中，享龄七十。"

释昙清。《宋高僧传》卷 15 本传："释昙清，未详何许人也。幼持边幅，罔或迷方，以谨昏眩，究穷佛旨。乃负笈来吴北院道恒宗师法会，与省躬犹滕薛之前后也。旋留南岳化徒，适会元和中阆州龙兴寺结界，时义嵩讲素新《疏》，杰出辈流。"据之昙清当于元和中游止南岳。

释日照。《宋高僧传》卷 12 本传："释日照，姓刘氏，岐下人也……后游南岳，登昂头峰，直拔苍翠，便有终焉之志。庵居二十载，属会昌武宗毁教，照深入岩窟，饭栗饮流而延喘息。大中宣宗重兴佛法，率徒六十许人还就昂头山旧基，结苫盖，构舍宇。复居一十五年，学人波委。咸通中示灭，春秋一百八岁。至三年二月三日入塔，立碑存焉。天下谓其禅学为昂头照是欤。"武宗会昌五年（845）灭佛时，日照已居南岳二十年，其来衡山当在宝历前后。

释虚中，宜春人，居玉笥山二十年，约乾宁四年（897）之前游潇湘，居湘江西宗成寺［一作粟成寺］。①

释惟劲。《宋高僧传》卷 17 本传："释惟劲，福州长溪人也……光化中，入［南］岳住报慈东藏，亦号三生藏……后终于岳中也。"

释全豁。《宋高僧传》卷 30 本传："释全豁，本余杭人也，入径山礼法济大师求剃染。禀质强渥，且耐饥寒。诸所参寻，略得周遍，乃隐衡岳中立华庵，木食涧饮，结软草为衣，伏腊不易。"按本传太常孙渥南迁时

---

① 参见（宋）阮阅编《诗话总龟·前集》卷 10《雅什门上》引《郡阁雅谈》，人民文学出版社 1987 年校点本，第 112 页；王仲镛《唐诗纪事校笺》卷 75 本传，巴蜀书社 1989 年版，第 1952 页；傅璇琮主编《唐才子传校笺》卷 8 本传，中华书局 2000 年版，第 3 册，第 530 页。迁来时间参考傅璇琮主编《唐五代文学编年史·晚唐卷》辽海出版社 1998 年版，第 893 页虚中条。

曾赐诗全玼，则全玼迁来当在唐后期。①

释行明。《宋高僧传》卷23本传："释行明，俗姓鲁，吴郡长洲人也。幼从师于本部，后游方问道，然其耿介轩昂，啸傲自放。初历五台、峨嵋，礼金色银色二世界菩萨，皆随心应现。由此登天台，陟罗浮，入衡岳，游梓潼。属唐季湘之左右割裂争寻，常而未息，靡有宁岁。于是栖祝融峰下，有终焉之志。"

释玄泰。《宋高僧传》卷17本传："释玄泰者，不知何许人也。性参方正，言不浪施，心静之情，义而后动。所居兰若，在衡山之东，号七宝台。不衣蚕缕，时谓泰布纳欤。"按《五灯会元》卷6本传，玄泰曾与僧齐己等为诗友，则玄泰当为唐末五代时人，又据上揭两书本传载《畲山谣》事，可推其迁衡山大约在唐末。

释可观。《景德传灯录》卷19本传："南岳金轮可观禅师，福州福唐人也，姓薛氏。依石佛寺齐合禅师披剃，戒度既圆，便参雪峰。……师事十二载。复历丛林，止南岳法轮峰。"②此处雪峰，当指雪峰义存禅师，为唐末时人③，故可观来南岳应是唐末之时。

许碏（一作鹊）真人。《续仙传》④卷上："许碏，自称高阳人也。少为进士，累举不第，晚学道于王屋山。"又《诗话总龟·前集》卷46《神仙门》引《郡阁雅谈》："许鹊真人唐末游南岳招仙观，壁上题歌一首……题后数日上升。"可知许碏于唐末时自高阳游道来南岳，并"仙化"于此。

泉禅师，名谷泉，北宋泉南人，受法汾阳昭禅师，南归放荡湖湘，遂隐于衡岳。⑤

迁往长沙诸山者有：

---

① 据《文苑英华》卷450《授孙渥平章事制》，孙渥当为唐德宗朝以后之人（中华书局1966年影印本，第2282页）。本处据此而大体推之。
② （宋）道原：《景德传灯录》，《永乐北藏》，线装书局2001年影印本，第153册，第808页。
③ （宋）赞宁：《宋高僧传》卷12《唐福州雪峰广福院义存传》，中华书局1987年点校本，第286—288页。
④ （南唐）沈汾：《续仙传》，《景印文渊阁四库全书》，台湾商务印书馆1986年版，第1059册，第590页。
⑤ （宋）惠洪：《禅林僧宝传》卷15《衡岳泉禅师》，《景印文渊阁四库全书》，台湾商务印书馆1986年版，第1052册，第709—710页；（宋）晓莹：《罗湖野录》卷2，《中华野史》，泰山出版社2000年整理本，宋朝卷二，第1825页。

释如会。《宋高僧传》卷 11 本传："释如会，韶州始兴人也。大历八年，止国一禅师门下，后归大寂法集。时禅客仰慕，决求心要，僧堂之内，床榻为之陷折，时号"折床会"，犹言凿佛床也。后徇请居长沙东寺焉……至穆宗长庆癸卯岁，终于寺，春秋八十……敕谥传明大师，塔曰永际。亦呼所居为'夹山和尚'是欤。"据之如会当于大历八年（773）至长庆三年（823）间来长沙。

释恒月。《宋高僧传》卷 10 本传："释恒月，姓韩氏，上党人也……后访道寻师，靡惮夷险，抵望湖山翠微岩下古院挂锡。四方学者如蜂得王，翕然盛化。建中元年，示疾而终，春秋七十九。其年三月十二日迁塔焉。"据之恒月始来长沙望湖山翠微古院止住当在建中元年（780）之前。

释灵祐。郑愚《潭州大沩山同庆寺大圆禅师碑铭并序》："今长沙郡西北有山名大沩……师始僧号灵祐，福州人，笠首屩足，背闽来游，庵于翳荟，非食时不出。……以大中七年正月九日终于同庆精庐，年八十三，僧腊五十五。即窆于大沩之南阜。"①《宋高僧传》卷 11 本传："释灵祐，俗姓赵，祖父俱福州长溪人也……元和末，随缘长沙，因过大沩山，遂欲栖止。山与郡郭十舍而遥，复无人烟，比为兽窟。乃杂猿猱之间，橡栗充食。浃旬，有山民见之，群信共营梵宇。时襄阳连率李景让统摄湘潭，愿预良缘，乃奏请山门号同庆寺。后相国裴公相亲道合。祐为遭会昌之澄汰，又遇相国崔公慎由崇重加礼，以大中癸酉岁正月九日盥漱毕，敷座瞑目而归灭焉。享年八十三。僧腊五十九。迁葬于山之右栀子园也。"据碑铭及传，灵祐于元和末自福州长溪随缘栖止迁长沙大沩山，始创同庆寺。

释圆智。《宋高僧传》卷 11 本传："释圆智，俗姓张，豫章海昏人也……后居长沙道吾山，海众相从，犹蜂蚁之附王焉。以大和九年乙卯九月十一日长逝，享年六十七……乃建塔于石霜山，敕谥脩一大师，宝相之塔。"据之圆智当于太和九年（835）之前来长沙道吾山。

释庆诸。《宋高僧传》卷 12 本传："释庆诸，俗姓陈，庐陵新淦玉笥乡人也……诸始十三，礼绍銮禅翁为师，于洪井西山剃鬓。二十三，往嵩山受具戒，便就东洛学毗柰耶。既知听制，终谓渐宗，回抵南岳，入大沩

---

① （宋）姚铉编：《唐文粹》卷 63，任继愈主编《中华传世文选》，吉林人民出版社 1998 年版，第 667—668 页。亦见《全唐文》卷 820，中华书局 1983 年影印本，第 8645—8646 页。

山。次届云岩，遇道吾，垂问知意，方为二夏之僧。得石霜山，便议终焉之志……以光启四年戊申岁二月己亥示疾，终于山院，享龄八十二，僧腊五十九。越三月十五日葬于寺西北隅二百许步……敕谥普会大师，塔曰法相。"据《五灯会元》卷5本传，庆诸在石霜山居二十年，则其始来石霜山当为咸通九年（868）前后。

释居诲。《景德传灯录》卷16本传："潭州大光山居诲禅师，京兆人也，姓王氏。初造于石霜之室……盘桓二十余祀。浏阳信士胡公请居大光山，提唱宗致……唐天复三年癸亥九月三日归寂，寿六十有七。"[1] 居诲始在长沙石霜山居二十余年，再居浏阳大光山，天复三年（903）归寂，则其始来潭州当在唐中和之前。

释居遁，俗姓郭，抚州南城人。约开平元年（907）时，马殷奉请居潭州龙牙山妙济禅院，龙德三年（923）坐逝。[2]

释楚圆，北宋初时人，全州李氏子，游止潭州石霜寺。[3]

释宗合。《宋高僧传》卷22本传："释宗合，闽越人也，游岳泛湘，以求知识焉。其为僧也，介立而寡欲，群居终日，唯笑而已。南楚之人且多信重。后居延寿院，故谏议大夫贾公玭判军府闻之，往谒见，言话不接。舆人议曰'得道之人，岂入恒量度中耶？'贾乃坚请往文殊院住持。尔日登座，聊举禅要而散。明日，告众曰：'有故暂出，诸贤不宜留难。'其装束若行脚状，渡彭蠡，至黄州驿前，屹然立终。遐迩奔竞观礼。时马铺使臣为营丧务，造塔于立终处，则开宝二年也。"据之宗合始游岳泛湘当在宋开宝二年（969）之前。

释用清。《景德传灯录》卷26本传："潭州云盖山海会寺用清禅师，河州人也，姓赵氏。本州出家，酷志求法，远参长安，潜契宗旨。先住韶州东平山，淳化二年知潭州张茂宗请居云盖……至道二年四月二日示疾而

---

[1]《永乐北藏》，线装书局2001年影印本，第153册，第687—688页。
[2] 参见（南唐）静筠二禅师《祖堂集》卷8《龙牙和尚居遁》，中华书局2007年点校本，第402、406页；（宋）赞宁《宋高僧传》卷13《梁抚州踈山光仁传附居遁传》，中华书局1987年点校本，第305页；（宋）道原《景德传灯录》卷17《湖南龙牙山居遁禅师》，《永乐北藏》，线装书局2001年影印本，第153册，第725页。其迁来时间参考傅璇琮等《唐五代文学编年史·五代卷》辽海出版社1998年版，第32页居遁条。
[3]（宋）普济：《五灯会元》卷12《石霜楚圆禅师传》，中华书局1984年点校本，第699—705页。

逝，阇维建塔于本山。"①

迁往岳州诸山者有：

道士胡元周，原住江西西山逍遥观，约绍圣间来平江幕阜山崖经历，历时十五年修成葆真观。②

迁往澧州诸山者有：

释昙晟。《宋高僧传》卷11本传："释昙晟，俗姓王氏，钟陵建昌人也……出家于石门，年满具法，参见百丈山海禅师。二十年为侍者，职同庆喜，法必我闻，身若中涓，心居散位。续受药山举发，全了无疑，化徒孔勤，受益者众。以大和三年己酉十月二十七日示灭。敕谥大师号无相，塔名净胜焉。"其中药山，当指朗州药山禅师惟俨，惟俨约大历八年（773）来药山，太和二年（828）终，昙晟参学而来应在这一时间段之中。

释慧演。《宋高僧传》卷29本传："释慧演，姓苗氏，襄阳人也……演幼入开元寺，闻经欢喜，求于辩章法师所度脱。章日讲《涅槃经》，演常随听入神。既通深义，复能讲谈。一日结侣同游华下，思登毛女峰，观仙掌，路出洛中，乃参荷泽祖师，通达大观。因入南岳，遂住澧阳，江南得道者多矣。贞元十二年终，享龄七十九云。"慧演贞元十二年（796）终，其来澧阳之时则在此前。

释崇信。《宋高僧传》卷10《唐荆州天皇寺道悟传附崇信传》："唐澧州龙潭禅院释崇信，未详氏族。信在俗为渚宫胡饼师之子，弱冠宛异，神府宽然。昔天皇寺悟禅师隐耀藏光，人莫我测。信家居寺巷……直从荆渚乃诣澧阳龙潭栖止。因李翱尚书激扬，时乃出世。后德山鉴师出其门，宗风大盛矣。"崇信与李翱有交往，当是李氏宦任湖南之时。据《旧唐书》卷160李翱本传，李氏曾于元和十五年（820）任朗州刺史，太和七年（833）任潭州刺史、湖南观察使，而朗州之任与澧州相近，应于此任上与崇信交往，则崇信来澧州当在元和十五年之前。

释宣鉴。《宋高僧传》卷12本传："释宣鉴，姓周氏，剑南人也……后

---

① 《永乐北藏》，线装书局2001年影印本，第153册，第262—263页。
② 黄诰：《葆真观记碑》，《八琼室金石补正》卷110，《石刻史料新编》，台北新文丰出版公司1982年影印本，第1辑，第8册，第5789页。

止澧阳。居无何,属武宗搜扬。洎大中还复法仪。咸通初,武陵太守薛延望坚请,始居德山……以咸通六年乙酉岁十二月三日……安坐而化,春秋八十四,僧腊六十五。"据之宣鉴当于会昌五年(845)或稍前之时来澧阳。

释善会。《五灯会元》卷5本传:"澧州夹山善会禅师,广州廖氏子。幼岁出家,依年受戒,听习经论,该练三学。出住润州鹤林,因道吾劝发,往见船子,由是师资道契,微朕不留……咸通庚寅,海众卜于夹山,遂成院宇……唐中和元年十一月七日……奄然而逝。塔于本山,谥传明大师。"可知善会来澧州夹山为咸通十一年(庚寅岁,870)。

释元安。《宋高僧传》卷12本传:"释元安,俗姓淡,凤翔麟游人也……乃问道翠微,次临济……闻夹山道盛德至,造澧阳当稽问辖辕,又增明净。后开乐普山,寻居苏溪,答酬请益,多偶句华美,为四海传焉。以昭宗光化元年戊午十二月迁灭,享寿六十五,法腊四十六矣。"其中所指夹山当指夹山善会禅师,善会于咸通十一年(870)来澧州,中和元年(881)卒,则元安当于此间来澧阳。

释文邃。《景德传灯录》卷17本传:"澧州钦山文邃禅师,福州人也。少依杭州大慈山寰中禅师受业,时岩头、雪峰在众,睹师吐论,知是法器,相率游方。"按同书卷9《杭州大慈山寰中禅师传》及《五灯会元》本传,寰中禅师于咸通三年(862)卒,而文邃曾自曰"离师[寰中]太早",其游止澧州钦山时年二十七岁,其时或在唐末。①

释道行。《宋高僧传》卷20:"释道行,姓杨,桂阳人也……年甫十二,心誓慕道,于南岳般若道场受学,于钟陵求诀,自默证法,号自在三昧。由此布纳蒲鞋,用资残息而已。就澧阳西南,伐木为室,方丈而居。虎豹多伏于床榻之间……太守苦召居州治开元寺,未久。元和十五年终,年六十九,焚舍利建塔焉。"据之道行当于元和十五年(820)之前来澧阳。

迁往朗州诸山者有:

释惟俨。《宋高僧传》卷17本传:"释惟俨,俗姓寒,绛县人

---

① 《永乐北藏》,线装书局2001年影印本,第153册,第737、433页;(宋)普济:《五灯会元》卷13《钦山文邃禅师传》,中华书局1984年点校本,第813页。

也……年十七，从南康事潮阳西山惠照禅师。大历八年，纳戒于衡岳寺希澡律师所。乃曰：'大丈夫当离法自净，焉能屑屑事细行于布巾邪？'遂谒石头禅师，密证心法，住药山焉……以大和二年将欲终……合掌而寂，春秋七十云。"据之惟俨当于大历八年（773）或稍后来朗州药山。

道士瞿童。温造《瞿童述》："瞿童字柏庭，以字为名。辰州辰溪人也。华眉广颡，长准秀目。勤事而寡言。大历四年，西川溃将杨林为澧阳守，不戢部下兵，纵其党贾子华帅千人假道武陵劫五溪，五溪之人逃难四散。时柏庭年十四，侍母走武陵，寓居崇义乡乌头里桃源观道士黄山宝编宫，柏庭因山宝愿师事上清三洞法师黄洞源，山宝引觐，具道柏庭志……洞源许之"。[①]

迁往衡州诸山者有：

僧仲仁，会稽人，约于熙宁六、七年（1073—1074）间来衡山，元祐末年入住衡州花光山花光寺为长老，由此闻名。宣和四年（1122）谋归故乡未成，次年二月卒。在湖南生活近五十年，善绘画。[②]

释守贤。《宋高僧传》卷23本传："释守贤，姓丘氏，泉州永春人也。少而聪达，渊懿沉厚，誓投吉祥院从师披剪焉。后游学栖云门禅师道场，明了心诀，趋彼衡阳……乾德中……投身饲虎……报龄七十四。"据之守贤来衡阳当在乾德之前。

二　迁出之僧道

释慧云，俗姓姚氏，湖湘人。少从南岳初祖禅师，久视元年（700）江北行化，长安元年（701）来汴州。[③]

某相者。《定命录》："开元中有相者不知姓名，自言衡山来，人谓之

---

① 《全唐文》卷730，中华书局1983年影印本，第7528页。
② （宋）邓椿：《画继》卷5《僧仲仁》，于安澜编《画史丛书》，上海人民美术出版社1963年版，第1册，第36页。另参考程杰《墨梅始祖花光仲仁生平事迹考》，《南京师大学报（社会科学版）》2005年第1期。
③ （宋）赞宁：《宋高僧传》卷26《唐今东京相国寺慧云传》，中华书局1987年点校本，第658页。

衡相。在京舍宣平里。"①

　　道士黄洞元，南岳人。始居朗州桃源，建中元年（780）四月，迁居江州庐山。贞元五年（789）十一月，复迁居润州茅山。②

　　释灵象。《宋高僧传》卷11本传："释灵象，姓萧氏，兰陵人也。其胄裔则后梁为周所灭，支属星分，象父居长沙为编户矣。生象，宛有出尘之誓，遇诸禅会，罕不登临，止泊维青，优游自得。长庆元年住百家岩寺。未几，徙步江陵，太守王潜请居永泰寺。太和三载六月二十三日，终于住寺，春秋七十五。建塔于州北，存焉。"

　　道士罗少微。《北梦琐言》载："朗州道士罗少微，顷在茅山紫阳观寄泊。"③其寄泊时间不详，按《北梦琐言》多记"五代十国事"④，罗少微事当为作者孙光宪亲所闻见，亦当在五代时。

　　释齐已，长沙益阳人，幼出家大沩山寺，后游居庐山东林寺，后梁龙德元年（921），将游蜀，途经荆州，为高季兴遮留⑤，命为僧正，居龙兴寺。⑥

---

① 《太平广记》卷222《衡相》引，中华书局1961年点校本，第1704页。
② 符载：《黄仙师瞿童记》，《全唐文》卷689，中华书局1983年影印本，第7059—7060页；温造：《瞿童述》，《全唐文》卷730，中华书局1983年影印本，第7528—7529页。
③ （宋）孙光宪：《北梦琐言》佚文二《丁秀才奇术致物》，《全宋笔记》，大象出版社2003年点校本，第1编，第1册，第226页。
④ 孙猛：《郡斋读书志校证》卷13《小说类》，上海古籍出版社1990年版，第571页。
⑤ （宋）陶岳：《五代史补》卷3《僧齐己》载为高从诲时（《中华野史》，泰山出版社2000年整理本，宋朝卷一，第100页），应误，详见傅璇琮等《唐五代文学编年史·五代卷》辽海出版社1998年版，第166页齐己条。
⑥ （宋）赞宁：《宋高僧传》卷30《梁江陵府龙兴寺齐已传》，中华书局1987年点校本，第751—752页。

表 2-5-1　唐宋时期湖南僧道移民个案

姓名	始迁地	迁移时间	迁入地	迁移原因	资料来源	备注
释善伏	常州义兴（治今江苏宜兴市）	唐显庆五年（660）	衡山	游止	《续高僧传》卷 20，第 853 页	
释怀让	金州安康（治今陕西石泉县东南）	唐先天二年（713）	衡山	游止	《五灯会元》卷 5，第 126—128 页；《宋高僧传》卷 9，第 199—200 页	
释希迁	端州高要（治今广东肇庆市）	唐天宝初	衡山	游止	《宋高僧传》卷 9，第 208，209 页	
释明瓒（懒瓚）	不详	唐肃宗前后	衡山	闲居	《宋高僧传》卷 19，第 491—492 页；《旧唐书》卷 130，第 3621 页	
释澄心	东海（海州，治今江苏连云港西南）	唐代［安史乱后至贞元十八年（802）前］	朗州药山	游止	《宋高僧传》卷 29，第 733 页	
释惟俨	绛县（治今山西绛县）	唐代［大历八年（773）稍后］	朗州药山	谒石头禅师密证心法	《宋高僧传》卷 17，第 423，425 页	
释如会	韶州始兴（治今广东始兴县）	唐代［大历八年（773）至长庆三年（823）］	长沙	受邀来居	《宋高僧传》卷 11，第 249—250 页	
释昙晟	建昌（治今江西永修县西北）	唐代［大历八年（773）至太和二年（828）］	澧阳	参法药山禅师	《宋高僧传》卷 11，第 257 页	
释恒月	上党（治今山西长治市）	唐代［建中元年（780）之前］	潭州	访道寻师，挂锡于此	《宋高僧传》卷 10，第 237 页	

续表

姓名	始迁地	迁移时间	迁入地	迁移原因	资料来源	备注
释皓玉	上党（治今山西长治市）	唐代[兴元（784）之前]	衡山	入岳养道	《宋高僧传》卷29，第732页	
释昙藏	不详	唐贞元二年（786）	衡山	参学慕道	《宋高僧传》卷11，第252页	
释慧演	襄阳（治今湖北襄阳市）	唐代[贞元十二年（796）之前]	澧阳	游止	《宋高僧传》卷29，第731页	
释全瓶	余杭（治今浙江余杭县东南）	唐后期	衡山	隐居	《宋高僧传》卷30，第744页；《文苑英华》卷450，第2282页	
释昙清	不详	唐元和间	衡山	留止化徒	《宋高僧传》卷15，第375—376页	
释灵祐（大圆禅师）	福州长溪（治今福建霞浦县）	唐元和末	长沙大沩山	随缘栖止	《唐文粹》卷63，第667—668页；《宋高僧传》卷11，第264页	
释崇信	荆诸（今湖北江陵县）	唐元和十五年（820）之前	澧阳	栖止	《宋高僧传》卷10，第233—234页；《旧唐书》卷160，第4208页	
释日照	岐下（今陕西岐山）	唐宝历前后	衡山	游止	《宋高僧传》卷12，第274—275页	
释圆智	豫章海昏（今江西奉新等县地）	唐代[唐大和九年（835）之前]	长沙	游居	《宋高僧传》卷11，第259页	

续表

姓名	始迁地	迁移时间	迁入地	迁移原因	资料来源	备注
释宣鉴	剑南（治今四川成都市）	唐武宗会昌五年（845）或稍前	朗州德山	云游，受武陵太守之邀	《宋高僧传》卷12，第275页	
释庆诸	庐陵新淦（今江西新干县）	唐咸通九年（868）前后	长沙	游止	《宋高僧传》卷12，第282—283页；《五灯会元》卷5，第289页	
释善会	广州（治今广东广州市）	唐咸通十一年（870）	澧州夹山	游道	《五灯会元》卷5，第295—296页	
释元安	凤翔麟游（今陕西麟游县）	唐代〔咸通十一年（870）至中和元年（881）〕	澧州	游道参问	《宋高僧传》卷12，第289页	
释居遁	京兆（治今陕西西安市）	唐代（中和之前）	潭州	参道	《景德传灯录》卷16，第687—688页	
释虚中	袁州宜春（治今江西宜春市）	唐乾宁四年（897）前后	长沙	游潇湘	《诗话总龟前集》卷10，112页；《唐诗纪事》卷75，第1952页；《唐才子传校笺》卷8，第3册，第530页	
释惟劲	福州长溪（治今福建霞浦县）	唐光化中	衡山	游住	《宋高僧传》卷17，第431页	
释可观	福州福唐（治今福建福清市）	唐末	衡山	游止	《景德传灯录》卷19，第808页	

续表

姓名	始迁地	迁移时间	迁入地	迁移原因	资料来源	备注
许碏	高阳（治今河北高阳县东）	唐末	南岳	累举不第，游南岳得道	《续仙传》卷上，第590页；《诗话总龟前集》卷46，第446—447页	道士
释行明	吴郡长洲（今江苏苏州市）	唐末	衡山	游方同道，遇乱	《宋高僧传》卷23，第591页	
释玄泰	不详	唐末	衡山	不详	《宋高僧传》卷17，第429页	
释文遂	福州（治今福建福州市）	唐末	潭州	游方	《景德传灯录》卷17、9，第737、433页；《五灯会元》卷13，第813页	
僧居遁	抚州南城（治今江西南城县）	后梁开平元年（907）	潭州龙牙山妙济禅院	受楚王马殷之邀	《祖堂集》卷8，第402、406页；《宋高僧传》卷13，第305页；《景德传灯录》卷17，第725页	
释楚圆	全州（治今广西全县）	宋初	潭州石霜寺	游止	《五灯会元》卷12，第699—705页	
释守贤	泉州永春（治今福建永春县）	宋代（乾德之前）	衡阳	游止	《宋高僧传》卷23，第599页	
释宗合	闽越（泛指今福建一带）	宋代[开宝二年（969）之前]	潭州	游岳泛湘，以求知识	《宋高僧传》卷22，第570页	
释用清	河州（治今甘肃临夏市）	宋淳化二年（991）	潭州	受人邀居	《景德传灯录》卷26，第262—263页	

第二章 唐宋时期湖南移民之过程

续表

姓名	始迁地	迁移时间	迁入地	迁移原因	资料来源	备注
泉禅师	泉南（泛指今福建泉州市及其附近一带）	北宋（嘉祐之前）	衡山	归隐	《禅林僧宝传》卷15，第709—710页；《罗湖野录》卷2，第1825页	
僧仲仁	会稽（治今浙江绍兴市）	北宋熙宁间	始居衡山，再入衡州花光寺	游止	《画继》卷5，第36页	僧画家
胡元周	洪州西山（在今江西南昌市西）	宋绍圣间	平江	经历于此	《八琼室金石补正》卷110，第5789页	道士，创建平江葆真观
瞿童与母	辰溪	唐大历四年（769）	武陵	因兵乱	《全唐文》卷730，第7528页	后从黄洞元入道
释道行	桂阳	唐代〔元和十五年（820）前〕	澧州	游止	《宋高僧传》卷20，第517页	
释慧云	湖湘	唐长安元年（701）	开封（治今河南开封）	游观	《宋高僧传》卷26，第658页	
某相者	衡山	唐开元中	长安（治今陕西西安市）	游相	《太平广记》卷222，第1704页	

· 149 ·

续表

姓名	始迁地	迁移时间	迁入地	迁移原因	资料来源	备注
黄洞元	南岳	唐德宗时	始居朗州桃源,再游江州庐山,润州茅山（在今江苏句容县东南）	游道	《全唐文》卷689,第7059—7060页;卷730,第7528—7529页	道士
释灵豢	长沙	唐长庆元年（821）	江陵（治今湖北江陵县）	受太守王潜邀居	《宋高僧传》卷11,第253页	
罗少徽	朗州	五代	茅山紫阳观（在今江苏句容县东南）	寄泊	《北梦琐言》佚文二,第226页;《郡斋读书志校证》卷13,第571页	
僧齐己	益阳	后梁龙德元年（921）	江陵（治今湖北江陵县）	将游蜀,高季兴闻其名而遣留之	《宋高僧传》卷30,第751—752页;《五代史补》卷3,第99—100页;《唐才子传校笺》卷9,第4册,第173—187页	

· 150 ·

第六节　唐宋时期湖南之域内移民

唐宋时期的湖南域内移民个案见于正史类史籍者仅有5例，其中释道行和道士瞿童已述于第五节之僧道移民，此外，还有3例：

邓进忠，湘阴人，世为土豪。其兄邓进思唐中和初为浏阳镇将，黄巢乱时，"阴养死士千人，以防寇盗"，天复初因剿灭黄浩部而升任岳州刺史。① 天复二年（902），进思卒，进忠自称刺史，据岳州。② 不久，归附马殷，迁族长沙。史载：天复三年（903）五月，楚将"许德勋还过岳州，刺史邓进忠开门具牛酒犒军，德勋谕以祸福，进忠遂举族迁于长沙。马殷以德勋为岳州刺史，以进忠为衡州刺史"。③

蒋维东。《实宾录》卷11《山长（之一）》："五代零陵蒋维东好学，能属文。乾祐中，常隐居衡岳，从而受业五十余人，号维东为山长云。"

彪虎臣。其先世唐中叶时自山东迁湘乡，至彪虎臣时因兄弟争财而异居，于两宋之际迁湘潭。④

北宋后期至南宋时，湘北、湘西和湘南地区还有一批特殊的域内移民——刀弩手。曹彦约《昌谷集》卷11《辰州议刀弩手及土军利害札子》略云：

> 讨论得刀弩司本末，起自政和六年，御笔措置湖北营田，张官置吏，并依陕西弓箭手条例施行。至政和七年，因都钤张察所奏，召募土丁，给受田土，置立将校，弹压夷瑶，当时得旨，即与依奏。继又废罢营田，改为刀弩。

---

① （宋）路振：《九国志》卷11《邓进忠传》，齐鲁书社2000年点校本，第116页。
② 《通鉴》卷263，唐天复二年，中华书局1956年标点本，第8589页。
③ 《通鉴》卷264，唐天复三年五月，中华书局1956年标点本，第8609页。《新唐书》卷10《哀帝纪》系于天祐二年七月（中华书局1975年标点本，第304页），今从《通鉴》。
④ （宋）胡寅：《斐然集》卷26《王氏墓志铭》，中华书局1993年点校本，第600页。

据之宋辰州等地刀弩手原为政和六年（1116）措置营田时招募之土丁，政和七年（1117）后改为刀弩手。① 关于刀弩手的来源，前引曹氏《札子》仅言乃招募土丁而来。又《宋史》卷329《邓绾传附子洵武传》言其乃募"边民习知溪洞险易者"。② 同书卷191《兵志五·乡兵二·荆湖义军土丁弩手》又言其"皆选自户籍"。可见所招募刀弩手多为溪洞邻境之汉人。至于刀弩手设置之地，湘北有鼎、澧等州，湘西有辰、沅、靖等州，湘南有邵、永、道、郴、衡、桂阳等州监。前五州在北宋末时共有刀弩手一万三千人③，若将其家庭人口（平均以五口计）计算在内，总计应超过6万余人。其余诸州监刀弩手也应有相当规模之人数。关于这些刀弩手的身份特点，《要录》卷44绍兴元年（1131）五月戊午载："散居边境，教以武艺，无事则耕作自赡，有警则集而用之。"可知其亦战亦耕，亦兵亦农，为典型的民兵身份。靖康元年（1126），澧、辰、沅、靖等四州刀弩手共计9910人调发赴难，全军陷没。南宋初，刀弩手额大幅减少。以辰州为例，绍兴初，"便宜权减三分之一，是时所申止以二千二百人为额"，淳熙间又减为一千人，实际仍招填不足。④

氏族资料载有较多的域内移民个案。据表4-5-1及表4-5-2对《湖南移民表》所作统计，唐宋湖南域内移民总计283例。唐五代24例，其中唐前期1例，唐中后期2例，唐末五代19例，唐代不详具体时段者2例；宋代259例，其中北宋前期32例，北宋后期18例，南宋前期33例，南宋中后期90例，北宋不详具体时段者14例，南宋不详具体时段者28

---

① 《要录》卷44绍兴元年五月戊午条下载为"熙、丰间排置刀弩手"（中华书局1956年排印本，第803页）；（宋）王称：《东都事略》卷98《邓绾传附子洵武传》作政和六年（1116）始置（齐鲁书社2000年点校本，第840页）。另考《长编》卷256熙宁七年（1074）九月丁酉条下只载沅州新设即有屯田法，不见刀弩手设置一事（中华书局1979—1995年点校本，第6247页），《宋会要辑稿》食货2之7只言熙宁七年以后行营田，召人请佃，之后再招置刀弩手，不详刀弩手设置时间（中华书局1957年影印本，第4828页），《宋史》卷191《兵志五·乡兵二》则言"荆湖路义军土丁、弩手，不见创置之始"（中华书局1977年标点本，第4741页）。曹彦约《札子》是目前所见关于刀弩手设置考证最为详细之文，其说应是。
② 亦见（宋）王称《东都事略》卷98《邓绾传附子洵武传》，齐鲁书社2000年点校本，第840页，其载稍异。
③ 《要录》卷44，绍兴元年五月戊午，中华书局1956年排印本，第803页；《宋史》卷191《兵志五·乡兵二·荆湖义军土丁弩手》，中华书局1977年标点本，第4741—4743页。
④ （宋）曹彦约：《昌谷集》卷11《辰州议刀弩手及土军利害札子》，《景印文渊阁四库全书》，台湾商务印书馆1986年版，第1167册，第136—137页。

例，宋代不详具体时段者44例。从迁出地来看，湘北迁出22例，湘东29例，湘中71例，湘西21例，湘西南33例，湘南106例，还有1例不详湖南何地。从迁入地来看，湘北28例，湘东20例，湘中62例，湘西24例，湘西南32例，湘南117例。

第三章 唐宋时期湖南移民之时间与地理分布特征

第一节 域际迁入移民之时间与地理分布特征

一 迁出地分析

（一）分析一，依据正史类史料

这主要依据第二章表2-1-1、表2-2-1、表2-5-1三个表中所列183例域际迁入移民统计而来的表3-1-1来作分析。

首先从时段分布上分析。唐五代总计114例（以下省"例"），占62.3%，其中唐前期11，占6%；唐中后期38，占20.8%；唐末五代64，占35%；唐代不详具体时间者1，占0.5%。宋代总计69例，占37.7%，其中北宋前期7，占3.8%；北宋后期4，占2.2%；南宋前期47，占25.7%；南宋中后期10，占5.5%；宋代不详具体时间者1，占0.5%。据之可知唐宋时期域际迁入移民以唐末五代为最，其次为南宋前期和唐中后期，这三个时期总计149，占总数的81.4%，其余时段移民较少，总计32，占17.5%。

其次从地理分布上分析。北方移民总计103例，占56.3%，其中据个案多少依次为：河南39，占21.3%；陕西17，占9.3%；山东15，占8.2%；河北11，占6%；山西8，占4.4%；湖北5，占2.7%；甘肃和北京各2，分占1.1%，另外西藏、宁夏、中原、山东（泛指）四地各有1例，分占0.5%。前6地计95，占北方移民的92.2%，后6地计8，占北方移民的7.8%。可知唐宋湖南域际迁入之北方移民以河南、陕西、山东、河北、山西等黄河中下游地区省份为主。南方移民总计73例，占39.9%，其中依个案多少依次为：福建16，占8.7%；江西15，占8.2%；江苏12，占6.6%；四川9，占4.9%；广西、广东和浙江各6，分占3.3%；安徽3，占1.6%。江苏、江西、福建、浙江和安徽等东部省份总计52，占域际迁入之南方移民的71.2%，又福建、江苏和江西总计43，又占东部移民之82.7%；四川、广东和广西等西南省份总计21，占南方域际移民的28.8%，说明唐宋南方移民主要来自东部，东部又主要来自福建、江苏和江西三地。就整体而言，北方移民多于南方移民，为1∶0.7。另外，还有7例迁移地不详，占3.8%。

最后将时段和地理分布结合起来分析。唐五代南北移民总计114例，北方67，南方40，整体比为1∶0.6，其中唐前期、中后期、唐末五代北方分别为9、26、31，南方分别为2、9、29，比例分别为1∶0.22、1∶0.35、1∶0.94，前两个时段南北移民悬殊较大，北方移民多于南方移民，后一时段南北移民则非常接近。宋代总计69例，北方36，南方33，整体比为1∶0.92，比较接近，其中北宋前期、北宋后期、南宋前期和南宋中后期北方分别为1、2、30、3，南方分别为6、2、17、7，比例分别为1∶6、1∶1、1∶0.57、1∶2.33，除南宋前期这一较多移民时段外，在其他3个较少移民时段中，北宋前期和南宋中后期南方移民都要超过北方移民，北宋后期则持平。就整体而言，南方移民比例从唐五代到宋代有不断提高的趋势，但在特定的阶段，又有各自的特点。将南北移民分开来看，唐五代北方移民67，宋代36，减少了46.3%；唐五代南方移民40，宋代33，只减少了17.5%，南北移民都呈递减的趋势，但以北方为甚。所以无论是从南北移民相对比变化的趋势，还是从南北移民各自不同时段相对数量的变化，都可说明，从唐至宋，湖南之南方迁入移民所占比重越来越大。

总之，据表3-1-1所列湖南移民个案，唐宋时期湖南移民在时间与地理的分布上有如下一些特点：一是战乱时期之移民占绝大多数，稳定时期相对较少；二是北方移民是湖南移民的主要来源，但南方移民之比重有越来越大的趋势，南方移民又以东部移民为主要来源；三是唐五代移民相对较多，宋代移民相对较少。

表 3-1-1　　　唐宋湖南域际迁入移民之迁出地分布之一（正史类史料）

	唐五代总计	唐前期	唐中后期	唐末五代	宋代总计	北宋前期	北宋后期	南宋前期	南宋中后期	总计
北方	67	9	26	31	36	1	2	30	3	103
河南	19	1	5	13	20	0	0	18	2	39
陕西	16	3	4	9	1	0	0	1	0	17
山东	8	0	3	5	7	0	0	7	0	15
河北	8	3	4	1	3	0	1	2	0	11
山西	8	2	4	1	0	0	0	0	0	8
湖北	3	0	2	1	2	0	0	1	1	5
甘肃	0	0	0	0	2	1	0	1	0	2
北京	2	0	2	0	0	0	0	0	0	2
西藏	1	0	1	0	0	0	0	0	0	1
宁夏	0	0	0	0	1	0	1	0	0	1
中原	1	0	0	1	0	0	0	0	0	1
山东	1	0	1	0	0	0	0	0	0	1
南方	40	2	9	29	33	6	2	17	7	73
福建	5	0	1	4	11	3	0	7	1	16
江西	9	0	3	6	6	1	1	3	1	15
江苏	10	1	2	7	2	0	0	1	0	12
四川	1	0	1	0	8	1	0	3	4	9
广西	5	0	0	5	1	1	0	0	0	6
广东	6	1	2	3	0	0	0	0	0	6
浙江	2	0	0	2	4	0	1	2	1	6
安徽	2	0	0	2	1	0	0	1	0	3
不详	7	0	3	4	0	0	0	0	0	7
总计	114	11	38	64	69	7	4	47	10	183

说明：1. 关于分期，唐五代：安史乱前为唐前期，安史乱后至乾符乱前为唐中后期，乾符乱后为唐末五代时期。宋代：北宋，熙宁以前为北宋前期，自熙宁始为北宋后期；南宋，靖康乱后至高宗、孝宗两朝为南宋前期，光宗后为南宋中后期。以下各表同。

2. 只标明为唐代或宋代，不详具体时间者，不单独列出，只列入总数。

3. 两个时间段之间者均列入前一时间段。

4. 迁出地均以所在今省份计。

第三章 唐宋时期湖南移民之时间与地理分布特征

（二）分析二，依据氏族资料

这主要依据《湖南移民表》所列1056例个案统计而来的表3-1-2来分析。

首先从时间分布上作分析。唐五代总计203例，占19.2%，其中唐前期13，占1.2%；唐中后期17，占1.6%；唐末五代152，占14.4%；唐代不详具体时段者21，占2%。宋代总计853例，占80.8%，其中北宋前期165，占15.6%，北宋后期115，占10.9%，南宋前期128，占12.1%；南宋中后期274，占25.9%；北宋不详具体时段者12，占1.1%，南宋不详具体时段者57，占5.4%；宋代不详具体时段者102，占9.7%。从每个阶段的绝对数量来看，在唐五代前2个阶段中，最低13，最高17，平均每个阶段只有15例左右；唐末以后五个阶段中，最低115，最高274，平均每个阶段达160余例。据之唐宋时湖南域际迁入移民数量以南宋中后期为最多，其次为北宋前期、唐末五代、南宋前期和北宋后期，这五个时段移民个案总计介于1005—1026，占95.2%—97.2%；唐前期及中后期总计介于30~51，所占比例应在2.8%~4.8%。

其次从地理分布上作分析。北方移民总计122例，占11.6%，其中据个案多少依次为：河南46，占4.4%；山东24，占2.3%；湖北17，占1.6%；陕西11，占1%；河北10，占0.9%；山西9，占0.9%；甘肃和北京各2，分占0.2%；内蒙1，占0.1%。河南、山东和湖北三地总计87，占北方移民的71.3%，陕西、河北和山西三地总计30，占北方移民的24.6%，甘肃、北京和内蒙总计5，占北方移民的4.1%，说明唐宋时期自北方迁入湖南的移民主要来自今黄河中下游地区的省份。南方移民总计871，占82.5%，其中依个案多少依次为：江西735，占69.6%；江苏47，占4.5%；浙江25，占2.4%；广东15，占1.4%；福建14，占1.3%；四川和广西各11，分占1%；安徽8，占0.8%；云南4，占0.4%；吴1，占0.1%。迁自江西、江苏、浙江、福建和安徽等湖南东部诸地者总计830，占南方迁入移民的95.3%，其中江西移民735，又占东部移民的88.6%；广东、四川、广西和云南等西南省份总计41，占南方迁入移民的4.7%。另有不详南北迁出地者63，占6%。就唐宋整体而言，来自北方的移民大大少于来自南方的移民，北、南比为1∶7.1。

最后将时段与地理分布结合起来分析。唐五代南北移民总计203例，北方39，南方149，整体比为1∶3.8，其中唐前期、唐中后期、唐末五代

·157·

北方分别为9、7、20,南方分别为3、10、120,比例分别为1:0.33、1:1.4、1:6,在唐前期北方移民还多于南方移民,自唐安史乱后,南北移民的趋势开始逆转,到唐末五代时,南方移民则大大超过北方移民。宋代移民总计853,北方83,南方722,整体比为1:8.7,北宋前期、北宋后期、南宋前期、南宋中后期北方移民分别为16、12、20、23,南方移民分别为142、100、103、237,比例分别为1:8.9、1:8.3、1:5.2、1:10.3,说明在宋代无论是和平时期,还是战乱时期,湖南自唐中叶以来"北少南多"的移民格局一直被稳定下来,并维持在平均1:8.7的水平,大大超过唐五代1:3.8的比例。将南北移民分开来看,唐五代北方移民39,宋代83,增长了112.8%;唐五代南方移民149,宋代722,增长了384.6%,南北移民都呈增长的趋势,而南方要快于北方。

总之,依据表3-1-2所列湖南移民个案,唐宋湖南移民在时间和地理分布上有如下一些特点:一是唐末之前,迁入湖南的移民数量相对较少,自唐末以后迁入湖南的移民数量相对较多;二是在唐安史乱前,移民格局为"北多南少",安史乱后转变为"南多北少",并且除个别时期(南宋前期)之外,南北差距有持续扩大的趋势;三是在日益增多的南方移民中,东部移民始终为其主要来源,东部移民又以江西移民为主要来源。

表3-1-2　　唐宋湖南域际迁入移民之迁出地分布之二(氏族资料)

	唐五代总计	唐代	唐前期	唐中后期	唐末五代	宋代总计	宋代	北宋	北宋前期	北宋后期	南宋	南宋前期	南宋中后期	总计
北方	39	3	9	7	20	83	6	1	16	12	5	20	23	122
河南	12	0	2	3	7	34	2	1	3	8	0	12	8	46
山东	10	2	1	2	5	14	2	0	5	1	0	4	2	24
湖北	2	1	0	0	1	15	1	0	1	3	4	2	4	17
陕西	5	0	1	2	2	6	0	0	4	0	0	0	2	11
河北	5	0	3	0	2	5	0	0	1	0	0	1	3	10
山西	3	0	1	0	2	6	1	0	2	0	0	0	1	9
甘肃	1	0	0	0	1	1	0	0	0	0	1	0	0	2
北京	1	0	1	0	0	1	0	0	0	0	0	0	1	2

续表

	唐五代总计	唐代	唐前期	唐中后期	唐末五代	宋代总计	宋代	北宋	北宋前期	北宋后期	南宋	南宋前期	南宋中后期	总计
内蒙	0	0	0	0	0	1	0	0	0	0	0	0	1	1
南方	149	16	3	10	120	722	80	11	142	100	49	103	237	871
江西	120	10	2	4	104	615	65	9	129	92	40	85	195	735
江苏	9	1	0	0	8	38	2	2	8	6	2	7	11	47
浙江	9	0	0	3	6	16	4	0	0	1	0	3	8	25
广东	4	1	0	3	0	11	3	0	1	0	1	1	5	15
福建	0	0	0	0	0	14	0	0	3	1	1	3	6	14
四川	2	1	0	0	1	9	0	0	1	0	3	1	4	11
广西	5	3	1	0	1	6	4	0	0	0	0	2	0	11
安徽	0	0	0	0	0	8	0	0	0	0	0	2	1	5	8
云南	0	0	0	0	0	4	0	0	0	0	0	0	4	4
吴	0	0	0	0	0	1	0	0	0	0	0	0	1	1
不详	15	2	1	0	12	48	16	0	7	3	3	5	14	63
总计	203	21	13	17	152	853	102	12	165	115	57	128	274	1056

资料来源：《湖南移民表》，中国戏剧出版社 2008 年版。

（三）分析三，将分析一和分析二作比较分析

分析一主要依据正史类史料，分析二主要依据氏族类资料，两者有何不同，不同的原因在哪里，这是分析三所要解决的问题。又由于分析一和分析二所依据个案数悬殊太大，无法从绝对数量上作比较，所以分析三选择从各自相对数量（百分比重）上作比较。

首先从时间分布上作比较（见表 3-1-3）。

在唐五代时期，分析一在各个时段都要多于分析二，唐前期多 4.8 个百分点，唐中后期多 19.2 个百分点，唐末五代多 20.6 个百分点，差距不断拉大。说明唐五代无论是战乱时期（唐中后期和唐末五代），还是稳定时期（唐前期），分析一都要超过分析二，战乱越严重，移民越多，这种差距越大。在宋代，分析二有三个时期超过分析一，北宋前期多 11.8 个百分点，北宋后期多 8.7 个百分点，南宋后期多 20.4 个百分点，在南宋前期则少 13.6 个百分点。说明在稳定时期（北宋前期、北宋后期和南宋

· 159 ·

中后期①），分析二多于分析一，在战乱时期（南宋前期），分析一多于分析二。就整体而言，唐五代分析一多于分析二43.1个百分点，在宋代则是分析二多于分析一43.1个百分点，说明分析一和分析二呈现完全相反的趋势：前者以唐五代为多，宋代为少，移民数量在整体上呈现递减的趋势；后者以唐五代为少，宋代为多，移民数量在整体上呈现递增的趋势。

表3-1-3　　　　唐宋湖南域际迁入移民之迁出地分析一和
分析二之时间分布差异　　　单位:%

	唐五代总计	唐前期	唐中后期	唐末五代	宋代总计	北宋前期	北宋后期	南宋前期	南宋中后期	总计
分析一	62.3	6	20.8	35	37.7	3.8	2.2	25.7	5.5	100
分析二	19.2	1.2	1.6	14.4	80.8	15.6	10.9	12.1	25.9	100
相差百分比	43.1	4.8	19.2	20.6	-43.1	-11.8	-8.7	13.6	-20.4	0

说明：1. 迁移具体时间段不详者不单独列出。
2. "相差百分比"一栏，正数表示分析一大于分析二，负数表示分析一小于分析二。

其次从地理分布上结合时间段来比较（见表3-1-4）。

第一，北方移民的比较。在唐五代，分析一比分析二整体多32.9个百分点，其中唐前期、唐中后期和唐末五代时分别多4、13.5、15，说明在上述各个时段，分析一所列北方移民之比重要超过分析二所列北方移民之比重。在宋代，分析一比分析二多11.8个百分点，其中南宋前期多14.5个百分点，而北宋后期两者所占比重完全相同，北宋前期和南宋中后期分别少1个和0.6个百分点。说明在宋代，虽然分析二在北宋前期和南宋中后期都要多于分析一，在北宋后期时持平，但由于南宋前期之比重悬殊，而在整体上要逊于分析一。从整个唐宋时段来看，分析一比分析二多44.7个百分点，反映出分析一所列北方移民在整体中所占比重要远远大于

---

① 南宋中后期虽然不时有战乱，尤其以宋末为甚，但就湖南区域而言，整体仍以相对稳定为主。

第三章 唐宋时期湖南移民之时间与地理分布特征

分析二所列北方移民在整体中所占比重。

第二，南方移民的比较。在唐五代，分析一比分析二多7.8个百分点，其中唐前期、唐中后期和唐末五代时分别多0.8、4、4.4，说明在上述各个阶段分析一南方移民的比重均要多于分析二，与同期两类分析的北方移民比重相似，但这种差距要明显小得多（少25.1个百分点）。在宋代，分析一比分析二少50.4个百分点，其中北宋前期至南宋中后期四个阶段分别少10.1、8.4、0.5、18.5，除在南宋前期这一时段基本接近之外，其他时段两者差距均较大，因而于宋代整体悬殊较大，完全改变了唐五代分析一之南方移民比重多于分析二之南方移民比重的状况（相差58.2个百分点），与同期北方移民比重的差距也完全相反（相差62.2个百分点）。从整个唐宋时段来看，分析一少于分析二42.6个百分点，反映出分析一所列南方移民在整体中所占比重要远远小于分析二所列南方移民在整体中所占比重。

分析一和分析二为什么会有如此大的差别，以至于难以发现两者有能完全重合的时空分布趋势？这还得对两类分析所依据移民个案的不同身份作一甄别。据前所论，分析一所据183例移民个案中，只有6例可能为一般之民户，占3.3%，其余皆为官僚士大夫、割据势力和僧道等上层移民，占96.7%，所以分析一基本上代表了上层移民的迁徙情况。《湖南移民表》所列1056例唐宋湖南移民个案中，可能为官僚士大夫等上层移民者大约有309例（其中唐五代55，宋代254，见表3-1-5），占29.3%，其余应为从事农耕和贸易等之一般民户，[①]占70.7%，所以分析二之移民个案基本以一般民户为主，[②] 其分析结果大体反映了一般民户之迁移情况。而分析三所体现的分析一和分析二之不同，大体上可以反映官僚士大夫等上层人士与一般民户在唐宋时期移民湖南之基本差别。

[①] 在这些移民中，氏族资料有的载明了是为农垦、贸易或避乱等迁来，有的则不详，此等皆应为一般民户，原因详见第二章第一节彪氏条下所论。
[②] 另请参考绪论第二节对氏族类资料中有关移民身份记载的论述。

表 3-1-4　唐宋湖南域际迁入移民之迁出地分析一和
分析二之地理分布差异　　　　　　　　单位:%

	唐五代总计	唐前期	唐中后期	唐末五代	宋代总计	北宋前期	北宋后期	南宋前期	南宋中后期	总计
分析一（北）	36.6	4.9	14.2	16.9	19.7	0.5	1.1	16.4	1.6	56.3
分析二（北）	3.7	0.9	0.7	1.9	7.9	1.5	1.1	1.9	2.2	11.6
相差百分比	32.9	4	13.5	15	11.8	-1	0	14.5	-0.6	44.7
分析一（南）	21.9	1.1	4.9	15.8	18	3.3	1.1	9.3	3.9	39.9
分析二（南）	14.1	0.3	0.9	11.4	68.4	13.4	9.5	9.8	22.4	82.5
相差百分比	7.8	0.8	4	4.4	-50.4	-10.1	-8.4	-0.5	-18.5	-42.6

说明：1. 括号内"北"指北方移民，括号内"南"指南方移民。
2. 迁出地不详者不纳入统计，迁移具体时间不详者不单独列入。
3. "相差百分比"一栏，正数表示分析一大于分析二，负数表示分析一小于分析二。

表 3-1-5　氏族资料所载唐宋湖南官僚士大夫等上层移民个案之分布

	唐五代总计	唐代	唐前期	唐中后期	唐末五代	宋代总计	宋代	北宋	北宋前期	北宋后期	南宋	南宋前期	南宋中后期	总计
湘北	4	0	0	1	3	35	0	1	6	3	7	5	13	39
湘东	7	0	0	1	6	18	0	1	3	3	2	3	4	25
湘中	18	0	0	3	15	43	3	0	12	5	3	4	16	61
湘西	2	0	1	1	0	43	2	2	2	6	2	13	16	45
湘西南	4	1	0	3	0	29	3	2	5	1	2	2	14	33
湘南	20	2	3	3	12	86	14	1	22	12	7	6	24	106
总计	55	3	4	9	39	254	22	7	47	36	22	33	87	309

资料来源：《湖南移民表》，中国戏剧出版社 2008 年版。

二　迁入地分析

（一）分析一，依据正史类史料

这主要依据第二章表 2-1-1、表 2-2-1、表 2-5-1 三个表中所列 183 例域际迁入移民统计而来的表 3-1-6 来作分析。

第三章　唐宋时期湖南移民之时间与地理分布特征

首先从时间分布上来分析。这与迁出地分析之一完全相同，此处不再赘述。

其次从地理分布上来分析。唐宋湖南移民总计183例，其中迁入湘北地区26，占14.2%；湘东地区6，占3.3%；湘中地区49，占26.8%；湘西地区10，占5.5%；湘南地区60，占32.8%；具体地区不详者32，占17.5%。湘南和湘中迁入移民最多，总计109，占59.6%；湘北和湘西为其次，总计36，占19.7%；湘东和湘西南最少，总计6，占3.3%。迁入地不详的32例中，唐末五代占有其28，这些大都是割据势力移民，大都生活于湘中之长沙与湘南之衡山、郴州（见第二章第一节所述），因而湘中与湘南所占比重应更高。就各个地区而言，湘北以澧县、常德和岳阳为主，总计23，占本地区的88.5%；湘阴、平江和华容各1，占本地区的11.5%。湘东醴陵、攸县各2，占本地区的66.7%；浏阳、茶陵各1，占本地区的33.3%。湘中长沙43，占本地区的87.8%；湘潭和湘乡总计6，占本地区的12.2%。湘西地区慈利、黔阳和沅陵各2，占本地区的60%；泸溪、辰溪、芷江和溪洞各1，占本地区的40%。湘南衡山33，占本地区的55%；衡阳和零陵16，占本地区的26.7%；祁阳和道县5，占本地区的8.3%；江华、临武、宁远、郴州、桂阳和常宁各1，占本地区的10%。

最后将时间和地理分布结合起来分析。唐五代各区移民总计114例，湘北至湘南依次为15、2、29、5、32，其中唐前期依次为0、0、1、4、6，唐中后期依次为11、0、13、0、12，唐末五代依次为4、2、15、1、14。据之，唐五代无论是在各个分段时间，还是从整体来看，湘中、湘南和湘北一直是移民的主要迁入地，湘西和湘东相对较少。宋代总计69，湘北至湘南依次为11、4、20、5、28，其中北宋前期依次为3、0、0、0、4，北宋后期依次为1、0、2、0、1，南宋前期依次为5、3、14、2、22，南宋中后期依次为1、1、4、3、1。据之，在北宋前期以湘南和湘北为主要移民迁入地，北宋后期以湘中、湘北和湘南为主要迁入地，南宋前期以湘南和湘中为主要迁入地，南宋中后期则以湘中和湘西为主要迁入地。整体而言，宋代湘南迁入最多，湘中和湘北为其次，湘东和湘西则相对较少。

表3-1-6　　唐宋湖南域际迁入移民之迁入地分布之一（正史类史料）

	唐五代总计	唐前期	唐中后期	唐末五代	宋代总计	北宋前期	北宋后期	南宋前期	南宋中后期	总计
湘北	15	0	11	4	11	3	1	5	1	26
岳阳	1	0	0	1	3	3	0	0	0	4
湘阴	1	0	0	1	0	0	0	0	0	1
平江	0	0	0	0	1	0	1	0	0	1
华容	0	0	0	0	1	0	0	1	0	1
澧县	10	0	9	1	0	0	0	0	0	10
常德	3	0	2	1	6	0	0	4	1	9
湘东	2	0	0	2	4	0	0	3	1	6
浏阳	0	0	0	0	1	0	0	1	0	1
茶陵	1	0	0	1	0	0	0	0	0	1
醴陵	0	0	0	0	2	0	0	2	0	2
攸县	1	0	0	1	1	0	0	0	1	2
湘中	29	1	13	15	20	0	2	14	4	49
长沙	24	1	10	13	19	0	2	14	3	43
湘潭	4	0	2	2	0	0	0	0	0	4
湘乡	1	0	1	0	1	0	0	0	1	2
湘西	5	4	0	1	5	0	0	2	3	10
慈利	0	0	0	0	2	0	0	1	1	2
泸溪	1	1	0	0	0	0	0	0	0	1
黔阳	1	1	0	0	1	0	0	0	1	2
辰溪	1	1	0	0	0	0	0	0	0	1
沅陵	1	1	0	0	1	0	0	0	1	2
芷江	0	0	0	0	1	0	0	1	0	1
溪洞	1	0	0	1	0	0	0	0	0	1
湘南	32	6	12	14	28	4	1	22	1	60
衡阳	2	0	0	2	7	2	1	3	1	9
衡山	19	3	7	9	14	1	0	13	0	33
零陵	4	2	1	1	3	0	0	3	0	7
江华	0	0	0	0	1	0	0	1	0	1

续表

	唐五代总计	唐前期	唐中后期	唐末五代	宋代总计	北宋前期	北宋后期	南宋前期	南宋中后期	总计
临武	1	1	0	0	0	0	0	0	0	1
祁阳	2	0	2	0	1	0	0	1	0	3
宁远	1	0	1	0	0	0	0	0	0	1
道县	2	0	1	1	0	0	0	0	0	2
郴州	1	0	0	1	0	0	0	0	0	1
桂阳	0	0	0	0	1	0	0	1	0	1
常宁	0	0	0	0	1	1	0	0	0	1
湖南	31	0	2	28	1	0	0	1	0	32
总计	114	11	38	64	69	7	4	47	10	183

说明：1. 地名具体到府州者，以治所所在县地计算。

2. 地名为江湘、湘江、马楚、湖南等并列作湖南一类。

3. 只标明为唐代或宋代，不详具体时间者，不单独列出，只列入总数。

4. 此表分区参照《湖南移民表》，以便于比较。

（二）分析二，依据氏族资料

这主要依据《湖南移民表》所列1056例个案统计而来的表3-1-7来分析。

首先从时间分布上来作分析。这与迁出地分析之二完全相同，此处不赘。

其次从地理分布上来作分析。唐宋湖南移民总计1056例，其中迁入湘北地区160，占15.2%；湘东109，占10.3%；湘中210，占19.9%；湘西87，占8.2%；湘西南146，占13.8%；湘南344，占32.6%。湘南和湘中迁入移民最多，总计554，占52.5%；次为湘北和湘西南，总计306，占29%；湘西和湘东迁入较少，总计196，占18.6%。就各个地区而言，湘北以平江和湘阴为最多，总计94，占本地区的58.8%；岳阳、华容和常德等三县次之，总计46，占本地区的28.8%；临湘、南县、汉寿、澧县、临澧、石门、安乡和桃源等八县迁入很少，总计20，占本地区的12.5%。湘东以浏阳和醴陵为主要迁入地，总计73，占本地区的67%；茶陵和攸县次之，总计35，占本地区的32.1%；酃县最少，只有1例，占

0.9%。湘中以湘乡、长沙和益阳移民稍多，总计125，占本地区的59.5%；安化、宁乡和湘潭次之，总计78，占本地区的37.1%；善化移民最少，总计7，占本地区的3.3%。湘西以会同、溆浦、沅陵和靖县为主要移民地，总计65，占本地区的74.7%；麻阳、泸溪和芷江次之，总计12，占本地区的13.8%；慈利、大庸、辰溪、桑植、古丈、怀化和黔阳移民较少，总计10，占本地区的11.5%。湘西南移民以新化为最，总计86，占本地区的58.9%；邵阳38，占本地区的26%，是为其次；武冈、隆回、新宁、城步和绥宁总计22，占本地区的15.1%，移民相对较少。湘南以蓝山、宜章、新田、桂阳和汝城移民最多，总计199，占本地区的57.8%；其次为衡阳、衡山、宁远、嘉禾、耒阳、零陵和郴县，总计106，占本地区的30.8%；其余道县、永兴、安仁、资兴、临武、桂东、祁阳、常宁、永明、东安和衡东，总计39，占本地区的11.3%。

　　最后将时间和地理分布结合起来分析。唐五代移民总计203例，湘北至湘南依次为48、33、52、3、11、56，其中唐前期依次为2、1、1、1、1、7，唐中后期依次为6、2、2、2、0、5，唐末五代依次为39、28、48、0、9、28。唐前期，除湘南移民稍多之外，其余五个地区基本持平；唐中后期，湘北和湘南稍多，湘东、湘中和湘西继续持平，湘西南则无人迁入；唐末五代，湘中最多，湘北次之，湘东和湘南持平而居第三位，湘西南较少，湘西则无人迁入。整体来看，湘南、湘中和湘北居前三位，湘东、湘西南和湘西居后三位。宋代总计853例，湘北至湘南依次为112、76、158、84、135、288，其中北宋前期依次为17、8、45、10、26、59，北宋后期依次为9、11、18、9、47、21，南宋前期依次为26、18、16、20、10、38，南宋中后期依次为44、24、59、32、40、75。北宋前期，湘南和湘中为主要移民地，其次为湘西南和湘北，湘西和湘东移民较少迁来；北宋后期以湘西南为诸地区之首，湘南和湘中居其次，湘东、湘北和湘西则较少；南宋前期，湘南再为诸地区之冠，湘北、湘西、湘东和湘中次之，湘西南移民最少；南宋中后期，湘南和湘中仍为主要迁入地，湘北和湘西南继其后，湘西和湘东又次之。整体而言，湘南为其余各区最多者之1.82倍，最少者之3.79倍，高居各地区之榜首，湘中、湘西南、湘北依次居其后，湘西和湘东则列末尾。

表3-1-7　　唐宋湖南域际迁入移民之迁入地分布之二（氏族资料）

	唐五代总计	唐代	唐前期	唐中后期	唐末五代	宋代总计	宋代	北宋	北宋前期	北宋后期	南宋	南宋前期	南宋中后期	总计
湘北	48	1	2	6	39	112	8	1	17	9	7	26	44	160
岳阳	8	0	0	0	8	13	0	1	2	2	1	3	4	21
临湘	3	0	0	0	3	0	0	0	0	0	0	0	0	3
华容	2	0	0	1	1	13	1	0	1	0	1	3	7	15
南县	0	0	0	0	0	4	1	0	0	0	0	2	1	4
平江	21	1	2	5	13	40	2	0	5	4	1	12	16	61
湘阴	14	0	0	0	14	19	1	0	6	1	0	5	6	33
常德	0	0	0	0	0	10	1	0	0	2	1	1	5	10
汉寿	0	0	0	0	0	1	0	0	0	0	0	0	1	1
澧县	0	0	0	0	0	3	1	0	0	0	1	0	1	3
临澧	0	0	0	0	0	0	0	0	0	0	0	0	0	0
石门	0	0	0	0	0	5	1	0	1	0	1	0	2	5
安乡	0	0	0	0	0	0	0	0	0	0	0	0	0	0
桃源	0	0	0	0	0	4	0	0	2	0	1	0	1	4
湘东	33	2	1	2	28	76	3	1	8	11	11	18	24	109
浏阳	12	0	0	0	12	31	1	1	3	4	7	8	7	43
醴陵	7	1	1	1	4	23	2	0	0	4	2	3	12	30
茶陵	10	1	0	1	8	11	0	0	1	1	2	5	2	21
攸县	4	0	0	0	4	10	0	0	3	2	0	2	3	14
酃县	0	0	0	0	0	1	0	0	1	0	0	0	0	1
湘中	52	1	1	2	48	158	7	3	45	18	10	16	59	210
长沙	19	0	0	0	19	24	3	0	5	3	2	0	11	43
善化	0	0	0	0	0	7	1	1	2	1	1	0	1	7
湘潭	6	0	1	0	5	14	1	0	5	3	0	1	4	20
湘乡	8	1	0	1	6	37	1	1	12	5	1	1	16	45
宁乡	8	0	0	1	7	19	0	1	4	0	3	4	7	27
益阳	7	0	0	0	7	30	1	0	5	2	2	6	14	37
安化	4	0	0	0	4	27	0	0	12	4	1	4	6	31
湘西	3	0	1	2	0	84	10	1	10	9	2	20	32	87

· 167 ·

续表

	唐五代总计	唐代	唐前期	唐中后期	唐末五代	宋代总计	宋代	北宋	北宋前期	北宋后期	南宋	南宋前期	南宋中后期	总计
慈利	0	0	0	0	0	2	0	0	0	0	0	1	1	2
大庸	0	0	0	0	0	2	0	0	1	0	0	0	1	2
桑植	0	0	0	0	0	1	0	1	0	0	0	0	0	1
沅陵	1	0	1	0	0	12	1	0	3	1	0	3	4	13
溆浦	0	0	0	0	0	17	3	0	2	0	0	3	9	17
辰溪	0	0	0	0	0	2	0	0	0	1	0	0	1	2
泸溪	0	0	0	0	0	4	0	0	1	0	0	1	2	4
古丈	0	0	0	0	0	1	1	0	0	0	0	0	0	1
芷江	1	0	0	1	0	2	0	0	0	0	0	1	0	3
怀化	0	0	0	0	0	1	0	0	0	1	0	0	0	1
黔阳	0	0	0	0	0	1	0	0	0	0	0	0	1	1
麻阳	0	0	0	0	0	5	1	0	1	0	0	0	3	5
靖县	0	0	0	0	0	13	1	0	2	1	0	5	4	13
会同	1	0	0	1	0	21	3	0	0	6	0	7	5	22
湘西南	11	1	1	0	9	135	7	1	26	47	4	10	40	146
邵阳	4	1	1	0	2	34	3	0	8	5	2	1	15	38
新化	6	0	0	0	6	80	3	1	18	32	0	7	19	86
武冈	0	0	0	0	0	6	0	0	0	2	1	1	2	6
隆回	0	0	0	0	0	6	1	0	0	3	0	1	1	6
新宁	0	0	0	0	0	5	0	0	0	2	0	0	3	5
城步	1	0	0	0	1	2	0	0	0	2	0	0	0	3
绥宁	0	0	0	0	0	2	0	0	0	1	1	0	0	2
湘南	56	16	7	5	28	288	67	5	59	21	23	38	75	344
衡阳	2	0	0	1	1	20	5	0	7	0	0	2	6	22
衡山	5	2	0	0	3	15	2	0	4	1	0	2	6	20
衡东	0	0	0	0	0	1	0	0	0	0	0	0	1	1
安仁	1	0	0	0	1	4	0	0	3	0	1	0	0	5
耒阳	1	0	0	0	1	11	2	0	2	0	0	3	4	12
祁阳	0	0	0	0	0	2	2	0	0	0	0	0	0	2

续表

	唐五代总计	唐代	唐前期	唐中后期	唐末五代	宋代总计	宋代	北宋	北宋前期	北宋后期	南宋	南宋前期	南宋中后期	总计
常宁	0	0	0	0	0	2	0	0	0	0	0	1	1	2
零陵	1	0	0	0	1	9	2	0	5	0	0	1	1	10
宁远	4	1	1	1	1	13	3	1	0	0	0	1	8	17
新田	10	5	0	0	5	29	12	1	0	2	7	2	5	39
永明	0	0	0	0	0	2	0	0	2	0	0	0	0	2
道县	3	1	0	0	2	3	0	0	1	0	0	0	2	6
东安	0	0	0	0	0	2	0	0	1	0	0	0	0	2
桂阳	4	1	0	1	2	30	2	1	9	1	3	6	8	34
蓝山	7	5	1	0	1	41	13	1	10	7	0	5	5	48
嘉禾	1	1	0	0	0	14	3	0	4	2	1	2	2	15
临武	2	0	0	1	1	2	1	0	0	0	0	0	1	4
郴县	2	0	2	0	0	8	2	0	0	2	1	1	2	10
桂东	0	0	0	0	0	4	1	0	0	0	1	0	2	4
宜章	7	0	2	1	4	38	13	0	2	3	4	5	11	45
汝城	3	0	1	0	2	30	4	0	8	2	4	4	8	33
永兴	0	0	0	0	0	6	0	0	2	0	0	2	2	6
资兴	3	0	0	0	3	2	0	1	0	1	0	0	0	5
总计	203	21	13	17	152	853	102	12	165	115	57	128	274	1056

资料来源：《湖南移民表》，中国戏剧出版社2008年版。

（三）分析三，将分析一和分析二作比较分析

此处仍然采用迁入地分析三之方法，将两类分析中不同时段移民之比重（百分比）进行比较分析。

首先从时间的分布上作比较（见表3-1-3）。这与迁入地分析三完全相同，此处不赘。

其次从地理分布上结合时间段进行分析（见表3-1-8）。

湘北地区。在唐五代时期，分析一和分析二相差3.7个百分点，其中唐前期、唐中后期、唐末五代三个阶段分别相差-0.2、5.4、-1.5；在宋代相差-4.6，其中北宋前期、北宋后期、南宋前期和南宋中后期分别

相差 0、-0.4、0.2、-3.7。唐宋整体相差 -1。①

湘东地区。唐五代相差 -2，其三个时段依次为 -0.1、-0.2、-1.6；宋代相差 -5，其四个时段依次为 -0.8、-1、-0.1、-1.8。唐宋整体相差 -7。

湘中地区。唐五代相差 10.9，其三个时段分别为 0.4、6.9、3.7；宋代相差 -4.1，其四个时段分别为 -4.3、-0.6、6.2、-3.4。唐宋整体相差 6.9。

湘西地区。唐五代相差 2.4，其三个时段分别为 2.1、-0.2、0.5；宋代相差 -5.3，其四个阶段依次为 -0.9、-0.9、-0.8、-1.4。唐宋整体相差 -2.7。

湘西南地区。分析一告缺，分析二的情况是：唐五代 1，其三个时段依次为：0.1、0、0.9，宋代 12.8，其四个时段依次为 2.5、4.5、0.9、3.8。若将分析一以置零处理，则两者相差 -13.8。

湘南地区。唐五代相差 12.2，其三个时段依次为 2.6、6.1、5，宋代相差 -12，其四个时段依次为 -3.4、-1.5、8.4、-6.6。唐宋整体只相差 0.2。

以上是各区分时段的基本情况，下面将各个地区的情况进行比较分析。第一，各个地区不同时段情况的比较。在六个地区中，一致性从高到低的时段依次为：北宋后期与南宋中后期，六个地区全部为分析一小于分析二；北宋前期，五个地区分析一小于分析二，一个地区分析一与分析二相同；唐中后期，一个地区完全一致，三个地区分析一大于分析二，两个地区分析一小于分析二；唐前期、唐末五代和南宋前期，分析一大于或小于分析二者各占其三。第二，各个地区唐五代和宋代整体情况的分别比较。将唐五代和宋代对比来看，湘北、湘中、湘西和湘南均表现出非常一致的特点：唐五代时分析一大于分析二，宋代时分析一又都小于分析二；而湘东和湘西南在前后两个阶段均是分析一小于分析二。将唐五代和宋代分开来看，在唐五代，有四个地区分析一大于分析二，有两个地区分析一小于分析二；而在宋代，六个地区均一致呈现为分析一小于分析二。从差距大小来看，唐五代以湘南和湘中为最，湘北和湘西次之，湘东和湘西南最为接近；宋代以湘西南和湘南为最，其余四个地区差距非常接近。第

---

① 此处正数表示分析一大于分析二，负数表示分析一小于分析二，以下同。

第三章 唐宋时期湖南移民之时间与地理分布特征

三，各地区唐宋整体情况的比较。除了湘中和湘南之外，其余四个地区均是分析一小于分析二。六个地区中，以湘西南悬殊最大，湘东、湘中和湘西次之，湘北和湘南差距最小。

如前所论，分析一主要依据正史类史料，大体反映官僚士大夫等上层移民的整体情况；分析二依据氏族资料，大体反映一般民户的迁徙情况。因此，上述分析一和分析二之种种差异，一方面可视为两类史料所记载的唐宋湖南移民在时空分布上的差异，另一方面也可从更本质层面上视为官僚士大夫等上层移民和一般民户移民在时空分布上的差异。

表3-1-8　　唐宋湖南域际迁入移民之迁入地分析一和
分析二之地理分布差异　　　　　　　单位:%

	唐五代总计	唐前期	唐中后期	唐末五代	宋代总计	北宋前期	北宋后期	南宋前期	南宋中后期	总计
分析一（北）	8.2	0	6	2.2	6	1.6	0.5	2.7	0.5	14.2
分析二（北）	4.5	0.2	0.6	3.7	10.6	1.6	0.9	2.5	4.2	15.2
相差百分比	3.7	-0.2	5.4	-1.5	-4.6	0	-0.4	0.2	-3.7	-1
分析一（东）	1.1	0	0	1.1	2.2	0	0	1.6	0.5	3.3
分析二（东）	3.1	0.1	0.2	2.7	7.2	0.8	1	1.7	2.3	10.3
相差百分比	-2	-0.1	-0.2	-1.6	-5	-0.8	-1	-0.1	-1.8	-7
分析一（中）	15.8	0.5	7.1	8.2	10.9	0	1.1	7.7	2.2	26.8
分析二（中）	4.9	0.1	0.2	4.5	15	4.3	1.7	1.5	5.6	19.9
相差百分比	10.9	0.4	6.9	3.7	-4.1	-4.3	-0.6	6.2	-3.4	6.9
分析一（西）	2.7	2.2	0	0.5	2.7	0	0	1.1	1.6	5.5
分析二（西）	0.3	0.1	0.2	0	8	0.9	0.9	1.9	3	8.2
相差百分比	2.4	2.1	-0.2	0.5	-5.3	-0.9	-0.9	-0.8	-1.4	-2.7
分析一（西南）	0	0	0	0	0	0	0	0	0	0
分析二（西南）	1	0.1	0	0.9	12.8	2.5	4.5	0.9	3.8	13.8

续表

	唐五代总计	唐前期	唐中后期	唐末五代	宋代总计	北宋前期	北宋后期	南宋前期	南宋中后期	总计
相差百分比	-1	-0.1	0	-0.9	-12.8	-2.5	-4.5	-0.9	-3.8	-13.8
分析一（南）	17.5	3.3	6.6	7.7	15.3	2.2	0.5	12	0.5	32.8
分析二（南）	5.3	0.7	0.5	2.7	27.3	5.6	2	3.6	7.1	32.6
相差百分比	12.2	2.6	6.1	5.0	-12	-3.4	-1.5	8.4	-6.6	0.2

资料来源：表3-1-6和表3-1-7。

说明：1. 括号内"北""东""中""西""西南""南"，分别代表湘北、湘东、湘中、湘西、湘西南和湘南。

2. 迁移具体时间段不详者均不单独列入。

3. "相差百分比"一栏，正数表示分析一大于分析二，负数表示分析一小于分析二。

第二节 域际迁出移民之时间与地理分布特征

一 迁出地之分析

（一）分析一，依据正史类史料

这主要依据第二章表2-1-1、表2-2-1、表2-5-1三个表中所列53例域际迁出移民统计而来的表3-2-1来作分析。

首先从时间分布上作分析。唐五代湖南迁出移民个案37例，占69.8%，其中唐前期及中后期各3，分占5.7%，唐末五代31，占58.5%。宋代16例，占30.2%，其中北宋前期11，占20.8%，北宋后期4，占7.5%，南宋前期无，南宋中后期1，占1.9%。7个时段中，以唐末五代迁出移民最多，其次为北宋前期及后期、唐代前期及中后期，南宋两个时段则极少。

其次从地理分布上作分析。湘北常德5，岳阳1，总计6，占11.3%；湘东浏阳2、茶陵1，总计3，占5.7%；湘中长沙12，益阳1，总计13，占24.5%；湘西溪洞11，占20.8%；湘南衡山4，道县1，总计5，占

9.4%。另有具体地点不详者15，主要集中在后周广顺元年（951）南唐灭马楚时迁，其始迁地主要为长沙和衡山（见第二章第三节所述），将其五代14例均分于两地，则湘中与湘南所占比例分别可达37.7%、22.6%。又如前所述，马楚迁南唐时人数达一万一千余，而史籍所载个案只有10余例，因而湘中与湘南所占比重要远远大于上述比例。从唐宋整体来看，以湘中之长沙与湘南之衡山迁出移民最多，次为湘西之溪洞与湘北之常德，其他地、县相对较少。

最后将时间和地理分布结合起来分析。唐五代总计37例，湘北、湘东和湘西分别为3、3、1，总计7，占13.2%，且全部集中于唐末五代这一时段。湘中与湘南共29例左右，占54.7%，其中唐前期及中后期分别为2、3，分占3.8%、5.7%；唐末五代24，占45.3%。宋代总计16，北宋前期11，占20.8%，其中湘西8，占15.1%，湘北与湘南分别为2、1，分占3.8%、1.9%；北宋后期4，占7.5%，其中湘西2，占3.8%，湘中与湘南各1，分占1.9%；南宋前期各地区均无；南宋后期只有湘北1，占1.9%。因此，唐五代迁出移民主要集中在唐末五代时段，其中又以湘中与湘南地区为多；而宋代迁出移民主要集中在北宋前期，其中又以湘西地区为多。

表3-2-1　　唐宋湖南域际迁出移民之迁出地分布之一（正史类史料）

	唐五代总计	唐前期	唐中后期	唐末五代	宋代总计	北宋前期	北宋后期	南宋前期	南宋中后期	总计
湘北	3	0	0	3	3	2	0	0	1	6
岳阳	0	0	0	0	1	0	0	0	1	1
常德	3	0	0	3	2	2	0	0	0	5
湘东	3	0	0	3	0	0	0	0	0	3
浏阳	2	0	0	2	0	0	0	0	0	2
茶陵	1	0	0	1	0	0	0	0	0	1
湘中	12	1	2	9	1	0	1	0	0	13
长沙	11	1	2	8	1	0	1	0	0	12
益阳	1	0	0	1	0	0	0	0	0	1
湘西	1	0	0	1	10	8	2	0	0	11

续表

	唐五代总计	唐前期	唐中后期	唐末五代	宋代总计	北宋前期	北宋后期	南宋前期	南宋中后期	总计
溪洞	1	0	0	1	10	8	2	0	0	11
湘南	3	1	1	1	2	1	1	0	0	5
衡山	3	1	1	1	1	1	0	0	0	4
道县	0	0	0	0	1	0	1	0	0	1
湖南	15	1	0	14	0	0	0	0	0	15
总计	37	3	3	31	16	11	4	0	1	53

资料来源：表2-1-1、表2-2-1和表2-5-1。

（二）分析二，依据氏族资料

这主要依据《湖南迁出移民表》所列35例个案统计而来的表3-2-2来进行分析。

首先从时间分布上来分析。唐宋移民总计35例，唐五代9，占25.7%，其中唐中后期1，占2.9%；唐末五代时8，占22.9%；唐前期则无。宋代26，占74.3%，其中北宋前期1，占2.9%；北宋后期2，占5.7%；南宋前期1，占2.9%；南宋中后期7，占20%；北宋不详具体时段6，占17.1%；南宋不详具体年代3，占8.6%；宋代不详具体时段6，占17.1%。唐五代移民相对较少，宋代相对较多，前者主要集中于唐末五代时段，后者由于不详具体时段者占一半以上而无法作出准确判断，大概以南宋中后期为最多。

其次从地理分布上来分析。湘北平江4，常德2，总计6，占17.1%；湘东浏阳2，醴陵3，攸县1，总计6，亦占17.1%；湘中长沙8，宁乡1，总计9，占25.7%；湘西沅陵1，占2.9%；湘西南邵阳2，新化1，总计3，占8.6%；湘南道县4，衡山3，资兴、嘉禾和宁远各1，总计10，占28.6%。据此，湘中之长沙、湘南之道县和衡山、湘北之平江为主要迁出地，其余区、县则较少。

最后将时间与地理分布结合分析。唐五代总计9，湘北至湘南依次为：1、1、2、0、1、4，在其三个时段中，唐前期均无，唐中后期只有湘南1，唐末五代湘北、湘东和湘西南各1，湘中2，湘南3。因此，唐五代的迁出移民主要集中于唐末五代这一时段，而这一时段的移民中，又以湘南和湘中为最多。宋代总计26,湘北至湘南依次为5、5、7、1、2、6。在其四个时段中,北宋前期只有湘东1;北宋后期只有湘东和湘西南各1;南宋前期只有湘中1;南宋中后期时湘北和湘中各2,湘西南无,其余三地各1。由于整个宋代还有15例具体时段不详,只能从整体上略作推断:在宋代,湘南、湘中、湘北和湘东为移民的主要迁出地,而湘西和湘西南鲜有迁出者。

表3-2-2 唐宋湖南域际迁出移民之迁出地分布之二(氏族资料)

	唐五代总计	唐代	唐前期	唐中后期	唐末五代	宋代总计	宋代	北宋	北宋前期	北宋后期	南宋	南宋前期	南宋中后期	总计
湘北	1	0	0	0	1	5	2	1	0	0	0	0	2	6
平江	0	0	0	0	0	4	2	0	0	0	0	0	2	4
常德	1	0	0	0	1	1	0	1	0	0	0	0	0	2
湘东	1	0	0	0	1	5	1	0	1	1	1	0	1	6
浏阳	1	0	0	0	1	1	1	0	0	0	0	0	0	2
醴陵	0	0	0	0	0	3	0	0	1	0	1	0	1	3
攸县	0	0	0	0	0	1	0	0	0	1	0	0	0	1
湘中	2	0	0	0	2	7	0	2	0	0	2	1	2	9
长沙	2	0	0	0	2	6	0	2	0	0	2	1	1	8
宁乡	0	0	0	0	0	1	0	0	0	0	0	0	1	1
湘西	0	0	0	0	0	1	0	0	0	0	0	0	1	1
沅陵	0	0	0	0	0	1	0	0	0	0	0	0	1	1
湘西南	1	0	0	0	1	2	1	0	0	1	0	0	0	3
邵阳	0	0	0	0	0	2	1	0	0	1	0	0	0	2
新化	1	0	0	0	1	0	0	0	0	0	0	0	0	1
湘南	4	0	0	1	3	6	2	3	0	0	0	0	1	10
衡山	3	0	0	1	2	0	0	0	0	0	0	0	0	3

续表

	唐五代总计	唐代	唐前期	唐中后期	唐末五代	宋代总计	宋代	北宋	北宋前期	北宋后期	南宋	南宋前期	南宋中后期	总计
资兴	0	0	0	0	0	1	1	0	0	0	0	0	0	1
嘉禾	0	0	0	0	0	1	0	1	0	0	0	0	0	1
道县	1	0	0	0	0	3	1	2	0	0	0	0	0	4
宁远	0	0	0	0	0	1	0	0	0	0	0	0	1	1
总计	9	0	0	1	8	26	6	6	1	2	3	1	7	35

资料来源：《湖南移民表·迁出移民表》，中国戏剧出版社2008年版。

（三）分析三，将分析一和分析二作比较

本处仍采用域际迁入移民分析三之方法，将两类分析中不同时段移民之比重（百分比）进行比较分析。

首先是时间分布上的差异（见表3-2-3）。在唐五代，分析一比分析二多44.1%，其三个时段分别为5.7%、2.8%、35.6%，差距主要集中于唐末五代。在宋代，分析一比分析二少44.1%，[①] 说明两类分析中的移民自唐五代到宋代呈完全相反的趋势发展：前者在唐五代时比重较大，宋代之后比重大幅下降；后者在唐五代时比重较小，至宋代比重大幅度上升。

表3-2-3　　唐宋湖南域际迁出移民之迁出地分析一和分析二之时间分布差异　　单位:%

	唐五代总计	唐前期	唐中后期	唐末五代	宋代总计	北宋前期	北宋后期	南宋前期	南宋中后期	总计
分析一	69.8	5.7	5.7	58.5	30.2	20.8	7.5	0	1.9	100
分析二	25.7	0	2.9	22.9	74.3	2.9	5.7	2.9	20	100
相差百分比	44.1	5.7	2.8	35.6	-44.1	17.9	1.8	-2.9	-18.1	0

资料来源：表3-2-1和表3-2-2。

---

① 由于分析二宋代移民个案有超过半数具体年代不详，因而不再在各个小时段上单独作比较，以下同。

其次从地理上的分布结合时间段加以分析（见表3-2-4）。

湘北地区。分析一和分析二在唐五代相差2.8，其中唐前期和唐中后期均为0，差距集中于唐末五代时。宋代相差-8.6。唐宋整体相差-5.8。

湘东地区。唐五代相差2.8，其中唐前期和唐中后期均为0，差异集中体现在唐末五代时。宋代分析一为0，与分析二相差-14.3。唐宋整体相差-11.4。

湘中地区。唐五代相差16.9，其三个时段分别为1.9、3.8、11.3，亦以唐末五代为多。宋代相差-18.1。唐宋整体相差-1.2。

湘西地区。唐五代相差1.9，其中分析二在其三个时段上均为0，分析一在前两个时段上亦为0，唐末五代为1.9，此为两者差异之所在。宋代相差16。唐宋整体相差17.9。

湘西南地区。在唐五代，分析一在各时段的比重均为0，分析二在前两个时段亦为0，唐末五代为2.9，此为两者差异之所在。在宋代，分析一在各时段上继续为0，分析二总计有5.7。唐宋整体相差-8.6。

湘南地区。唐五代相差-5.7，其三个时段分别为1.9、-1、6.7。宋代相差-13.3。唐宋整体相差-19.2。

以上是各区分时段的基本情况，下面再将各个地区的情况进行比较分析。第一，各个地区不同时段情况的比较（宋代由于分析二不详具体年代者超过半数，对其四个分时段上的差异不单独作比较）。在唐五代三个时段中，据其一致性程度高低（比重差异大小）依次为：唐代前期，六个地区中，有湘北、湘东、湘西和湘西南均为0，湘中和湘南各相差1.9；唐中后期，同样有湘北、湘东、湘西和湘西南为0，湘中和湘南分别为3.8和-1；唐末五代，湘北、湘东、湘中和湘西均为正相差，从1.9再到2.8到11.3不等，湘西南和湘南则为负相差，分别为-2.9、-6.7。第二，各个地区唐五代和宋代整体情况的分别比较。将唐五代和宋代对比来看，湘北、湘东和湘中均表现出非常一致的特点：唐五代时分析一大于分析二，宋代时分析一又都小于分析二；而湘西南和湘南在前后两个阶段均为分析一小于分析二，湘西则与之完全相反。将唐五代和宋代分开来看，在唐五代，有四个地区分析一大于分析二，只有湘西南和湘南分析一小于分析二。而在宋代，有五个地区分析一小于分析二，只有湘西地区仍为分析一大于分析二。从差距大小来看，唐五代以湘中和湘南为最大，湘西南和湘北、湘东次之，湘西最小；宋代各地区差距均较大，其中以湘中和湘西最为显著，湘东、湘南和湘北次之，湘西南相对为较小。第三，各地区唐宋整体情况的比较。除了湘西之外，其余五个地区均是分析一小于分析二。六个地区中，以湘南和湘西悬殊最大，湘东、湘西南和湘北又次之，湘中差距最小。

要理解两类分析之不同，就要明了两类分析所依据移民身份之差异。如前所述，分析一依据正史类史料，其所载者，在唐五代主要为官宦和割据势力之迁移，在宋代主要为湘西溪洞首领及僧道、官宦等，所有53例皆为上层移民；分析二主要依据氏族资料，据《湖南迁出移民表》所载，在所有35例移民中，有8例明载为宦游而迁，占22.9%，其余应都为一般民户，占77.1%。所以分析一基本反映了官僚士大夫的移民情况，而分析二大体反映了一般民户的迁移情况。

表3-2-4　　　唐宋湖南域际迁出移民之迁出地分析一和
　　　　　　　　分析二之地理分布差异　　　　　单位:%

	唐五代总计	唐前期	唐中后期	唐末五代	宋代总计	北宋前期	北宋后期	南宋前期	南宋中后期	总计
分析一（北）	5.7	0	0	5.7	5.7	3.8	0	0	1.9	11.3
分析二（北）	2.9	0	0	2.9	14.3	0	0	0	5.7	17.1
相差百分比	2.8	0	0	2.8	-8.6	3.8	0	0	-3.8	-5.8
分析一（东）	5.7	0	0	5.7	0	0	0	0	0	5.7
分析二（东）	2.9	0	0	2.9	14.3	2.9	2.9	0	2.9	17.1
相差百分比	2.8	0	0	2.8	-14.3	-2.9	-2.9	0	-2.9	-11.4
分析一（中）	22.6	1.9	3.8	17	1.9	0	1.9	0	0	24.5
分析二（中）	5.7	0	0	5.7	20	0	0	2.9	5.7	25.7
相差百分比	16.9	1.9	3.8	11.3	-18.1	0	1.9	-2.9	-5.7	-1.2
分析一（西）	1.9	0	0	1.9	18.9	15.1	3.8	0	0	20.8
分析二（西）	0	0	0	0	2.9	0	0	0	2.9	2.9
相差百分比	1.9	0	0	1.9	16	15.1	3.8	0	-2.9	17.9
分析一（西南）	0	0	0	0	0	0	0	0	0	0
分析二（西南）	2.9	0	0	2.9	5.7	0	2.9	0	0	8.6

续表

	唐五代总计	唐前期	唐中后期	唐末五代	宋代总计	北宋前期	北宋后期	南宋前期	南宋中后期	总计
相差百分比	-2.9	0	0	-2.9	-5.7	0	-2.9	0	0	-8.6
分析一（南）	5.7	1.9	1.9	1.9	3.8	1.9	1.9	0	0	9.4
分析二（南）	11.4	0	2.9	8.6	17.1	0	0	0	2.9	28.6
相差百分比	-5.7	1.9	-1	-6.7	-13.3	1.9	1.9	0	-2.9	-19.2

资料来源：表3-2-1和表3-2-2。

说明：1. 括号内"北""东""中""西""西南""南"，分别代表湘北、湘东、湘中、湘西、湘西南和湘南。

2. 迁移具体地点不详者均不单独列入。

3. 由于分析二宋代移民个案有超过半数具体年代不详，表中所列宋代各时段上的差异并不能完全体现宋代整体的差异。

二 迁入地之分析

（一）分析一，依据正史类史料

这主要根据第二章表2-1-1、表2-2-1、表2-5-1三个表中所列53例域际迁出移民统计而来的表3-4-5来作分析。

首先从时间分布上作分析。这与本节迁出地分析之一完全相同，此处不再赘述。

其次从地理分布上作分析。迁入北方18例，占34%，其中河南9，占17%；湖北6，占11.3%；山东、陕西与河北各1，分占1.9%。迁入南方35，占66%，其中江苏27，占50.9%；江西4，占7.5%；浙江2，占3.8%；广东与四川各1，分占1.9%。迁往北方者，以河南和湖北为主，总计15，占北方总数的83.3%；其余三地总计3，占北方总数的16.7%。迁入南方者，以江苏、江西和浙江等东方诸地为主，总计33，占南方总数的94.3%；四川和广东等西南诸地总计2，只占南方总数的5.7%。

最后将时间与地理分布结合起来分析。唐五代总计37例，北方6，南方31，北南整体比为1∶5.2。在唐五代三个时段中，北方分别为3、2、1，南方分别为0、1、30，相对比分别为3∶0、1∶0.5、1∶15，前两个阶段北方多于南方，后一时段则南方大大多于北方。从唐五代整体来看，从湖南迁往南方的移民要比迁往北方的移民多（5倍以上），而迁往南方的移民又大都集中在唐末五代时。宋代总计16例，北方12，南方4，北南整体比为1:0.33。四个时段中，北方分别为10、2、0、0，南方分别为1、2、0、1，相对比分别为1:0.1、1:1、0:0、0:1，北宋前期北多于南，北宋后期南北相当，南宋前期均无，南宋中后期则南胜于北。就宋代整体而言，迁往北方的移民多于迁往南方的移民，迁往北方的移民又大都集中在北宋前期。

表3-2-5　　　唐宋湖南域际迁出移民之迁入地分布之一（正史类史料）

	唐五代总计	唐前期	唐中后期	唐末五代	宋代总计	北宋前期	北宋后期	南宋前期	南宋中后期	总计
北方	6	3	2	1	12	10	2	0	0	18
河南	2	2	0	0	7	6	1	0	0	9
湖北	2	0	1	1	4	3	1	0	0	6
山东	0	0	0	0	1	1	0	0	0	1
陕西	1	1	0	0	0	0	0	0	0	1
河北	1	0	1	0	0	0	0	0	0	1
南方	31	0	1	30	4	1	2	0	1	35
江苏	26	0	1	25	1	1	0	0	0	27
江西	2	0	0	2	2	0	2	0	0	4
浙江	1	0	0	1	1	0	0	0	1	2
广东	1	0	0	1	0	0	0	0	0	1
四川	1	0	0	1	0	0	0	0	0	1
总计	37	3	3	31	16	11	4	0	1	53

资料来源：表2-1-1、表2-2-1和表2-5-1。

（二）分析二，依据氏族资料

这主要依据《湖南迁出移民表》统计而成的表3-2-6来进行分析。

首先从时间分布上来分析。这与迁出地分析之二完全相同，此处不赘。

其次从地理分布上作分析。迁往南北移民总计35例，其中迁往北方者只有河北1例，占2.9%。迁往南方诸地者总计34例，占97.1%，其中江西 19，占 54.3%；浙江 5，占 14.3%；福建和广东各 3，分占 8.6%；四川 2，占 5.7%；广西和江南各 1，分占 2.9%。在南方移民中，江西、浙江、福建等湖南东部诸地总计 28，占 82.4%，迁往江西者又占东部移民之大部，为其 67.9%；广东、四川和广西等西南诸地总计 6，为迁往南方移民的 17.6%。

最后将时间与地理分布结合起来分析。唐五代迁出移民总计 9，北方无，全部为南方移民，其中江西 5，福建、广东、四川、江南各 1。其三个时段中，唐前期均无，唐中后期只有广东 1 例，其余 8 例均迁于唐末五代时。宋代南北总计 26 例，只有 1 例于南宋中后期迁北方之河北，其余 25 例于宋代各个时段迁入南方诸地：江西 14，浙江 5，福建和广东各 2，四川和广西各 1。宋代北、南整体比为 1∶25。

表 3-2-6　　唐宋湖南域际迁出移民之迁入地分布之二（氏族资料）

	唐五代总计	唐代	唐前期	唐中后期	唐末五代	宋代总计	宋代	北宋	北宋前期	北宋后期	南宋	南宋前期	南宋中后期	总计
北方	0	0	0	0	0	1	0	0	0	0	0	0	1	1
河北	0	0	0	0	0	1	0	0	0	0	0	0	1	1
南方	9	0	0	1	8	25	6	6	1	2	3	1	6	34
江西	5	0	0	0	5	14	3	5	1	2	1	0	2	19
浙江	0	0	0	0	0	5	1	1	0	0	1	1	1	5
福建	1	0	0	0	1	2	0	0	0	0	1	0	1	3
广东	1	0	0	1	0	2	1	0	0	0	0	0	1	3
四川	1	0	0	0	1	1	1	0	0	0	0	0	0	2
广西	0	0	0	0	0	1	0	0	0	0	0	0	1	1
江南	1	0	0	0	1	0	0	0	0	0	0	0	0	1
总计	9	0	0	1	8	26	6	6	1	2	3	1	7	35

资料来源：《湖南移民表·迁出移民表》，中国戏剧出版社 2008 年版。

(三) 分析三，将分析一与分析二作比较

此处继续使用前文所用方法，将两类分析中不同时段移民之比重（百分比）进行比较分析。

首先是时间分布上的比较，这与迁出地分析之三完全相同，本处不赘。

其次是地理分布之差异（见表3-2-7）。

第一，迁往北方移民的比较。在唐五代，分析一迁往北方移民的比重为11.3，三个阶段分别为5.7、3.8、1.9，而分析二同期北方移民比重为0。宋代两类分析北方移民之比重相差19.7，在前面两个时段中，分析一之比重分别为18.9和3.8，而分析二均为0，南宋前期两类分析均为0，南宋中后期分析一为0，分析二为2.9。因此，在前后七个阶段中，两类分析只有在南宋前期相吻合，之前的五个时段均是分析一大于分析二，之后的时段则是分析二大于分析一。唐宋整体相差31.1，差别很大，反映出分析一北方移民的比重要远远大于分析二北方移民的比重。

第二，迁往南方移民的比较。在唐五代，分析一比分析二多32.8，其中唐前期均为0；唐中后期为1.9对2.9，实际都是1个移民个案所占的比重，因而也不分伯仲，唐末五代分析一比分析二多33.7，所以唐五代两类分析之差距基本集中于这一时期。在宋代，分析一比分析二少63.9，其四个时段分别相差-1、-1.9、-2.9、-15.2，均为分析一少于分析二。说明两类分析之移民自唐五代到宋代呈现完全相反的发展趋势，前者以唐五代为最多，之后急剧减少；后者在唐五代时比重不大，至宋代则有大幅度增加。唐宋整体相差-31.1，反映出分析一南方移民的比重远远小于分析二南方移民的比重。

又如前所述，分析一依据正史类史料，基本反映官僚士大夫等上层移民的迁徙情况；分析二依据氏族资料，主要反映一般民户的迁移情况。上述分析一和分析二的种种差异，一方面可视为两类史料所记载的唐宋湖南迁出移民时空分布之差异，另一方面也可从更本质层面上视为官僚士大夫等上层移民和一般民户移民时空分布之差异。

表3-2-7　　　　唐宋湖南域际迁出移民之迁入地分析一和
分析二之地理分布差异　　　　　　单位:%

	唐五代总计	唐前期	唐中后期	唐末五代	宋代总计	北宋前期	北宋后期	南宋前期	南宋中后期	总计
分析一（北）	11.3	5.7	3.8	1.9	22.6	18.9	3.8	0	0	34
分析二（北）	0	0	0	0	2.9	0	0	0	2.9	2.9
相差百分比	11.3	5.7	3.8	1.9	19.7	18.9	3.8	0	-2.9	31.1
分析一（南）	58.5	0	1.9	56.6	7.5	1.9	3.8	0	1.9	66
分析二（南）	25.7	0	2.9	22.9	71.4	2.9	5.7	2.9	17.1	97.1
相差百分比	32.8	0	-1	33.7	-63.9	-1	-1.9	-2.9	-15.2	-31.1

资料来源：表3-2-5及表3-2-6。

第三节　域内移民之时间和地理分布特征

由于正史类史料所记载的域内移民个案太少，缺乏统计学意义，因而不对其作统计分析。本节只利用氏族资料对域内移民时空分布的情况作一统计分析。

一　时间之分布[*]

唐宋域内移民总计283例。唐五代24，占8.5%，其中唐前期1，占0.4%；唐中后期2，占0.7%；唐末五代19，占6.7%；唐代不详具体时段2，占0.7%。宋代259，占91.5%，其中北宋前期32，占11.3%；北宋后期18，占6.4%；南宋前期33，占11.7%；南宋中后期90，占31.8%；北宋不详具体时段14，占4.9%；南宋不详具体时段28，占9.9%；宋代不详具体时段44，占15.5%。由此可见，在七个时段中，以南宋中后期移民最多，其次为南宋前期和北宋前期，再次为唐末五代和北宋后期，而唐前期和唐中后期移民最少。就整体而言，宋代域内移民为唐

---

[*] 见表3-3-1及表3-3-2

五代之10.8倍，在数量上有大幅度的增加。

二　迁出地之分布*

首先从地理分布上作分析。域内各区迁出移民283例，其中湘北22，占7.8%；湘东29，占10.2%；湘中71，占25.1%；湘西21，占7.4%；湘西南33，占11.7%；湘南106，占37.5%；还有1例不详湖南何地，占0.4%。据之湘南和湘中域内迁出移民最多，总计177，为总数的62.5%，其余四区分布比较均匀，总计105，占总数的37.1%。就各地区而言，湘北以平江、湘阴和岳阳为之最，总计19，占本地区的86.4%；常德和临湘较少，总计3，为本地区的13.6%；湘东以茶陵为多，总计19，为本地区的65.5%；浏阳、醴陵、攸县和酃县总计10，只占本地区的34.5%。湘中以长沙为之最，湘乡、宁乡和湘潭次之，四县总计60，为本地区的84.5%；善化、安化和益阳分布较少，总计11，为本地区的15.5%。湘西以泸溪和沅陵稍多，总计13，占本地区的61.9%；靖县和溆浦次之，总计7，为本地区的33.3%；最少者会同，只有1例，占本地区的4.8%。湘西南以新化占绝对多数，总计27，为本地区的81.8%；邵阳、武冈、城步和隆回总计6，为本地区的18.2%。湘南以桂阳、衡阳和零陵最多，衡山、郴县、嘉禾和宁远次之，七县总计78，为本地区的73.6%；耒阳、宜章、临武、新田、道县、蓝山、常宁、汝城、资兴、衡南、安仁和桂东等12县分布很少，总共28，为本地区的26.4%。

其次将时间和地理分布结合起来分析。唐五代总计24，湘北至湘南分别为2、2、7、1、2、10，其中唐前期只有湘南1，唐中后期也只有湘北和湘中各1，唐末五代依次为1、2、6、1、2、7。据之湘南为主要迁出地，且以唐末五代为多；其次为湘中，亦集中于唐末五代时；其余四个地区较少，也大都集中于唐末五代时。宋代总计259，湘北至湘南依次为20、27、64、20、31、96，以湘南和湘中为最多，湘西南和湘东次之，湘北和湘西又次之。其中北宋前期依次为5、4、6、0、5、12，以湘南为最多，湘中、湘北、湘西南和湘东次之，四地分布大致相当，湘西则无移民迁出。北宋后期依次为0、4、4、0、2、8，以湘南较多，湘东、湘中和湘西南次之，湘北和湘西

---

* 见表3-3-1

均告无。南宋前期依次为 2、4、14、1、2、10，以湘中和湘南为多，湘东次之，其余三地较少。南宋中后期分别为 5、11、20、16、8、29，湘南继续为之最，湘中和湘西次之，湘东和湘西南又次之，湘北最少。

表 3-3-1　　　　　　　唐宋湖南域内移民之迁出地分布

	唐五代总计	唐代	唐前期	唐中后期	唐末五代	宋代总计	宋代	北宋	北宋前期	北宋后期	南宋	南宋前期	南宋中后期	总计
湘北	2	0	0	1	1	20	2	0	5	0	6	2	5	22
岳阳	0	0	0	0	0	5	1	0	0	0	2	1	1	5
临湘	1	0	0	1	0	0	0	0	0	0	0	0	0	1
平江	1	0	0	1	0	7	0	0	3	0	1	0	3	8
湘阴	0	0	0	0	0	6	1	0	2	0	2	1	0	6
常德	0	0	0	0	0	2	0	0	0	0	1	0	1	2
湘东	2	0	0	0	2	27	2	1	4	4	1	4	11	29
浏阳	1	0	0	0	1	3	1	0	0	0	0	2	0	4
茶陵	0	0	0	0	0	19	1	1	4	3	1	2	7	19
醴陵	0	0	0	0	0	3	0	0	0	0	0	0	3	3
攸县	1	0	0	0	1	1	0	0	0	1	0	0	0	2
鄼县	0	0	0	0	0	1	0	0	0	0	0	0	1	1
湘中	7	0	0	1	6	64	6	6	6	4	8	14	20	71
长沙	6	0	0	1	5	22	4	2	4	0	1	2	9	28
善化	1	0	0	0	1	3	0	0	0	1	1	0	1	4
湘潭	0	0	0	0	0	9	1	1	1	0	1	1	4	9
湘乡	0	0	0	0	0	13	1	1	1	1	2	3	4	13
宁乡	0	0	0	0	0	10	0	1	0	2	2	4	1	10
益阳	0	0	0	0	0	3	0	1	0	0	0	1	1	3
安化	0	0	0	0	0	4	0	0	0	0	1	3	0	4
湘西	1	0	0	0	1	20	1	0	0	0	2	1	16	21
沅陵	0	0	0	0	0	5	0	0	0	0	1	0	4	5
泸溪	0	0	0	0	0	8	1	0	0	0	0	0	7	8

续表

	唐五代总计	唐代	唐前期	唐中后期	唐末五代	宋代总计	宋代	北宋	北宋前期	北宋后期	南宋	南宋前期	南宋中后期	总计
溆浦	0	0	0	0	0	3	0	0	0	0	0	1	2	3
靖县	0	0	0	0	0	4	0	0	0	0	1	0	3	4
会同	1	0	0	0	1	0	0	0	0	0	0	0	0	1
湘西南	2	0	0	0	2	31	5	4	5	2	5	2	8	33
新化	0	0	0	0	0	27	5	3	4	2	4	2	7	27
邵阳	2	0	0	0	2	1	0	0	1	0	0	0	0	3
武冈	0	0	0	0	0	1	0	0	0	0	0	0	1	1
城步	0	0	0	0	0	1	0	1	0	0	0	0	0	1
隆回	0	0	0	0	0	1	0	0	0	0	1	0	0	1
湘南	10	2	1	0	7	96	28	3	12	8	6	10	29	106
衡阳	0	0	0	0	0	14	2	2	3	1	3	0	3	14
衡山	2	0	0	0	2	7	1	1	1	1	0	0	3	9
衡南	0	0	0	0	0	1	0	0	0	0	0	0	1	1
耒阳	1	1	0	0	0	3	0	0	0	1	0	1	1	4
安仁	0	0	0	0	0	1	1	0	0	0	0	0	0	1
道县	0	0	0	0	0	2	0	0	0	0	0	0	0	2
零陵	1	0	1	0	0	12	8	0	4	0	0	0	0	13
宁远	2	1	0	0	1	5	0	0	1	0	1	1	2	7
新田	0	0	0	0	0	3	2	0	0	1	0	0	0	3
桂阳	2	0	0	0	2	16	4	0	0	1	0	2	9	18
嘉禾	2	0	0	0	2	6	2	0	1	0	0	2	1	8
郴县	0	0	0	0	0	9	3	0	1	0	1	0	4	9
宜章	0	0	0	0	0	4	3	0	1	0	0	0	0	4
蓝山	0	0	0	0	0	2	1	0	0	0	0	1	0	2
临武	0	0	0	0	0	4	0	0	0	1	0	1	2	4
常宁	0	0	0	0	0	2	0	0	0	0	0	0	2	2
汝城	0	0	0	0	0	2	0	0	0	1	0	0	1	2
资兴	0	0	0	0	0	2	1	0	0	0	0	0	0	2
桂东	0	0	0	0	0	1	0	0	0	0	1	0	0	1
不详	0	0	0	0	0	1	0	0	0	0	0	0	1	1
总计	24	2	1	2	19	259	44	14	32	18	28	33	90	283

资料来源：《湖南移民表》，中国戏剧出版社 2008 年版。

三 迁入地之分布

首先从地理分布上作分析。域内各区迁入移民 283 例，其中湘北 28，占 9.9%；湘东 20，占 7.1%；湘中 62，占 21.9%；湘西 24，占 8.5%；湘西南 32，占 11.3%；湘南 117，占 41.3%。据之以湘南迁入最多，湘中次之，其余四区则大体相当。就各个地区而言，湘北以岳阳和平江较多，湘阴和桃源次之，四县总计 23，为本地区的 82.1%；临湘、南县、常德、汉寿和澧县各有 1，占本地区的 17.9%。湘东以浏阳为之最，总计 12，为本地区的 60%；其次是醴陵和攸县各 3，为本地区的 30%；最少为茶陵和酃县，总计 2，占本地区的 10%。湘中以安化迁入最多，其次为湘乡、宁乡和益阳，四县总计 48，占本地区的 77.4%；湘潭、长沙和善化亦有少量迁入，总计 14，为本地区的 22.6%。湘西以溆浦和麻阳迁入较多，总计 17，为本地区的 70.8%；其次为会同和沅陵，最少为辰溪和靖县，四县总计 7，为本地区的 29.2%。湘西南以新化和邵阳迁入最多，总计 23，为本地区的 71.9%；其次为隆回、武冈和绥宁，总计 9，为本地区的 28.1%。湘南以蓝山迁入最多，其次为宜章、新田和嘉禾，再次为汝城和桂阳，六县总计 87，为本地区的 74.4%；而衡山、安仁、耒阳、祁阳、郴县、衡阳、宁远、道县、永兴、资兴、永明和临武等十二县迁入较少，总计 30，占本地区的 25.6%。

其次将时间与地理分布结合起来分析。唐五代总计 24，从湘北至湘南依次为 4、3、3、0、2、12，其中唐前期只有湘南 1，唐中后期仅有湘北和湘东各 1，唐末五代依次为 3、2、3、0、2、9。据之，在唐五代以湘南迁入移民最多，且大都集中于唐末五代时；湘北、湘东、湘中和湘西南迁入移民相当，也大都集中于唐末五代这一时段，而湘西在整个唐五代无域内移民迁入。宋代总计 259，从湘北至湘南依次为 24、17、59、24、30、105，仍以湘南为主要迁入地，其次为湘中，其余四地区相对较少，其移民个案数大体相当，以湘西南稍多。其中北宋前期依次为 4、1、9、2、2、14，北宋后期分别为 1、1、6、0、3、7，南宋前期分别为 6、3、9、1、4、10，三个时段均与宋代整体趋势基本一致。南宋中后期依次为 7、8、15、15、10、35，湘南高居各地区之首，湘西崛起与湘中并驾齐驱而居其次，湘西南、湘东和湘北仍大体相当，为同期迁入移民较少之地域。

表3-3-2　　　　　唐宋湖南域内移民之迁入地分布

	唐五代总计	唐代	唐前期	唐中后期	唐末五代	宋代总计	宋代	北宋	北宋前期	北宋后期	南宋	南宋前期	南宋中后期	总计
湘北	4	0	0	1	3	24	3	1	4	1	2	6	7	28
岳阳	1	0	0	0	1	7	1	0	2	1	0	1	2	8
临湘	0	0	0	0	0	1	0	0	0	0	0	1	0	1
南县	0	0	0	0	0	1	1	0	0	0	0	0	0	1
平江	2	0	0	1	1	5	0	0	1	0	0	2	2	7
湘阴	1	0	0	0	1	4	1	0	1	0	0	1	1	5
常德	0	0	0	0	0	1	0	0	0	0	0	1	0	1
汉寿	0	0	0	0	0	1	0	1	0	0	0	0	0	1
澧县	0	0	0	0	0	1	0	0	0	0	1	0	0	1
桃源	0	0	0	0	0	3	0	0	0	0	1	0	2	3
湘东	3	0	0	1	2	17	0	2	1	1	2	3	8	20
浏阳	1	0	0	1	0	11	0	1	1	0	2	2	5	12
醴陵	1	0	0	0	1	2	0	0	0	0	0	1	1	3
茶陵	0	0	0	0	0	1	0	1	0	0	0	0	0	1
攸县	0	0	0	0	0	3	0	0	0	1	0	0	2	3
酃县	1	0	0	0	1	0	0	0	0	0	0	0	0	1
湘中	3	0	0	0	3	59	6	5	9	6	9	9	15	62
长沙	0	0	0	0	0	4	1	0	1	0	1	0	1	4
善化	0	0	0	0	0	4	1	0	0	0	2	0	1	4
湘潭	0	0	0	0	0	6	0	1	3	1	0	0	1	6
湘乡	0	0	0	0	0	12	1	1	3	0	2	2	3	12
宁乡	0	0	0	0	0	10	0	1	1	1	2	1	4	10
益阳	1	0	0	0	1	9	0	0	1	2	1	4	1	10
安化	2	0	0	0	2	14	3	2	0	2	1	2	4	16
湘西	0	0	0	0	0	24	1	1	2	0	4	1	15	24
沅陵	0	0	0	0	0	2	0	0	0	0	0	0	2	2
溆浦	0	0	0	0	0	10	1	0	2	0	3	0	4	10
辰溪	0	0	0	0	0	1	0	0	0	0	0	0	1	1

续表

	唐五代总计	唐代	唐前期	唐中后期	唐末五代	宋代总计	宋代	北宋	北宋前期	北宋后期	南宋	南宋前期	南宋中后期	总计
麻阳	0	0	0	0	0	7	0	0	0	0	0	0	7	7
靖县	0	0	0	0	0	1	0	1	0	0	0	0	0	1
会同	0	0	0	0	0	3	0	0	0	0	1	1	1	3
湘西南	2	0	0	0	2	30	4	3	2	3	4	4	10	32
邵阳	0	0	0	0	0	9	3	0	0	0	1	0	5	9
新化	2	0	0	0	2	12	0	1	1	3	2	3	2	14
武冈	0	0	0	0	0	3	0	0	1	0	1	0	1	3
隆回	0	0	0	0	0	4	1	2	0	0	0	0	1	4
绥宁	0	0	0	0	0	2	0	0	0	0	0	1	1	2
湘南	12	2	1	0	9	105	30	2	14	7	7	10	35	117
衡阳	0	0	0	0	0	2	0	0	1	0	0	1	0	2
衡山	0	0	0	0	0	4	2	1	1	0	0	0	0	4
安仁	0	0	0	0	0	4	0	0	2	0	1	0	1	4
耒阳	1	0	0	0	1	3	1	0	0	1	1	0	0	4
祁阳	0	0	0	0	0	3	1	1	0	0	0	0	1	3
宁远	1	0	0	0	1	1	0	0	0	1	0	0	0	2
新田	1	0	0	0	1	12	3	0	3	0	1	0	5	13
永明	0	0	0	0	0	1	0	0	1	0	0	0	0	1
道县	1	0	1	0	0	1	0	0	1	0	0	0	0	2
桂阳	0	0	0	0	0	7	1	0	2	0	0	2	2	7
蓝山	5	1	0	0	4	25	15	0	1	2	0	2	5	30
嘉禾	1	0	0	0	1	11	2	0	0	1	0	2	6	12
临武	0	0	0	0	0	1	0	0	0	0	0	1	0	1
郴县	0	0	0	0	0	3	0	0	0	0	1	1	1	3
宜章	1	1	0	0	0	17	3	0	1	2	2	1	8	18
汝城	0	0	0	0	0	7	2	0	0	0	1	1	3	7
永兴	1	0	0	0	1	1	0	0	0	0	0	0	1	2
资兴	0	0	0	0	0	2	0	0	0	0	0	0	2	2
总计	24	2	1	2	19	259	44	14	32	18	28	33	90	283

资料来源:《湖南移民表》,中国戏剧出版社2008年版。

四 迁出地与迁入地之关系探讨

(一) 迁出地和迁入地分布的一致性分析

如果将迁出地分布和迁入地分布作一整体比较,就会发现两者有较高的一致性(见表3-3-3):湘西南和湘南的吻合率达九成以上,湘西和湘中达八成以上,最低之湘东和湘北也接近七八成,说明域内迁出移民较多的地区,域内迁入移民相应较多;域内迁出移民较少的地区,域内迁入移民同样较少。

表3-3-3　唐宋湖南域内移民之迁出地与迁入地分布之一致性

单位:%

	湘北	湘东	湘中	湘西	湘西南	湘南
迁出地比重	7.8	10.2	25.1	7.4	11.7	37.5
迁入地比重	9.9	7.1	21.9	8.5	11.3	41.3
吻合率	78.8	69.6	87.3	87.1	96.6	90.8

资料来源:表3-3-1和表3-3-2。

(二) 迁距分析[①]

迁距分析之要点为:迁出地与迁入地为邻县者,称为"邻县类",用大写字母"A"表示;迁出地与迁入地不为邻县,但在同一区者,称为"同区类",用大写字母"B"表示;迁出地与迁入地不为邻县,且不在同一区者,称为"异区类",用大写字母"C"表示。用此方法可将迁出地与迁入地之关系进行量化分析。

据表3-3-4,湘北A、B、C三类依次为14、1、13,分别占50%、3.6%、46.4%;湘东三类依次为12、5、3,分别占60%、25%、15%;湘中三类依次为38、10、14,分别占61.3%、16.1%、22.6%;湘西三类依次为15、5、3,分别占62.5%、20.8%、12.5%;湘西南三类依次为26、0、6,分别占81.3%、0、18.8%;湘南三类依次为59、38、20,分别占50.4%、32.5%、17.1%。据之各区A类比重普遍较高,最高者达

[①] 在移民史中运用迁距分析方法乃为作者首创。

81.3%，最低者也有50%；各区B类一般较少，高者达32.5%，少者为0，高低不均；各区C类也相对较少，但比重高者达46.4%，而低者只占12.5%，亦高低不均。就整体来说，各区A类总计164，占58%，B类和C类各为59，分别占20.8%。其中A类和B类总计223，为总数的78.8%，反映出唐宋湖南域内移民以就近迁移为主。

表3-3-4　　　　唐宋湖南域内移民各类型迁距个案及比重

单位：个案/%

	湘北		湘东		湘中		湘西		湘西南		湘南		总计	
A类	14	50	12	60	38	61.3	15	62.5	26	81.3	59	50.4	164	58
B类	1	3.6	5	25	10	16.1	5	20.8	0	0	38	32.5	59	20.8
C类	13	46.4	3	15	14	22.6	3	12.5	6	18.8	20	17.1	59	20.8
总计	28	100	20	100	62	100	24	100	32	100	117	100	283	100

资料来源：《湖南移民表》，中国戏剧出版社2008年版。

说明：1. 湘西有1例始迁地不详。

2. 各区均依迁入地统计。

3. 由于氏族资料主要撰写于清末与民国时，其所依政区也大都以当时政区为主，所以本处所依县级政区大体以嘉庆二十五年（1820）政区为准，此后分割之县级政区皆纳入原属政区计算。

第四章 唐宋时期湖南移民之原因与类型

第一节 移民之原因

　　山海阻隔的地理位置、自然经济占主导地位的生产方式和一方水土一方情的民俗背景，使中国先民很早以来就形成了安土重迁的意识[①]，历代统治者通过各种政治手段限制人民自由迁徙，鼓励民众安居本土，这又进一步整合了民众的安土重迁意识。至唐宋时期，人们安土重迁的观念仍然根深蒂固。如《长编》卷131庆历元年（1041）三月戊午条下云：

> 诏："如闻江南民间，妄言各户二丁以上，皆徙耕陕西远方，贫民或已逃避山谷间，亦有举息于人，买田自占者，故兼并之家，择户下瘠土移于贫民。宜许人陈告，给赏钱五十千，犯者奏裁。"

民间传言官府要组织强制移民，引起人们的严重恐慌，至有逃避山谷者，政府不得不出面制止，反映出人们普遍不愿背井离乡的恋土情结。虽然如此，仍有许多因素促使人们选择迁入或迁出湖南。

[①] 《汉书》卷9《元帝纪》："安土重迁，黎民之性。"（中华书局1964年标点本，第292页）可见早在汉代时，安土重迁的观念就已深入人心。

一 迁出地之推力

(一) 社会动乱

唐宋时期，中国先后经历了隋末唐初战乱、安史之乱、唐末五代大动乱、两宋之际的靖康之乱和宋末战乱等五次大规模的社会动乱，而在每次动乱之时，北方中原地区总是首当其冲，伴随而来的都是大规模的北民南迁，所以社会动乱对域际迁入之北方移民影响最大。据表4-1-1，在正史类史料所记载的北方迁入移民中，比重最大的三个时期依次为唐末五代、南宋前期和唐中后期，在氏族资料所记载的北方迁入移民中，比重最大的三个时段依次为南宋中后期、唐末五代和南宋前期，二者主要分布的三个时期无一例外皆为社会动乱时期，反映出社会动乱是北方移民南迁湖南的最主要原因。

表4-1-1　　　　唐宋湖南北方迁入移民在主要动乱时期的分布

单位:%

	唐五代总计	唐前期	唐中后期	唐末五代	宋代总计	北宋前期	北宋后期	南宋前期	南宋中后期	总计
正史类个案	**36.6**	4.9	14.2	16.9	**19.7**	0.5	1.1	16.4	1.6	**56.3**
氏族个案	**3.7**	0.9	0.7	1.9	**7.9**	1.5	1.1	1.9	2.2	**11.6**

资料来源：表3-1-4。

在各大动乱时期，除北方中原地区受到严重战乱影响之外，东南之江淮和闽浙及西部之四川一带有时也会受到一定程度的影响。如唐末时，河南"蔡贼"余部刘建锋、马殷等率部转战江淮，不少官僚士大夫等上层移民随之迁来湖南，致使唐末五代南方上层移民比重达15.8%，为各时段之首。南宋前期、唐中后期及南宋中后期，东南及四川等地也多次遭受战乱，不少原籍在这些地区的官僚士大夫纷纷避地迁来，使这三个时期上层移民之比重分别达9.3%、4.9%、3.9%，在七个时段中分别居于第二、三、四位（见4-1-2，另参考第二章第一、二节）。

· 193 ·

表4-1-2　　唐宋湖南南方迁入上层移民在主要战乱时期的分布

单位:%

	唐五代总计	唐前期	唐中后期	唐末五代	宋代总计	北宋前期	北宋后期	南宋前期	南宋中后期	总计
正史类个案	21.9	1.1	4.9	15.8	18	3.3	1.1	9.3	3.9	39.9

资料来源：表3-1-4。

社会动乱作为迁出地的重要动力，同样表现在对域际迁出之南方移民的影响上（见表4-1-3）。唐宋时期，湖南受战乱影响最严重的时段，应为唐末五代和南宋前期。在前一时段，正史类史料所记载的迁出移民比重达56.6%，氏族资料达22.9%，均为各时段之首，对社会战乱的影响有直接体现。而在南宋前期，正史类移民比重为0，氏族资料也只有2.9%，对社会动乱的影响无所体现，可能是由于不详具体时段者占一半以上之故。另外，我们还可以在非个案史料中寻找到动乱与移民迁出的相关联系。如五代末期，湖南大乱，致使"民多流移"。[①] 南宋初期，湖南之民"十室九空"，"上户逃移下户死，人口凋零十无八"，这些民户逃亡到外地也是兵盗等为乱引起的直接后果（详见第二章第二节所述）。

表4-1-3　　唐宋湖南域际迁出之南方移民在主要动乱时期的分布

单位:%

	唐五代总计	唐前期	唐中后期	唐末五代	宋代总计	北宋前期	北宋后期	南宋前期	南宋中后期	总计
正史类个案	58.5	0	1.9	56.6	7.5	1.9	3.8	0	1.9	66
氏族个案	25.7	0	2.9	22.9	71.4	2.9	5.7	2.9	17.1	97.1

资料来源：表3-2-7。

（二）人稠地狭

在和平稳定时期，某些地域因人口繁衍而出现人稠地少的情况，称之为"狭乡"，狭乡百姓往往迫于生计而向地多人少之地域即所谓"宽乡"

[①] 《长编》卷6，乾德三年正月己丑，中华书局1979—1995年点校本，第145页。

迁徙。北宋仁宗时丁度曾言："民固安土重迁，若地利既尽，要无可恋之理。"① 所说就是此理。

唐宋时迁入湖南之一般民户主要来自南方，而来自南方者又多迁自江西，因此可举江西为例来说明人多地狭对一般民户迁移的影响。如前所论，氏族资料大都记载一般民户的迁徙情况，其所记载的江西移民个案也是如此，因而据之统计而来的表4-1-4应能大体反映江西一般民户移民的时间分布情况。

表4-1-4　　　　唐宋湖南自江西迁入移民在各个时段之分布

单位：%

	唐五代总计	唐前期	唐中后期	唐末五代	宋代总计	北宋前期	北宋后期	南宋前期	南宋中后期	总计
个案分布	16.3	0.3	0.5	14.1	83.7	17.6	12.5	11.6	26.5	100

资料来源：表3-1-2。

据表，唐前期和中后期从江西移民至湖南者甚少，而自唐末五代以后，移民湖南者一直维持在较高的水平，其中尤以南宋中后期和北宋前期为甚，其次为唐末五代、北宋后期和南宋前期，表现出与战乱移民分布明显不同的特点。之所以有这些特点，大都与江西人口的增长趋势变化有关。唐末五代时江西人口之多寡于正史无明载，但据氏族资料所载，唐末五代江西之民迁入湖南大部分是在后唐同光、天成间，其中有陈伯万者率全家自江西太和迁新化，其族谱载迁徙原因为"因世居人众难容"②，此应为当时众多民户迁来之共同原因。北宋前、后时期，江西均有大量民户迁来湖南，考北宋江西各州人口密度大大高于湖南各州人口密度，以崇宁元年（1102）为例，江西路每平方公里27.7人，而荆湖南路每平方公里17人，荆湖北路（含今属湖南部分州县）每平方公里10.6人，③ 分别为江西路的61.4%和38.3%，如此悬殊的人口密度应为江西之民迁移湖南的主要原因。南宋初期江西受战乱影响，人口丧失严重，江西民户迁湖南者较

---

① 《长编》卷168，皇祐二年六月，中华书局1979—1995年点校本，第4048页。
② （民国）湖南省文献委员会：《陈姓氏族源流》，湖南图书馆藏民国三十六年—1949年稿本。
③ 梁方仲：《中国历代户口、田地、田赋统计》正编《甲表40：宋代各路人口密度》，中华书局2008年版，第229页。

少，而自绍兴末后随着江西人口的迅速恢复，又有大量江西民户迁徙来湖南。淳熙三年（1176）前后，"江南狭乡百姓，扶老携幼，远来请佃"鼎、澧、岳等州地。①此处所言江南未具体指明何地，但江西诸州县在地理上与之相近，所来"狭乡百姓"应多迁自江西。湘北多江西移民，湘南亦是如此。史载："[荆湖]南路有袁、吉壤接者，其民往往迁徙自占，深耕概种，率致富饶。"②迁湘北百姓来自江西等地"狭乡"，迁湘南者来自相邻之江西袁、吉等州，亦为"狭乡"之地。③南宋中后期江西百姓迁来湖南人数为各时段中最多者，这仍与湘、赣两地人口密度差距继续拉大有关，以嘉定十六年（1223）为例，江西路每平方公里37.7人，而荆湖南路每平方公里22.5人，荆湖北路每平方公里7人，分别为江西路之59.7%和18.6%。④相比之下，江西为狭乡，湖南为宽乡，人口迁徙就在所难免。如南宋后期，与湘南相邻之吉州因"民数稠密"而使"此中田野细民，常有去失"，流向相邻之湘南州郡。⑤

（三）赋役繁苛

为躲避繁重赋役而迁徙他地也是唐宋湖南移民的重要原因。唐武宗《检校逃户制》云："安土重迁，黎人之性，苟非艰窘，岂至流亡？将欲招绥，必在资产。"⑥百姓因艰窘而致流亡，往往为赋役繁重所致。唐柳宗元在永州时见其钴鉧潭旁：

> 其清而平者且十亩余，有树环焉，有泉悬焉。其上有居者，以予之亟游也，一旦款门来告曰："不胜官租私券之委积，既芟山而更居，

---

① 《宋史》卷174《食货志上二·赋税》，中华书局1977年标点本，第4218页。
② 《宋史》卷88《地理志四·荆湖南北路》，中华书局1977年标点本，第2201页。
③ 吉州户口自北宋以来为"西南剧"，至崇宁时户口达335710，相邻之袁州崇宁户亦有132299，与同期湖南州郡户口相比吉州只少于潭州，袁州只少于潭、衡州。参见（宋）刘弇《龙云先生文集》卷25《送盛大夫仲孙归朝序并诗》，《丛书集成续编》，台北新文丰出版公司1988年版，第183册，第707页；《宋史》卷88《地理志四·江南西路》，中华书局1977年标点本，第2190页；本书表2-2-2。
④ 梁方仲：《中国历代户口、田地、田赋统计》正编《甲表40：宋代各路人口密度》，中华书局2008年版，第229页。
⑤ （宋）欧阳守道：《巽斋文集》卷4《与王吉州论郡政书》，《景印文渊阁四库全书》，台湾商务印书馆1986年版，第1183册，第532、536页。
⑥ 《全唐文》卷76，中华书局1983年影印本，第799页。

第四章　唐宋时期湖南移民之原因与类型

愿以潭上田贸财以缓祸。"①

潭旁之人逃居于此，是因为"官租私券之委积"，因同样原因而迁移者应不在少数。南宋前期，湘北鼎、澧、岳等州有"江南狭乡百姓，扶老携幼，远来请佃，以田亩宽而税赋轻也"。②据之，其始迁之江南狭乡应是田亩窄而赋税重之地，才促使他们背井离乡、扶老携幼而来。

除有百姓因赋税繁苛而迁来，亦有湘地民户因不堪官吏之盘剥而流转他乡。柳宗元《捕蛇者说》载：

> [蒋氏者曰：] 自吾氏三世居是乡，积于今六十岁矣，而乡邻之生日蹙。殚其地之出，竭其庐之入，号呼而转徙，饥渴而顿踣，触风雨，犯寒暑，呼嘘毒疠，往往而死者相藉也。曩与吾祖居者，今其室十无一焉；与吾父居者，今其室十无二三焉；与吾居十二年者，今其室十无四五焉，非死而徙尔。③

蒋氏乃永州捕蛇者，其所言反映了在唐中后期"苛政猛于虎"的历史背景下，湘地之民为逃避赋税而逃亡的情形。五代马楚时亦有百姓不胜租税繁苛而逃亡。史载："楚地多产金银，茶利尤厚，由是财货丰殖。而楚王希范，奢欲无厌，喜自夸大……用度不足，重为赋敛。每遣使者行田，专以增顷亩为功，民不胜租赋而逃。"④宋代时这种情况依然存在，如南宋初湖南民户大量逃亡，"十室九空"，其中一个重要原因就是"官吏不务安集，而更加刻剥"⑤，以至"父子妻孥不相保，何止肌肤困鞭挞。上户逃移下户死，人口凋零十无八"⑥。

---

① （唐）柳宗元：《柳宗元集》卷29《钴鉧潭记》，中华书局1979年校点本，第764页。
② 《宋史》卷174《食货志上二·赋税》，中华书局1977年标点本，第4218页。
③ （唐）柳宗元：《柳宗元集》卷16，中华书局1979年校点本，第456页。
④ 《通鉴》卷283，后晋天福八年，中华书局1956年标点本，第9258—9259页。
⑤ 《要录》卷41，绍兴元年正月癸亥，中华书局1956年排印本，第759页。
⑥ （宋）李纲：《李纲全集》卷29《八月十一日次茶陵县入湖南界有感》，岳麓书社2004年点校本，第388页。

· 197 ·

二 迁入地之拉力

(一) 战乱时相对稳定安全

如前所论，每当出现大规模的战乱，首当其冲者一般为北方中原地区，并往往会波及东南及四川一带，而湖南所遭受破坏相对较小。如安史乱后战火几乎没有延及湖南地区，北方士庶多有避地而迁者（参见第二章第一节）。乾符乱后，黄巢军队虽也曾经过湖南，但其破坏不是很大，所以时人韦庄《湘中作》诗称"楚地不知秦地乱，南人空怪北人多"。[①] 此后各个战乱时段因避乱而迁来之士庶不在少数，皆与湘地相对稳定安全有关。如五代末宋初之时，有江西太和罗一松者，就因邵州"市津不通，永无锋镝之虞，田地丰腴，世诵雍和之地"而迁来。此种心态当为乱世迁徙湖南之移民所共有者。

(二) 地多人少

所谓地多人少，是将移民之迁入地与迁出地相比较而言的。土地作为农耕社会的主要生产资料，对于一般民户来说无疑具有重大意义，因此土地之多寡、宽狭，往往成为一般民户迁移的重要动因。如作为唐宋湖南一般民户移民主要迁出地的江西，其人口密度一直高于湖南，这在前文已有详论，此处不再赘述。

(三) 自然环境和社会风俗等方面的原因

湖南虽是"地气卑湿"之地[②]，但因其山水秀丽、民风淳朴和田地膏腴等而吸引着移民，尤其是官僚士大夫等上层移民迁来。如唐代时，河南人元结因"浯溪（在今祁阳境）在湘水之南，北汇于湘。爱其胜异，遂家溪畔"。[③] 青州人黄云梯宦游道州，见宁远（时为延唐）"山清水秀"，遂"立宅置业"，安家于此。[④] 五代初，关中旧族朱葆光因"乐衡山之胜，遂往家焉"。[⑤] 后唐同光二年（924），江西人彭旭湖等自江西入长沙雾阳山，

---

① 聂安福：《韦庄集笺注·浣花集》卷7，上海古籍出版社2002年版，第272页。
② 《旧唐书》卷165《柳公绰传》，中华书局1975年标点本，第4302页。
③ （唐）元结：《元次山集》卷10《浯台铭有序》，中华书局1960年点校本，第152页。
④ （民国）湖南省文献委员会：《黄姓氏族源流》，湖南图书馆藏民国三十六年—1949年稿本。
⑤ 《宋史》卷439《朱昂传》，中华书局1977年标点本，第13005页。

第四章 唐宋时期湖南移民之原因与类型

"见山水秀丽，田地腴饶"，于是选择在此定居。① 北宋时，建宁人翁肃任官袁州，"爱山水，卜居湘阴"。② 宜春人蓝每晓任职湘阴，以"智峰之右山水奇丽"，遂开基于此。③ 江西德安县陈岳任官岳州，"悦岳阳山水，解组回籍，命次子彬公居剪刀池"。④ 熙宁间，江陵人唐嘉问宦游至资兴，也因其地有山有水、风淳土腴而来定居。⑤ 南宋时，江西金溪人徐偕仲宦任醴陵，"览其风土，水绕山环，遂以礼致仕而迁居焉"。⑥ 太和人胡登一宦游来宁乡双江口，"见其水土膏沃，人物熙和，俗朴风清，遂家焉"。⑦ 山东东平人刘宝，因随岳飞征杨么，"爱华容山水之胜"，而迁居来此。⑧ 南宋末，江西永新人翁励宽因"爱星田乾江山水韶秀低徊，留之不忍去"，遂隐居于宁乡。⑨ 南昌人邱德一也于宋末宦游来黔阳，"见其山水环聚，地僻民纯，遂乐居斯土"⑩。

三 政府力量之推动

在唐宋时期的湖南移民中，政府力量无疑扮演了一个重要角色，主要体现在：

（一）中央与地方政府对移民的诱导和鼓励

唐安史乱后，湘地人口骤减，有的地方官员采取得力措施，招抚流亡，而使人口大增。如有崔瓘者，"累迁至澧州刺史，下车削去烦苛，以安人为务。居二年，风化大行，流亡襁负而至，增户数万"⑪。北宋嘉祐年间，江州德安义门陈氏分居，迁入湖南各地者总计38支（其中湘北5支，湘东4支，湘中12支，湘西4支，湘西南8支，湘南5支），这也是在宋

---

① （民国）湖南省文献委员会：《彭姓氏族源流》，湖南图书馆藏民国三十六年—1949年稿本。
② 光绪《湘阴县图志》卷17《氏族表上》，清光绪六年湘阴县志局刻本。
③ （民国）湖南省文献委员会：《蓝姓氏族源流》，湖南图书馆藏民国三十六年—1949年稿本。
④ （民国）湖南省文献委员会：《陈姓氏族源流》，湖南图书馆藏民国三十六年—1949年稿本。
⑤ （民国）湖南省文献委员会：《唐姓氏族源流》，湖南图书馆藏民国三十六年—1949年稿本。
⑥ （民国）湖南省文献委员会：《徐姓氏族源流》，湖南图书馆藏民国三十六年—1949年稿本。
⑦ （民国）湖南省文献委员会：《胡姓氏族源流》，湖南图书馆藏民国三十六年—1949年稿本。
⑧ （民国）湖南省文献委员会：《刘姓氏族源流》，湖南图书馆藏民国三十六年—1949年稿本。
⑨ （民国）湖南省文献委员会：《翁姓氏族源流》，湖南图书馆藏民国三十六年—1949年稿本。
⑩ （民国）湖南省文献委员会：《邱姓氏族源流》，湖南图书馆藏民国三十六年—1949年稿本。
⑪ 《旧唐书》卷115《崔瓘传》，中华书局1975年标点本，第3375页。

朝廷引导之下的移民行为。① 新化县在熙丰间共迁入32例移民，为同期所在湘西南地区的68.1%，为同期湖南各地区总和之27.8%，如此超常的移民现象，当与熙宁间宋廷开梅山后对移民的鼓励与引导有关。又熙宁间，沅州等地因"官田并山畬、园宅等荒闲甚多"，有"全、永、道、邵州人户往请射"，而地方官吏"以既籍充逐处保甲，遂令遣归"，后来这一做法被朝廷禁止，并令他处亦不得为之②，这实际上是对佃射民户移民的一种鼓励。北宋后期，湘西沅州等地"拘籍地土，拨充屯田，作营田，其余召人请佃，租米约有万计"。③ 南宋绍兴时，沅州等地继续"将空闲田土召人承佃纳租，补助岁计"。④ 地方政府为增加收入而召人请佃田土，实际上刺激了佃户移民。北宋元丰前后，"徽、诚蛮多典卖田与外来户"，朝廷乘机"计直立税"，⑤ 由此承认汉人耕种瑶人土地的合法性，这也是一种鼓励性的措施，因而此后应有更多迁来耕垦者。而到南宋淳熙年间，随着朝廷"禁民毋质瑶人田，以夺其业，俾能自养，以息边衅"诏令的颁布，⑥前来佃垦的移民又受到限制。南宋初期，湖南各州郡人口流失严重，到孝宗时湘北鼎、澧等州人口有所恢复，其原因在于"江南狭乡百姓，扶老携幼，远来请佃，以田亩宽而税赋轻也"。⑦ 其所谓"赋税轻"，是与请佃民户之始迁地相对而言的，而之所以实行"赋税轻"的政策，当与朝廷让地方政府招募开垦的意愿有关。⑧

（二）政府强制性移民

这是政府凭借行政或军事强制力而推行的一种移民。在唐宋时期，湖南强制性移民主要有五类。一类是官员及其家属谪居来此。如唐德宗时之卢杞，唐永贞元年之卢氏，唐懿宗末之路琛，唐末之周氏，宋建炎元年之张邦昌及其家属，宋建炎元年之王襄，宋绍兴间之汪藻等移民个案，均属

---

① （民国）湖南省文献委员会：《陈姓氏族源流》，湖南图书馆藏民国三十六年—1949年稿本。
② 《长编》卷274，熙宁九年四月庚寅，中华书局1979—1995年点校本，第6704页。
③ 《宋会要辑稿》食货2之7，中华书局1957年影印本，第4828页。
④ （宋）曹彦约：《昌谷集》卷11《辰州议刀弩手及土军利害札子》，《景印文渊阁四库全书》，台湾商务印书馆1986年版，第1167册，第137页。
⑤ 《长编》卷345，元丰七年五月己酉，中华书局1979—1995年点校本，第8284—8285页。
⑥ 《宋史》卷494《蛮夷二·西南溪峒诸蛮下》，中华书局1977年标点本，第14194页。
⑦ 《宋史》卷174《食货志上二·赋税》，中华书局1977年标点本，第4218页。
⑧ 《历代名臣奏议》卷258，宋孝宗时司农卿李椿上奏，上海古籍出版社1989年影印本，第3382页。

此类。二类是周边少数民族政权之战俘及间谍家属在湖南的安置。如唐元和十四年吐蕃战俘罗没等十七人被安置于湖南，宋熙宁六年辽人间谍王千家属送潭州编管，宋元符二年西夏监军额伯尔被俘后安置在潭州等移民个案，均属此类。三类是将溪洞首领安置于内地。如宋乾德五年之彭允足和彭允贤，宋大中祥符五年之魏进武，宋天禧二年之李顺同等八百余人及彭仕汉、彭儒霸和彭儒聪，宋天圣三年之彭儒素等九十二人，宋熙宁九年之彭师晏等十八人，宋熙宁十年舒光勇等移民个案，均是此类。① 四类是割据势力之移民。这类移民主要集中于唐末五代时，这在第二章第一节已有详述，此处不再赘论。另外，溪洞蛮瑶掳夺汉户入溪洞，及瑶民强行迁徙省地，也可视为强制性移民之一。

四　其他原因

（一）宦游、游学、讲道、隐居等

这主要是指官僚士大夫、僧道等来湘地之原因。以唐宋域际迁入移民为例，唐宋官僚士大夫、僧道等上层移民，在正史类移民个案中有177余例（含部分割据势力移民），在氏族个案中亦有不少（详见第三章第一节）。

（二）避罪

这是指犯罪之人为逃避惩罚而逃亡，遂成移民。如迁入溪洞的一部分汉民就是如此。《长编》卷236熙宁五年（1072）闰七月庚戌王安石言。

> 若经度，则诸溪洞负罪逃亡人不少，须先募桀黠用事者数人，厚以利啖之，令诱说逃亡人，许以赦宥，且令各获便利，乃可集事。盖蛮人素不与中国通，若此辈不利自属，则必诗张扇动或惊骚；若此辈利自归，则诱导蛮人，使向化甚易也。

又同书卷241熙宁五年十二月丙子载：

> 诏曰："荆湖溪洞中亡命之人，今日以前，罪无轻重皆释之。如

---

① 以上个案并见表2-1-1和表2-2-1。

愿居本处，或欲归本乡，各从其便；如能自效，显有劳绩，令章惇等保明等第酬奖；若敢创造事端，扇摇人户，即捕斩以闻。"先是，知辰州石鉴言："昨被旨同章惇措置两江蛮事，尝遣侍禁李资等多方以朝廷威德镌谕诸蛮。今资等言，南江蛮人虽各有归化之意，而溪洞多有向时亡命之人，阻隔蛮情，虽以晓谕许与放罪，尚虑怀疑扇惑，别致中变。"故有是诏。

可见在熙宁五年之前，就有不少人因罪逃入南北两江溪洞，朝廷担心他们会煽动蛮人为乱，故释其罪而招诱出洞。

以上所列举种种，是为唐宋湖南移民之主要原因。需要指出的是，唐宋湖南移民之迁徙，往往不是由单一原因促成的，可能是其中几种原因共同作用的结果，这几种共同作用的原因就构成了某一个移民个案、甚至某一类移民群体的移民原因图谱，在这些图谱之中，有主要之点，有次要之点，需要明辨区分，以理解移民背后的本质。

第二节　移民之类型[①]

唐宋时期湖南移民之类型主要有三种。

一　生存型移民

这类移民的主要目的在于维持个体生命的延续，即生命的存在，而不得不从他处迁入湖南，或从湖南迁往他处。这类移民的出现是迁出地的推力和迁入地的吸引力共同作用的结果。如上节所述，在社会动乱和赋役繁苛等迁出地推力作用之下而导致的湖南移民大都为此类型，这是非常明了的，不必赘言；因人稠地狭而导致的移民应有相当一部分也是如此，如宋末人欧阳守道《与王吉州论郡政书》略云：

[①] 本节之分类参考葛剑雄著《中国移民史·第一卷：导论》第二章第二节，福建人民出版社1997年版，第48—54页。

吾州郭之地，岂惟民数稠密而已……此中田野细民，常有去失，而邻郡向上深僻去处，佣奴妾婢，常多吉州人，不由父母与夫雇卖而得之，老死而不可返，此犹其幸而生存者耳，最是事绝踪迹无主名可诉兼被害者，必是至贫之细民，朝夕不给，其妇、子可以一饱诱者，以至贫之细民而遭此无主名可诉之事，只有付之无可奈何，甚可痛也。①

吉州历来为人口稠密的大郡，田野百姓因地狭赋重而流迁他地，也是很自然的事情，而与之相邻的湘南各郡往往成为其首选地。此处所言流迁者皆是一些贫贱之民，而"邻郡向上深僻去处"，应主要是与吉州靠近的湘南州郡边界地区。这些贫贱流迁之民，宁可为"佣奴妾婢"也要迁移到湖南，甚至可以"一饱诱者"，当为生存型移民之典型。

生存型移民大多数是不自觉的，他们或根本不愿意迁移，或者只有暂时脱离故土的准备，迁移后只要有条件，就会返回，一些移民甚至在死后都要求返葬北方（见表 2-1-1 所列安史乱后移民），但大多数生存型移民在迁徙之后的客观形势下不得不定居而成为永久居民，并繁衍生息。

二 发展型移民

所谓发展型移民，就是为物质生活和精神生活状况的改善而迁入或迁出湖南并定居的人口，或者说是人们以提高物质生活和精神生活水平为目的而移入或移出湖南的行为。这类移民的产生同样是迁出地区的推力和迁入地区的拉力共同作用的结果。

对于一般民户而言，主要为物质生活的改善，这也可举江西移民为例稍加说明。据前所述，在宋代时，虽然江西人口密度大大高于湖南，其迁湘民户之大部应不是在迁出地完全不能生存的情况下移民的，只是其迁出地耕地相对要窄狭，赋税有时相对要重，而迁入地耕地相对要宽裕，赋税有时相对要轻，通过迁移而获得比原来要多的耕地，有时还能免除部分税

---

① （宋）欧阳守道：《巽斋文集》卷4，《景印文渊阁四库全书》，台湾商务印书馆1986年版，第1183册，第532、536页。

赋,从而使家口生活安康富足。北宋熙宁间,有"全、永、道、邵州人户往请射"沅州等地的官田。①南宋孝宗时,江西等地的百姓因"田亩宽而税赋轻"而迁入澧、朗、岳等州,②"若行根括,则佃户必又逃弃不耕,却致荒废"③。同期袁、吉等州之民迁徙自占湘南州郡土地,"深耕穊种,率致富饶"④。这些都可为发展型移民之例证。此外,《湖南移民表》所列唐宋南方一般民户移民,应大都为此种类型,是为唐宋湖南移民之主体。

官僚士大夫、僧道等上层移民则着重于精神层面的追求:一是自然环境的享受和社会环境的相容,这一点已在上节迁入地拉力之"自然环境和社会风俗等方面的原因"条下述论至明;二是个人学术、道行等的修养和传授等。五代之王正已、任鹄和陆蟾等,南宋初期之刘孝昌,及唐宋所有僧道移民均属此类;⑤三是为寻求仕途宦进,如马楚之徐仲雅、伍彬、裴说与裴谐兄弟、石文德、刘昭禹、严广远、孟宾于、沈彬、黄守忠和李观象等均属此类。

三 强制性移民

如上节政府力量推动之"政府强制性移民"所述,强制性移民主要包括被谪居的官员及其家属,被强制安置的少数民族政权的战俘、间谍家属和溪洞首领,割据势力移民,被掳夺入溪洞的汉民和瑶民强徙省地等。

---

① 《长编》卷274,熙宁九年四月庚寅,中华书局1979—1995年点校本,第6704页。
② 《宋史》卷174《食货志上二·赋税》,中华书局1977年标点本,第4218页。
③ 《历代名臣奏议》卷258,宋孝宗时司农卿李椿上奏,上海古籍出版社1989年影印本,第3382页。
④ 《宋史》卷88《地理志四·荆湖南北路》,中华书局1977年标点本,第2201页。
⑤ 分别参见表2-1-1、表2-2-1和表2-5-1。

第五章　唐宋湖南移民迁徙之路线与信息之传递

第一节　迁徙之路线

移民来湘路线，主要有两类，一为水路，一为陆路。

一　水路

洞庭湖。水路主要从长江过洞庭，再沿湘、资、沅、澧各水系向湘地各区扩散，所以洞庭湖一带遂成为移民交通之枢纽。安史乱后，杜甫就是从此入湘，他于大历三年（768）离开公安来洞庭湖，赋《岁晏行》诗云："岁云暮矣多北风，潇湘洞庭白雪中。"[1] 可见其经过洞庭湖时正值冬天。唐末北人南迁亦过洞庭湖，韦庄《湘中作》诗云："千重烟树万重波，因便何妨吊汨罗。楚地不知秦地乱，南人空怪北人多。"[2] 汨罗在洞庭湖畔，韦庄所见当为洞庭湖周边之情形，可知当时"北人"多迁往洞庭湖地区，或经此地迁往他处。南宋初，各地避难之移民也多经洞庭入湖南，如胡安国一家就是"度洞庭而南，寓居湘潭"。[3] 建炎四年（1130）二月，"东北流移之人，相率渡江"，其中有"士大夫避乱者多依"鼎州之钟相[4]，洞庭湖区也应是其必经之地。

---

[1] （唐）杜甫：《杜甫全集》卷22，珠海出版社1996年点校本，第1592页。
[2] 聂安福：《韦庄集笺注·浣花集》卷7，上海古籍出版社2002年版，第272页。
[3] （宋）胡寅：《斐然集》卷20《悼亡别记》，中华书局1993年点校本，第411页。
[4] 《要录》卷31，建炎四年二月甲午，中华书局1956年排印本，第613页。

湘江。此水发源广西，先后流经永州、衡州、潭州，最后在湘阴注入洞庭湖，沿途有众多支流相连，构成一个四通八达的交通网络，成为湘中南最重要的水路交通路线之一。唐宋移民迁湘中南，多选择溯湘水而行，如杜甫过洞庭湖后，"溯沿湘流，游衡山，寓居耒阳"。① 其《发潭州》诗云："夜醉长沙酒，晓行湘水春。"② 应是自洞庭上湘水至潭州稍事休息后，继续沿江南行。靖康乱后，开封人李椿侍后母张氏避地而来时，"溯湘逾岭，备尝艰窘"，最后定居衡州。③ 前述胡安国一家自洞庭到湘潭，所选择之路线也应是溯湘江而来。江西人胡登一也于此时宦游南楚，初寓长沙，不久即"渡湘水，溯流西上五十里"至宁乡定居。④

沅江。流经沅州、辰州和朗州（鼎州，常德府），最后亦汇于洞庭湖，沿流支系交错，贯通湘西、西北诸地，为当地之主要交通路线。唐宋移民亦多选择沿流入湘西，如北宋庆历五年（1045）时，江西丰城人周郊兄弟"漂流"到麻阳定居，也应是溯沅水而迁者。⑤ 宋末时，赵州滕仲四一家与江西吉州人刘璜一家均因流离播迁而在武陵不期而遇，之后均从沅水迁辰州。⑥

资江。流经邵州、潭州之益阳，最后汇于洞庭湖。唐宋间，也有移民溯流而上来定居，如益阳沙渭薛氏之祖本籍杭州，南宋绍兴间沿资水而上，寻访山水，遂定居于此。⑦

澧水。发源湘西，主要流经澧州境，经安乡入洞庭，虽不见唐宋移民溯流而上的记载，也应为移民迁澧州等地之重要路线。

---

① 《旧唐书》卷190（下）《杜甫传》，中华书局1975年标点本，第5055页。
② （唐）杜甫：《杜甫全集》卷22，珠海出版社1996年点校本，第1616页。
③ 辛更儒：《杨万里集笺校》卷116《李侍郎传》，中华书局2007年版，第4449页。
④ （民国）湖南省文献委员会：《胡姓氏族源流》，湖南图书馆藏民国三十六年—1949年稿本。
⑤ 谭宗林：《麻阳姓氏》之周姓，政协麻阳苗族自治县委员会文史资料研究委员会文史资料专辑1994年版，第48页。
⑥ （民国）湖南省文献委员会：《滕姓氏族源流》，湖南图书馆藏民国三十六年—1949年稿本；谭宗林：《麻阳姓氏》引清宣统三年（1911）《滕氏族谱》，政协麻阳苗族自治县委员会文史资料研究委员会文史资料专辑1994年版，第14—15页。
⑦ 民国《薛氏六修族谱》序，民国二十二年刊本。

第五章 唐宋湖南移民迁徙之路线与信息之传递

二 陆路

　　湘东和赣西之间的路线。湖南与江西相邻,湘东与赣西之间有幕阜山、连云山、九岭山、武功山、万洋山和诸广山等诸山阻隔。这些山地海拔一般在1000米左右,山脉多呈东北、西南走向,山地之间的长廊断谷构成了江西等地移民来湖南的天然孔道,唐宋移民所经过之路线主要有四条,其在南部者有两条。一是袁州—醴陵线。此线从武功山与九岭山之间的谷地通过,东经过一段陆路后抵赣江支流渝水(今袁水),从而与赣江流域各地相连,西抵湘水支流㵋水(渌水),过萍乡、醴陵,入湘江干流。《寰宇记》载洪州"西至潭州界,隔山不通陆路,取袁州至潭州总一千二百里"。[①] 其说取袁州至潭州路线当指此。唐宋时有许多移民选择从此进入湖南,如唐末刘建锋与马殷等从淮南转战洪、虔、吉等州后,即率部十余万人入湖南醴陵,再入潭州[②],所走路线当即此。又宋代时袁州等地百姓"迁徙自占"湘南州县田地[③],亦应选择此处为通道。另一条为吉州—攸县线。此线从武功山与万洋山之间的谷底通过,东抵赣江支流禾水,从而连通赣江流域,西经茶水与攸水入湘江支流洣水,再经茶陵、攸县,入湘江干流。五代初,彭玕自吉州尽掠百姓户口近千余家入郴、衡时所走路线当即此。[④] 南宋初,李纲经吉州入湖南茶陵界也应是这条路线。[⑤] 吉州等地百姓约于南宋前期"迁徙自占"湘南土地时,也当经过于此。[⑥] 宋末时,与吉州相邻之湘南州郡"向上深僻去处,佣奴妾婢,常多吉州人"[⑦],这些吉

[①] (宋)乐史:《太平寰宇记》卷106《江南西道四·洪州》,台北文海出版社1980年影印本,第41页。
[②] 《通鉴》卷259,唐乾宁元年五月,中华书局1956年标点本,第8454页;《新五代史》卷66《马殷世家》,中华书局1974年标点本,第821页。
[③] 《宋史》卷88《地理志四·荆湖南北路》,中华书局1977年标点本,第2201页。
[④] (宋)龙衮:《江南野史》卷6《彭玕传》,《全宋笔记》,大象出版社2003年点校本,第1编,第3册,第195页。
[⑤] (宋)李纲:《李纲全集》卷29《八月十一日次茶陵县入湖南界有感》,岳麓书社2004年点校本,第388—389页。另参看赵效宣:《宋李天纪先生纲年谱》,台湾商务印书馆1980年版,第157—158页。
[⑥] 《宋史》卷88《地理志四·荆湖南北路》,中华书局1977年标点本,第2201页。
[⑦] (宋)欧阳守道:《巽斋文集》卷4《与王吉州论郡政书》,《景印文渊阁四库全书》,台湾商务印书馆1986年版,第1183册,第536页。

· 207 ·

州人亦应是从此线山谷经过。在北部者亦有两条。一条是筠州——浏阳线。此线经过九岭山北之焦溪岭，其地"在浏阳县北二十里，峻崖险阻，为往来者必经之地……今名交济岭"。① 东抵赣江支流锦江，从而连通赣江流域，西抵浏阳水，经浏阳入湘江干流。唐末，黄浩率黄巢余部7000人打算据有湖南，始陷浏阳②，大概是经此线迁入。后唐同光二年（924），江西南昌人周汉一携家属迁浏阳时也是"逾焦溪岭"而来。③ 另一条为南昌—平江线。此线穿过幕阜山谷地，北宋黄诰言，"幕阜山四十里有岩石焉，蟠地而大，插天而高，其中空虚，了无一物，东西透彻，车马往来，其广可以架屋百楹"。④ 其所言岩石地当是指此通道。此线东连修水入鄱阳湖，西连汨水入洞庭湖。唐末韦庄自赣入湘时言"因便何妨吊汨罗"，所行当为此线。⑤ 幕阜山谷"东西透彻，车马往来"，亦当为移民迁徙之重要途径，如北宋时洪州西山道士胡元周"经历岩下"，之后居此主修葆真观。⑥ 以上四条路线中，以袁州—醴陵一线最为重要，唐末刘建锋与马殷率部十余万经此入湘，就说明了这一点，今湘赣铁路从此穿过，可视为对其历史交通地位的再现与肯定。

湘南和岭南之间的路线。在湖南南部与两广之间，有南岭山脉横亘于其中。群山之中，或形成低谷走廊，或形成构造断裂盆地，或分水岭低矮而不难翻越，遂成为南北交往的天然孔道，其中主要有越城岭道、萌渚岭道、骑田岭道和零陵、桂阳峤道等。⑦ 这些通道亦是唐宋时期两广移民来湘的重要交通线。如马楚时，昭州恭城人周渭"率乡人六百逾岭，避地零

---

① 《大清一统志》卷354《长沙府一·山川》，《四部丛刊续编史部》，商务印书馆民国二十三年影印本，第18页。
② 《新唐书》卷225（下）《黄巢传》，中华书局1975年标点本，第6464页。
③ （民国）湖南省文献委员会：《周姓氏族源流》，湖南图书馆藏民国三十六年—1949年稿本。
④ 黄诰：《葆真观记碑》，《八琼室金石补正》卷110，《石刻史料新编》，台北新文丰出版公司1982年影印本，第1辑，第8册，第5789页。
⑤ 聂安福：《韦庄集笺注·浣花集》卷7《湘中作》，上海古籍出版社2002年版，第272页。另参考傅璇琮等：《唐五代文学编年史·晚唐卷》，辽海出版社1998年版，第802—803页。
⑥ 黄诰：《葆真观记碑》，《八琼室金石补正》卷110，《石刻史料新编》，台北新文丰出版公司1982年影印本，第1辑，第8册，第5789页。
⑦ 参考李孝聪《中国区域历史地理》，北京大学出版社2004年版，第369—373页。

陵"①，刘昌鲁与庞巨昭自高、容等州率部归长沙，廖爽自韶州率部归湖南，任永州刺史，都应利用了其中的通道。

进出溪洞路线。汉民入溪洞，与蛮瑶出溪洞来汉地，都有一定的路线，如"武冈军之新宁、盆溪及八十里山，永州之东安，皆可以径达溪峒"，"故游民恶少之弃本者，商旅之避征税者，盗贼之亡命者，往往由之以入"。② 这也是峒蛮出省地的路线。

以上水、陆路线为移民入湘之主要途径，移民出湘，或在湘地迁徙，也当以之为主要交通路线。

第二节　信息之传递

此处所言信息，是指迁入地有利于生存和发展的信息。这类信息的获得，往往决定了移民者迁徙之行动。主要有以下四种途径。

一　政府之榜告

政府之榜告是指各级政府通过诏令、布告等形式向移民传达迁入地信息。唐末五代初，马殷"招纳贤者，故中州名家士多归之"③。其招贤纳士，当以某种公告形式颁布于各地，并传之甚远，以至中州等地名士闻之而来。新化县在宋神宗熙宁后有大量江西之民迁入，就是因为有"朝廷命令"④。北宋后期，湘西沅州等地"召人请佃"闲田，后又"招置弓弩

---

① 《长编》卷18，太平兴国二年，中华书局1979—1995年点校本，第417页。亦见《宋史》卷304《周渭传》，中华书局1977年标点本，第10055页，其载稍异。
② 《宋史》卷494《蛮夷二·西南溪峒诸蛮下》，中华书局1977年标点本，第14193页。
③ 欧阳玄：《白石周氏族谱序》，李修生主编：《全元文》卷1091，凤凰出版社2004年点校本，第34册，第421页。
④ 胡能改：《梅山客户：新化姓氏探源》之胡姓，香港国际炎黄文化出版社2001年版，第138页。

手"①，南宋绍兴时，沅州等地继续"将空闲田土召人承佃纳租"。② 这些招募人手的信息肯定也是通过布告等手段发布的。又如南宋初期，政府在鼎、澧、岳等州以轻征赋税来"召募请佃人户，投状者数千户"，这也当是政府榜告之作用。③ 同期朝廷诏荆湖南"蠲口赋以安集"民户，④ 这是中央政府通过下达诏令告知各地百姓移民来此可享受蠲免赋税的优惠政策。

二 社会之传闻

这是移民通过众口相传而得到的一些关于迁入地的信息。在社会动乱时，社会之传闻往往成为移民获知有关迁入地情况的主要信息源，如杨吴将领吕师周受到吴主杨渥猜忌后准备逃往马楚，其中一个重要原因就是他听说"马公宽厚"。⑤ 高州刘昌鲁之所以不投靠刘隐而往依马殷，也是因为听说马殷"负江湖之固，有桓文之业，土宇至广，仁风素厚"。⑥ 在和平时期，也有听传闻而迁徙的。《梅山客户》载：

> 胡彦广，江西华林大族，见昆季众多［聚族八百余口］，用度耗繁，思久远之计……闻湖南田地抛荒，耕广［本作"管"，应误］人稀，遂统伯叔兄弟及族人十人，于宋元丰八年四月十二日由江西泰和枣河市圳上永丰三都果树城隍鹅掌大丘起程，号召逢田定址，遇塘下基。⑦

胡氏族人听传闻而迁新化，明显带有一定的盲目性，这大概是由社会传闻

---

① 《宋会要辑稿》食货2之7，中华书局1957年影印本，第4828页。
② （宋）曹彦约：《昌谷集》卷11《辰州议刀弩手及土军利害札子》，《景印文渊阁四库全书》，台湾商务印书馆1986年版，第1167册，第137页。
③ 《历代名臣奏议》卷258，宋孝宗时司农卿李椿上奏，上海古籍出版社1989年影印本，第3382页；《宋史》卷174《食货志上二·赋税》，中华书局1977年标点本，第4218页。
④ 《要录》卷167，绍兴二十四年十一月甲寅，中华书局1956年排印本，第2731页。
⑤ 《通鉴》卷266，后梁开平元年正月，中华书局1956年标点本，第8667页。
⑥ （宋）路振：《九国志》卷11《刘昌鲁传》，齐鲁书社2000年点校本，第123页。
⑦ 胡能改：《梅山客户：新化姓氏探源》之胡姓，香港国际炎黄文化出版社2001年版，第138页。

而导致的移民行为所共有之特点，但社会传闻又带有相当程度的真实性，如胡氏所闻"耕广人稀"之说是吻合梅山开发不久之后的情形的，因而在正确引导人们移民方面有着重要的作用。

三 亲友之相告

此指有移民意向者之亲友先往迁入地，获取其种种信息后将之反馈给他，他则据之再决定迁移与否。《罗姓氏族源流》引《南迁基祖一松及彦一彦二彦三诸公合传》云：

> 一松祖，江西吉安泰和［按：时为吉州太和］木马屯圳上金仙庙梅子岭人，配胡氏，生子彦一、彦二、彦三。宋太祖建隆间，彦一次妹适李瑶，任邵州……致仕而归，相探岳舅，席次言曰："今有邵州路市津不通，永无锋镝之虞，田地丰腴，世诵雍和之地。今尊姓人繁，胡不择仁里而居之？"彦一公等闻其言，即令罗一、陈二等往探，果符。彦一、彦二、彦三等，因于建隆二年辛酉，取十二月十五日，带领甲头李保等百十余丁，扛物乘马，行至湖广，一祖元二郎，就于潭州六十三都地名仓田冲立业，和祖彦一等仍领眷属，竟投邵郡，于邵陵地名九都冲安住。①

罗彦一因妹夫李瑶任官邵州而获得关于当地"市津不通，永无锋镝之虞，田地丰腴，世诵雍和之地"等非常有利的信息，于是迅速派人核实信息，然后决定迁往邵郡，中途有人定居长沙也不为之所动，仍坚持前往目的地，可见亲友所传递之信息对移民者之重要性。

四 亲身之游历

这是指迁移者在游历迁入地时所亲身获得的有关信息，从而决定移居与否。第四章第一节"自然环境和社会风俗等方面的原因"条下所述官

---

① 亦见于胡能改《梅山客户：新化姓氏探源》之罗姓，香港国际炎黄文化出版社2001年版，第41页，其载稍异。

僚、百姓等对自然环境与社会环境的选择，其实就是移民通过亲身游历而获得有关迁入地信息，大都通过直接的观察与感受来获取，也有一些移民还凭借地理易象等知识来获取他们认为重要的信息。如江西人聂至尧于同光三年（925）来湘乡时，"命术士吴全节遍览阴阳山水"。① 南宋时，萧汉三自广西全州解组归时，因"知地理易象，带长子南仕游望山水，至邵邑隆回三都立业"。② 江西人杨惟圣于靖康乱后迁邵州时也极讲究地舆，《梅山客户》载他：

> 在邵州永宁渭溪定居后，总感屋域有坎山，接近邑镇，附郭尘嚣，渭溪三水倾泻，陇亩若鳞，对儿孙发展不利。便将基宇产业及屯田，交与同迁者，遂徙高坪欧莱冲［本作"衡"字，应误］。立室之后，又因所居之地，左右山势交牙斗角，不适子孙雍穆之地，又寻至巴油，见良田肥美，阡陌维连，是个好聚族而居的地方。可是立基之后，又谓巴油土地虽肥，而崇山峻岭，环若壁立，不能远瞩，乃去太阳四都浆塘庙山口槎溪。其地平原沃衍，水秀山明，位于洋溪上游，经四徙后才定厥居。③

杨惟圣不辞辛劳，四易居地，均通过亲自观察获取迁入地之地理信息。

---

① 胡能改：《梅山客户：新化姓氏探源》之聂姓，香港国际炎黄文化出版社2001年版，第25页。
② （民国）湖南省文献委员会：《萧姓氏族源流》，湖南图书馆藏民国三十六年—1949年稿本。
③ 胡能改：《梅山客户：新化姓氏探源》之杨姓，香港国际炎黄文化出版社2001年版，第121页。

# 第六章 唐宋湖南移民之影响及在湖南移民史上之地位

第一节 唐宋湖南移民之影响

一 移民与湖南区域人口

一般来说,域际迁入移民能通过个体本身及后代的繁衍而使本区域人口在总量上呈现增长的趋势,而域际迁出移民会使本区域人口减少,域内移民则会改变本区域各地人口的分布。

(一) 域际迁入移民与湖南区域人口

单个移民对区域人口总量不会产生大的影响,而当移民群体规模较大时,这一影响是非常明显的。如安史乱后,"襄、邓百姓,两京衣冠,尽投江、湘",使长江以南湘水流域各州郡户口"十倍其初"。[①] 唐末乾符乱后,湘地出现了"南人空怪北人多"的现象,[②] 说明当时因北方人口迁入太多,以至本地土著都感到惊讶。唐天复时,黄巢余部"七千"人流散在湖湘。[③] 唐乾宁初,刘建锋与马殷等率部"十余万"入湖南。[④] 后梁开平中,庐陵彭玕"尽掠百姓户口几千余家入郴、衡",[⑤] 刘昌鲁与庞巨昭从

---

① 《旧唐书》卷39《地理志二·山南东道·荆州》,中华书局1975年标点本,第1552页。
② 聂安福:《韦庄集笺注·浣花集》卷7《湘中作》,上海古籍出版社2002年版,第272页。
③ 《新唐书》卷225(下)《黄巢传》,中华书局1975年标点本,第6464页。
④ 《新唐书》卷190《刘建锋传》,中华书局1975年标点本,第5481页。
⑤ (宋)龙衮:《江南野史》卷6《彭玕传》,《全宋笔记》,大象出版社2003年点校本,第1编,第3册,第195页。

高、容等州归附,先后有一万一千余人归湖南。① 乾化元年(911),廖爽率部自韶州举族奔湖南,其部曲随而至者"数千人"。② 这些成千上万、甚至十余万移民的到来,无疑会使本区域人口大大增加。南宋初,各地游寇有"二十余万人"转战湖湘,其中多有散落本地者。③ 建炎四年(1130)二月,知蔡州程昌寓离开蔡州之际,命部将领"蔡兵二千自随",④ 其部随后进入鼎州,加上一起迁来的"兵官、僚属""随军官属及人兵、老小"⑤,总计应超过一万五千余人。孝宗乾道前后,本已人口稀少的湖北路"常德府已耕垦及九分以上,澧州及七分以上,其余州郡亦五分以上下"⑥,其原因是"江南狭乡百姓,扶老携幼,远来请佃"。⑦ 湘南之地也有袁、吉等州之民"迁徙自占"。⑧ 这些游寇、兵士和耕垦等移民的到来,无疑有利于乱后湘地人口的恢复和发展。

以上简述了一些具体的移民实例对湖南人口增长与恢复的影响。我们还可以将湖南人口增长的整体情况与全国人口增长平均水平相比较,来了解移民对湖南区域人口增长的影响。首先看看唐前期的情况。据表2-1-2所列,在贞观十三年(639)到天宝十二载(753),湖南诸州郡的户数大都呈快速增长的趋势,根据增长比例高低依次为(以贞观十三年户为100%):邵州597.8%,澧州564.8%,衡州459.6%,溪州457.9%,永州433.1%,朗州433%,郴州362.1%,潭州357.3%,道州341%,岳州293.4%,巫州133.1%,奖州、锦州与辰州为负增长,分别为96.1%、

---

① 参见第二章第一节"刘昌鲁、庞巨昭部入湖南"条下考证。
② (宋)周羽翀:《三楚新录》卷1,《全宋笔记》,大象出版社2003年点校本,第1编,第2册,第120页。
③ (宋)李纲:《李纲全集》卷66《具荆湖南北路已见利害奏状》,岳麓书社2004年点校本,第699页。
④ 《要录》卷31,建炎四年二月甲午,中华书局1956年排印本,第612页;同书卷32,建炎四年四月,第637页。
⑤ (宋)岳珂:《鄂国金佗稡编续编·续编》卷25《鼎澧逸民叙述杨么事迹一》,中华书局1989年校注本,第1566页。
⑥ 《历代名臣奏议》卷258,宋孝宗时司农卿李椿上奏,上海古籍出版社1989年影印本,第3382页。
⑦ 《宋史》卷174《食货志上二·赋税》,中华书局1977年标点本,第4218页。
⑧ 《宋史》卷88《地理志四·荆湖南北路》,中华书局1977年标点本,第2201页。

第六章 唐宋湖南移民之影响及在湖南移民史上之地位

92.6%和45.7%。当时全国人口的平均增长率为293.8%①，人口增长超过这一平均增长率的湖南州郡有湘南和湘西南之邵、衡、永、郴、道等州，湘中之潭州，湘北之澧州和朗州，湘西之溪州等，这9州郡之人口均以超过平均增长率的速度增长，邵州等地更是超过平均水平的两倍以上。如果将这些州郡的人口增长仅仅归结于自然繁衍的结果，显然是说不过去的，移民的迁入应当在其中扮演了重要的角色。与此相似的还有北宋前期湖南各州监的人口增长情况。据表2-2-2，从太平兴国间至元丰初，属今湖南各州监户口均有大幅增长，依次为（以太平户为100%）：桂阳1496.3%，衡州1242.2%，邵州965.4%，潭州676.3%，岳州662.4%，永州606.5%，郴州493.2%，澧州491.2%，鼎州262.3%，辰、沅、靖三州据推断与鼎州相近，同为262%，道州218.7%。同期全国人口平均增长率为258.7%②，除道州外，其余12州监均超过全国平均增长率，尤其在前8州监中，郴、澧二州接近为全国平均增长率的2倍，潭、岳、永三州达2倍余，邵州接近4倍，衡州近5倍，桂阳近6倍。很显然，在这些州监超常增长的人口中，有相当大一部分属于迁入之一般民户。如桂阳监之所以增长最快，就在于随着其采矿业的兴盛，吸引着大量"烹丁"和"商旅"迁来。③在元丰初至崇宁初，上述州监人口又大都有所增加，依次为（以元丰户为100%）：靖州178.4%，鼎州141.6%，澧州139.2%，潭州123%，辰州120.4%，道州113.2%，郴州106.5%，永州102.5%，邵州101.7%，岳州101.1%；只有三州人口减少：桂阳监99.1%，衡州93.4%，沅州91.4%。同期全国人口平均增长率为109.1%，上述13州监中有6州超过平均增长率，其人口增长也应包含一部分一般民户人口之迁入。如增长最快的靖州就当与"徽、诚蛮多典卖田与外来户"的历史背

---

① 此据葛剑雄主编，冻国栋著：《中国人口史·第二卷：隋唐五代时期》（复旦大学出版社2002年版）第198—199页所列"表4-7唐贞观、天宝两朝各道户数增减状况"。而据翁俊雄：《唐朝鼎盛时期政区与人口》的统计，当时全国人口的平均增长率为300%（首都师范大学出版社1995年版，第219页）。

② 此据葛剑雄主编，吴松弟著《中国人口史·第三卷：辽宋金元时期》（复旦大学出版社2000年版）第122—137页"表4-2"所列南北各府州主客户总数计算而得，下述元丰至崇宁全国人口平均增长率亦据此表所列总数计算而来。

③ （宋）王象之：《舆地纪胜》卷61《荆湖南路·桂阳军·景物下》引《旧经》，江苏广陵古籍刻印社1991年影印本，第570页。

景有关。①

域际迁入移民除通过个体本身而使区域人口增长外，还可通过繁衍后代的方式促使区域人口增长。如临淄人赵霍于唐末时避地衡州，"至宋族益盛"。② 表明赵氏到宋代时已人口众多。同时，这种人口的增长不限于唐宋时期，还可影响至元、明、清、民国，乃至今天。如河南人李宽因讲学于唐元和时迁衡阳，始来不过是几口之家，到民国时已繁衍37代，族口20000余。③ 江西人陈岳、陈彬父子于宋天圣间迁巴陵，若以两家计，其始迁时亦不过10余口，而到民国时已繁衍30余代，族口达39000人。④ 当然这是人口繁衍较多者，也有一些唐宋移民的后代因战乱等原因而繁衍不蕃，如山东青州人周如锡兄弟于唐天宝间谪官来宁远，到民国时仅有200人。⑤ 还有一些移民的后裔因迁移他地而不再对湖南的人口发生影响，如京兆人朱葆光于马殷时来湖南，其子朱昂于宋初"请老江陵"⑥，而不再繁衍于斯土。

（二）迁出移民与湖南区域人口

从域际迁出移民个案来看（正史类53例，氏族资料35例），其数量远远小于域际迁入移民（正史类183例，氏族资料1056例），因此其对湖南人口的影响远不如后者。影响较大的两次迁出移民都发生在社会动乱时期。第一次是后周广顺元年（951）南唐灭马楚后，有两支移民迁往南唐，一支为马希崇"与宗族及将佐千余人"自潭州迁去，另一支为马希萼"与将佐士卒万余人"自衡山经潭州东下。⑦ 第二次是南宋初期因兵盗为乱、官吏苛剥而使民户大量外迁。绍兴元年（1131）正月，监察御史韩璜上言："自江西至湖南，无问郡县与村落，极目灰烬，所至破残，十室九空。"⑧ 绍兴二年（1132）八月，李纲亦称湖南"上户逃移下户死，人口

---

① 《长编》卷345，元丰七年五月己酉，中华书局1979—1995年点校本，第8284页。
② （元）虞集：《道园学古录》卷13《赵文惠公神道碑》，《四部备要集部》，中华书局民国二十五年校刊本，第105页。
③ （民国）湖南省文献委员会：《李姓氏族源流》，湖南图书馆藏民国三十六年—1949年稿本。
④ （民国）湖南省文献委员会：《陈姓氏族源流》，湖南图书馆藏民国三十六年—1949年稿本。
⑤ （民国）湖南省文献委员会：《周姓氏族源流》，湖南图书馆藏民国三十六年—1949年稿本。
⑥ （宋）王珪：《华阳集》卷40《永寿郡太君朱氏墓志铭》，商务印书馆民国二十四年排印本，第560页。
⑦ 《通鉴》卷290，后周广顺元年十一月，中华书局1956年标点本，第9469页。
⑧ 《要录》卷41，绍兴元年正月癸亥，中华书局1956年排印本，第759页。

凋零十无八"。① 另外，隶属湖北路之鼎、澧、岳州的情况亦与南路相似，如"鼎州龙阳县，经寇攘之余，井邑萧条，居民稀少"。② 岳州至淳熙三年（1176）仍然是"汙莱弥望，户口稀少"。③ 这些记载均反映出湘地民户在南宋初期外逃十分严重。这些民户后有不少返回者，④ 但也应有一些就此而外迁定居。又如前述，湘地之民还有因赋税繁苛而外迁者，亦有被掠卖去境者。类似的外迁移民都会使湖南人口总量减少，但其整体影响应比域际迁入移民小得多。

（三）域内移民与湖南区域人口

域内移民对于湖南区域人口之总量不会发生任何影响，但可以改变各地人口之分布。据表3-3-4对唐宋湖南域内移民所作迁距分析，邻县迁移者占58%，同区迁移者和异区迁移者各占20.8%。前两类为总数的78.8%，反映出域内移民对区域人口分布的影响主要体现在邻县与同区人口分布的调整上。另外，异区移民也占到了五分之一，表明域内移民对不同地区人口的分布仍然发挥着一定的作用。北宋熙宁年间，沅州等地因"官田并山畬、园宅等荒闲甚多"，有"永、道、邵州人户往请射"⑤，是为湘南与湘西南民户迁往湘西耕垦者，可视为域内移民对异区人口分布影响之例证。

二 移民与湖南区域经济

（一）移民与湖南农业

一是移民对传统农耕地带的开垦。

湘江流域和洞庭湖地区是湖南传统的农垦地带，这里土壤肥沃，迁徙方便，对于一般民户移民而言，只要条件允许，他们都会优先考虑迁入这些地区，这一点在氏族资料上有着非常明显的体现。如洞庭湖区的岳阳，

---

① （宋）李纲：《李纲全集》卷29《八月十一日次茶陵县入湖南界有感》，岳麓书社2004年点校本，第388页。
② （宋）洪迈：《夷坚志·支戊》卷8《龙阳章令》，中华书局2006年点校本，第1118页。
③ 《宋史》卷174《食货志上二·赋税》，中华书局1977年标点本，第4218页。
④ 《历代名臣奏议》卷258，宋孝宗时司农卿李椿上奏，上海古籍出版社1989年影印本，第3382页。
⑤ 《长编》卷274，熙宁九年四月庚寅，中华书局1979—1995年点校本，第6704页。

唐代移入2例，五代移入7例，宋代迁入20例；平江唐代16例，五代7例，宋代45例；湘阴唐代1例，五代14例，宋代23例。湘中之长沙唐代3例，五代16例，宋代28例；湘潭唐代4例，五代2例，宋代20例；湘乡唐代2例，五代6例，宋代49例。湘南之衡阳，唐代2例，宋代22例；衡山唐代3例，五代2例，宋代19例；郴县唐代2例，宋代11例。[1] 移民的迁入不仅增加了劳动力，有时还能组织水利的兴修。如五代时，马氏移民政权"于潭州东二十里，因诸山之泉，筑堤潴水，号曰龟塘，溉田万顷"。[2]

这些移民的迁入及对水利的兴修，肯定会促进对土地的利用与开发。如郴州之郴县，为州治所在地，唐宋移民的持续迁入，使当地"不分涓滴溉田畴"和"野无旷土"。[3] 湘东地区之茶陵因兵士等移民的迁来，5000顷田土全部得到耕垦，几"无遗莱、旷土可寻"。[4] 而在战乱后迁入者之作用尤其明显。如南宋乾道四年（1168）前后，湘北地区因受战乱影响而人口稀少的"常德府已耕垦及九分以上，澧州及七分以上，其余州郡亦五分以上下"[5]，其原因在于"江南狭乡百姓，扶老携幼，远来请佃"。[6] 同期之荆湖南路有与江西路"袁、吉壤接者，其民往往迁徙自占，深耕概种，率致富饶"。[7] 可见移民的到来，使本地农业耕作得到很快恢复和发展，有的还通过精耕细种而致富饶。

二是移民对边远地区的开发。

唐宋湖南移民不仅迁入传统农垦地带，而且还迁往原来较少开发的偏僻地区。唐代前期，郴州北岭山谷中有移民迁来"种田烧险谷，汲井凿高原"[8]。唐柳宗元居永州时（永贞、元和年间），亦见有人进入偏僻山区

---

[1] 分见《湖南移民表》之各县表。
[2] 《宋史》卷173《食货志上一·农田》，中华书局1977年标点本，第4183页。
[3] 阮阅：《郴江百咏·郴江》，北京大学古文献研究所编：《全宋诗》，北京大学出版社1998年版，第19册，第13002页。
[4] （宋）叶适：《叶适集·水心文集》卷11《茶陵军减苗置寨记》，中华书局1961年点校本，第199页。
[5] 《历代名臣奏议》卷258，宋孝宗时司农卿李椿上奏，上海古籍出版社1989年影印本，第3382页。
[6] 《宋史》卷174《食货志上二·赋税》，中华书局1977年标点本，第4218页。
[7] 《宋史》卷88《地理志四·荆湖南北路》，中华书局1977年标点本，第2201页。
[8] 戴叔伦：《桂阳北岭偶过野人所居聊书即事呈王永州邕李道州圻》，《全唐诗（增订本）》卷274，中华书局1999年点校本，第3110页。

第六章 唐宋湖南移民之影响及在湖南移民史上之地位

"芝山而更居"。① 在唐代有多少人户如上述两例农民一样,逃入湖南山区刀耕火种、开垦生息,尚难估计,但毫无疑问,这已成为唐代湖南移民之重要去路。

五代至宋代时,移民开始大量迁往西部与西南沿边州县与溪洞。如梅山地区原为蛮瑶所据,开发程度不高,五代时有14例移民迁入(安化域际迁入4,域内迁入2;新化域际迁入6,域内迁入2),宋代时这一地区迁入移民个案达133例(安化域际迁入27,域内迁入14;新化域际迁入80,域内迁入12)。② 北宋熙宁时宋政府在此设安化、新化二县,应与先期迁入的移民对这一地区的开垦与开发有着密不可分的联系,设县后又吸引着更多的移民前来开垦。北宋熙宁后,随着宋政府开边拓境政策的实行,湘西地区迁入移民数量增多,如"徽、诚蛮多典卖田与外来户"。③ 官府于沅州等地"拘籍地土,拨充屯田,作营田",配罪隶耕种。④ 时人陶弼《寄沅州新守谢麟》诗记其事云:"三千戍卒今无几,十万屯田古未耕。"⑤ 可见其一度之盛况。后来因入不敷出,改"召人请佃,租米约有万计"。⑥ 史载"沅州官田并山畬、园宅等荒闲甚多",有"全、永、道、邵州人户往请射",所说即为其事。⑦ 南宋绍兴时,沅州等地继续"将空闲田土召人承佃纳租,补助岁计"。⑧ 边境地区之地方政府为增加收入而招人请佃土地,对边境州县与溪洞的开发无疑有重要的促进作用。北宋政和之后至南宋时,鼎、澧、辰、沅、靖、邵、永、道、郴、衡、桂阳等州(监)搜括土地以招募亦兵亦农的刀弩手,因设刀弩手的主要目的是防御溪洞蛮瑶,则其屯驻之地应是靠近溪洞一带的边境地区。刀弩手人数众多,如鼎、澧、辰、沅、靖五州在北宋末时共有刀弩手一万三千人,若将其家庭人口(平均以5口计)计算在内,总计应超过6万余人。其他六州亦应有相当之人数。这些"无事则耕作自赡,有警则集而用之"的刀弩手及其家属应

---

① (唐)柳宗元:《柳宗元集》卷29《钴鉧潭记》,中华书局1979年校点本,第764页。
② 见《湖南移民表》之安化和新化表。
③ 《长编》卷345,元丰七年五月己酉,中华书局1979—1995年点校本,第8284页。
④ 《宋会要辑稿》食货2之7,中华书局1957年影印本,第4828页。
⑤ 北京大学古文献研究所编:《全宋诗》,北京大学出版社1998年版,第8册,第4991页。
⑥ 《宋会要辑稿》食货2之7,中华书局1957年影印本,第4828页。
⑦ 《长编》卷274,熙宁九年四月庚寅,中华书局1979—1995年点校本,第6704页。
⑧ (宋)曹彦约:《昌谷集》卷11《辰州议刀弩手及土军利害札子》,《景印文渊阁四库全书》,台湾商务印书馆1986年版,第1167册,第137页。

· 219 ·

募迁来①，同样也会大大促进边境地区的开发。

由于自唐初开始，尤其唐天宝后有大量移民迁入湖南境内，湖南土地开发与生产技术水平也随之不断提高，到唐元和时，湖南之湘中与衡州被称为"奥壤"之都府②，湖南之地成为唐朝廷"每岁赋入倚办"之江南八道之一。③唐太和三年（829）时又被称之为"地称沃壤，所出常倍他州"④之地，所有这些都标志着湖南已成为重要的粮食生产基地，但其中又以湘水流域之州郡为主。宋代时，湘水流域在移民不断迁入的背景下得到持续开发，而湘西与湘西南等地之边远区域也因移民的大量迁入而使经济（主要是农业经济）发展较快。⑤

（二）移民与湖南手工业

移民对手工业的影响，主要体现在唐末五代时马楚移民政权对手工业的发展上。一是铸造技术与石刻工艺。马楚国于乾化元年（911）"开冶铸天策钱，文曰'天策府宝'，铜质浑厚，径寸七分，重三十铢二参"。⑥后晋天福五年（940），楚王马希范与溪州刺史彭士愁立铜柱为盟，其柱"高一丈二尺，内入地六尺，重五千斤，并石莲花台"。⑦无论是所铸铜钱，还是所铸铜柱及石刻莲花，都表现出了较高的铸造和雕刻工艺水平。二是丝织业。马殷时，采用扬州人高郁的建议，"命民输税者皆以帛代钱"，大大提高了民间种桑养蚕的积极性，"未几，民间机杼大盛"，完全改变了"湖南民不事桑蚕"的生产局面。⑧三是制茶业。开平二年（908），马殷听从高郁建议，"听民自采茶卖于北客，收其征以赡军"⑨，湖南种茶业得以迅速发展，制茶工艺也随之有很大提高，出现了"枕子茶"等名茶，成为向

---

① 《要录》卷44，绍兴元年五月戊午，中华书局1956年排印本，第803页。
② 权德舆：《尚书度支郎中赠尚书左仆射正平节公裴公神道碑铭并序》，《全唐文》卷500，中华书局1983年影印本，第5089页。
③ 《旧唐书》卷14《宪宗纪上》引李吉甫《元和国计簿》，中华书局1975年标点本，第424页。
④ 阙名：《请令孟琯兼往洪潭存恤奏》，《全唐文》卷966，中华书局1983年影印本，第10030页。
⑤ 关于宋代湖南经济的发展，可参考朱瑞熙、徐建华《十至十三世纪湖南地区的经济开发》，《庆祝邓广铭教授九十华诞论文集》，河北教育出版社1997年版。
⑥ （清）吴任臣：《十国春秋》卷67《武穆王世家》，中华书局1983年点校本，第938页。
⑦ （清）王士禛：《池北偶谈》，中华书局1982年点校本，第224页。
⑧ 《通鉴》卷274，后唐同光三年闰十二月，中华书局1956年标点本，第8953页。
⑨ 《通鉴》卷266，后梁开平二年七月，中华书局1956年标点本，第8702页。

中原政权进献的重要贡品。① 四是制糖业和槟榔加工业。马楚国制造的"乳糖、白沙糖",及其所加工的"橄榄子"(今称槟榔),也都曾作为"国礼"进贡于中原王朝。②

另外,宋代时,湘南之桂阳监吸引着大量"烹丁"和"商旅"迁来,使其采矿业兴极一时。③ 又"潭州浏阳县永兴场采银铜矿所集坑丁,皆四方浮浪之民"。④ "潭州湘阴县、岳州平江县地界出产金宝去处甚多",当地"百姓地主私召人淘采货卖"。⑤ 这些公私招募矿工及商旅等移民对湖南采矿业的发展也做出了自己的贡献。

(三)移民与湖南之商业

唐宋移民对湖南商业的影响也主要体现在马楚移民政权当政之时。史载:"初,楚王〔马〕殷既得湖南,不征商旅,由是四方商旅辐凑。"⑥ 马殷不仅用免税等开放政策吸引各地商人来湖南做生意,还派人到各地去经营买卖,"于汴、荆、襄、唐、郢、复州置回图务,运茶于河南、北,卖之以易缯纩、战马而归,仍岁贡茶二十五万斤",马氏的这些措施产生了积极的影响,"湖南由是富赡"。⑦ 又如前述,宋代湖南各地矿场有"商旅"性移民"往来辐凑",促进了本地矿产品交易的繁荣。⑧

三 移民与湖南区域文化

湖南自古以来就属于文化水平相对落后的地域,而唐宋时期一般民户的迁入为湖南文化水平的提高提供了良好的经济基础,而官僚士大夫等上层移民的迁入又为湖南区域文化的发展提供了直接推动力。本处拟从三个方面对之加以分析:一是从唐至宋代正史列传中湘籍人物分布、湖南进士

---

① 《旧五代史》卷110《周太祖本纪》,中华书局1976年标点本,第1463页。
② 同上。
③ (宋)王象之:《舆地纪胜》卷61《荆湖南路·桂阳军·景物下》引《旧经》,江苏广陵古籍刻印社1991年影印本,第570页。
④ 《长编》卷293,元丰元年十月己未,中华书局1979—1995年点校本,第7153页。
⑤ 《宋会要》食货34之16,第5396页。
⑥ 《通鉴》卷274,后唐同光三年闰十二月,中华书局1956年标点本,第8953页。
⑦ 《通鉴》卷266,后梁开平二年七月,中华书局1956年标点本,第8702页。
⑧ (宋)王象之:《舆地纪胜》卷61《荆湖南路·桂阳军·景物下》引《旧经》,江苏广陵古籍刻印社1991年影印本,第570页。

分布和著作分布的变化来看湖南文化水平发展之状况及其与湖南迁入移民之相关关系；二是以唐宋移民对湖南文化之最大影响——湖湘文化的兴起为个案加以重点剖析；三是对僧道移民群体对湖南宗教文化的影响作一单独论述。

（一）移民与湖南整体文化水平的提高

本小节之基本思路是：先将能反映唐宋湖南文化发展水平的三个指标——正史列传人物分布、进士与著作的分布作一大致介绍，然后再将之与文化水平的直接影响者——官僚士大夫等上层移民群体的分布和文化水平的间接影响者———般民户移民群体的分布作一比较，以分析其相关性。

首先是唐宋时期正史列传中所列湘籍人物分布的情况。据表6-1-1，唐宋正史中，湘籍人物共40（人，以下略）。从时间分布来看，唐代8，占20%；五代3，占7.5%；宋代29，占72.5%。从各区分布来看，湘北12，占30%；湘东4，占10%；湘中11，占27.5%；湘西南1，占2.5%；湘南12，占30%。湘北、湘南和湘中籍者占多数，总计35，为总数的87.5%；其余地区人数极少，总计5，为总数的12.5%。

表6-1-1　　　　　　　　唐宋正史列传湘籍人物分布

	唐代	五代	宋代	总计
湘北	3	3	6	12
巴陵	0	0	1	1
平江	0	0	1	1
澧州	1	0	0	1
武陵	2	3	3	8
桃源	0	0	1	1
湘东	0	0	4	4
浏阳	0	0	1	1
醴陵	0	0	3	3
湘中	2	0	9	11
长沙	2	0	8	10
湘潭	0	0	1	1

第六章　唐宋湖南移民之影响及在湖南移民史上之地位

续表

	唐代	五代	宋代	总计
湘西南	1	0	0	1
邵阳	1	0	0	1
湘南	2	0	10	12
衡阳	0	0	1	1
衡山	0	0	3	3
零陵	0	0	2	2
桂阳	0	0	1	1
祁阳	0	0	1	1
道州	0	0	1	1
永明	0	0	1	1
郴州	2	0	0	2
总计	8	3	29	40

资料来源：张伟然：《湖南历史文化地理研究》附表2-1，复旦大学出版社1995年版，第228页。

说明：分区参考《湖南移民表》，中国戏剧出版社2008年版。

其次是唐宋时期湖南进士分布的情况。据表6-1-2，唐宋湖南进士158人。其中唐代9，占5.7%；宋代149，占94.3%。从唐至宋，湖南进士人数增长16.6倍，这虽然与宋代扩大科举规模有关，但更多的是湖南区域文化水平整体提高的结果。[①] 从各区分布来看，湘北44，占27.8%；湘东13，占8.2%；湘中33，占20.9%；湘西3，占1.9%；湘西南5，占3.2%；湘南60，占38%。湘北、湘中和湘南人数最多，总计137，为总数的86.7%；其余三区较少，总计21，为总数的13.3%。

[①] 据张希清先生的统计，宋代平均每年科举取士约为唐代之5倍。参见氏著《论宋代科举取士之多与冗官问题》，《北京大学学报（哲学社会科学版）》1987年第5期。

表 6-1-2　　　　　　　　唐宋湖南进士分布

	唐代	宋代	总计
湘北	3	41	44
巴陵	1	5	6
平江	0	14	14
湘阴	0	9	9
澧州	2	2	4
武陵	0	6	6
龙阳	0	2	2
桃源	0	2	2
沅江	0	1	1
湘东	0	13	13
浏阳	0	3	3
醴陵	0	8	8
攸县	0	1	1
茶陵	0	1	1
湘中	1	32	33
长沙	1	20	21
宁乡	0	1	1
善化	0	2	2
湘潭	0	7	7
湘乡	0	2	2
湘西	0	3	3
泸溪	0	1	1
黔阳	0	1	1
会同	0	1	1
湘西南	0	5	5
邵阳	0	4	4
武冈	0	1	1
湘南	5	55	60
衡阳	1	3	4
耒阳	0	2	2

续表

	唐代	宋代	总计
安仁	0	1	1
衡山	1	10	11
零陵	0	7	7
祁阳	0	4	4
道州	1	11	12
永明	0	2	2
宁远	0	5	5
郴州	2	2	4
桂阳（汝城）	0	3	3
宜章	0	2	2
桂阳州	0	1	1
临武	0	2	2
总计	9	149	158

资料来源：张伟然：《湖南历史文化地理研究》附表 2-2，复旦大学出版社 1995 年版，第 229 页。

说明：分区参考《湖南移民表》，中国戏剧出版社 2008 年版。

最后是唐宋时期湖南著作分布的情况。据表 6-1-3，唐宋湖南经、史、子、集各类著作共 306 种。从时间分布来看，唐代 55，占 18%；五代 16，占 5.2%；宋代 235，占 76.8%。从各区分布来看，湘北 67，占 21.9%；湘东 21，占 6.9%；湘中 86，占 28.1%；湘西 3，占 1%；湘西南 4，占 1.3%；湘南 125，占 40.8%，湘南、湘中和湘北最多，总计 278，占 90.8%，其余三区总计 28，占 9.2%。

表 6-1-3　　　　　　唐宋湖南著作分布

	唐代	五代	宋代	总计
湘北	12	2	53	67
平江	0	0	25	25
湘阴	0	1	8	9
临湘	0	0	1	1

续表

	唐代	五代	宋代	总计
澧州	8	0	2	10
安乡	1	0	0	1
武陵	3	1	12	16
龙阳	0	0	4	4
桃源	0	0	1	1
湘东	**0**	**0**	**21**	**21**
浏阳	0	0	2	2
醴陵	0	0	6	6
攸县	0	0	2	2
茶陵	0	0	11	11
湘中	**18**	**9**	**59**	**86**
长沙	13	9	28	50
湘潭	0	0	13	13
湘乡	0	0	6	6
宁乡	0	0	9	9
益阳	5	0	1	6
安化	0	0	2	2
湘西	**0**	**1**	**2**	**3**
慈利	0	1	0	1
沅陵	0	0	1	1
黔阳	0	0	1	1
湘西南	**2**	**0**	**2**	**4**
邵阳	2	0	1	3
新化	0	0	1	1
湘南	**23**	**4**	**98**	**125**
衡阳	5	0	12	17
衡山	8	0	22	30
安仁	0	0	1	1
耒阳	0	0	1	1
常宁	0	0	6	6

第六章　唐宋湖南移民之影响及在湖南移民史上之地位

续表

	唐代	五代	宋代	总计
零陵	0	0	12	12
宁远	3	0	5	8
东安	0	0	2	2
祁阳	1	0	7	8
道州	1	1	10	12
永明	0	0	3	3
江华	0	0	5	5
桂阳州	1	3	3	7
临武	0	0	2	2
郴州	4	0	6	10
永兴	0	0	1	1
总计	**55**	**16**	**235**	**306**

资料来源：张伟然：《湖南历史文化地理研究》附表2-3，复旦大学出版社1995年版，第230—233页。

说明：1. 表中所列均为经、史、子、集之总数。

2. 分区参考《湖南移民表》，中国戏剧出版社2008年版。

3. 《湖南历史文化地理研究》附表2-3将唐代经、史、子、集总数分列为1、5、27、17，而据表中所列各县数，应分别为1、10、26、18。附表将宋代史类总数列为45，而表中所列各县史类数，其总数应为47。

　　以上分别从正史湘籍人物、进士和著作的分布了解了唐宋时期湖南区域文化发展的大致情况，这三个方面都表明，从唐代至宋代，湖南文化水平呈快速增长的趋势。这一增长趋势与唐宋移民又有何关联呢？下面试以唐宋域际迁入移民为例稍加以说明。

　　首先从时间分布上分析移民之迁入与文化发展之关系。

　　关于域际迁入移民，我们仍分正史类史料所载之上层移民与氏族资料所载之一般民户移民。关于文化发展，则以前述正史湘籍人物、进士和著作为指标。

　　据表6-1-4，在文化发展的三类指标中，正史湘籍人物与著作在唐五代和宋代前后两个时期的分布非常接近，而进士分布差距稍大，考虑到前述唐宋在选拔数量上的巨大差异，也应在实际上接近前两者的分布比例，因此三者所呈现的趋势非常一致，即宋代比唐五代均有较大发展。

· 227 ·

再将三者所体现出来的共同趋势与两类移民的分布分别作比较。与一般民户相对照,文化发展不仅在整体趋势上与之趋于一致,而且在具体比例上也非常接近,表明一般民户的迁入与湖南文化的发展之间存在正相关的关系:唐五代一般民户移民较少,文化发展水平相对要低;宋代一般民户迁入较多,文化发展水平相对要高,二者在时间上是完全同步的。一般民户移民主要对湖南地域经济的发展起着积极的推动作用,而经济的发展又恰恰是文化发展的重要前提,这可能是二者之间有着正相关关系的原因。当然,湖南区域经济的发展并不仅仅是由移民此单一因素引起的,土著民户等因素也是非常重要的条件,有时还是起决定作用的条件。而文化发展与一般民户迁移之间完全一致的趋势说明:一般民户的迁入以及由此而推动的湖南经济发展,无疑也是湖南文化发展的重要因素。

与上层移民相比较,文化发展与之呈现相反的趋势,似乎两者之间并无多少关联,其实不然。官僚士大夫等上层移民通过创立学派、建造书院、传授弟子,以及诗歌酬唱、著述论道等形式,直接推动着湖南文化的发展,因而上层移民的迁入肯定会对湖南文化的发展产生积极影响。而前述二者之间发展趋势的不一致,是由于特殊的历史条件造成的。据第二章第一节和第三章第一节所论,唐五代上层移民主要集中在唐末五代时,而唐末五代之上层移民又主要于马楚割据湖南之时迁来。五代末,不但这些移民(或其后裔)之大部被迁往东南,而且湖南本地的一些士人也随之被迁出,因而唐末五代所迁入上层移民对湖南文化发展的影响极其有限。唐末五代所迁入上层移民共计64例,占唐宋总数之35%,若不将这部分移民纳入统计,则唐代与宋代所占之比重分别为40.5%、59.5%,大体与文化发展趋势相一致。

表6-1-4　　域际迁入移民与文化发展指标在时间分布上的对比

单位:%

	唐五代	宋代	总计
上层移民	62.3	37.7	**100**
一般民户	19.2	80.8	**100**
正史湘籍人物	27.5	72.5	**100**
进士	5.7	94.3	**100**
著作	23.2	76.8	**100**

资料来源:表3-1-1、表3-1-2、表6-1-1、表6-1-2和表6-1-3。

第六章 唐宋湖南移民之影响及在湖南移民史上之地位

最后从地理分布上分析移民之迁入与湖南文化发展之关系。

据表6-1-5，作为文化发展指标的正史湘籍人物、进士与著作等在各地区的分布虽小有差别，但大体一致，即主要以湘北、湘中和湘南为主要分布地，三类指标在这三地分布的总比重依次为87.5%、86.7%、90.8%，而在湘东、湘西和湘西南三地分布很少，三类指标在这三地分布的总比重分别为12.5%、13.3%、9.2%。上层移民在迁入地的分布上基本与之相吻合，也以湘北、湘中和湘南为主要分布地，三地所占为73.8%。又据前所述，在迁入地不详占17.5%的移民中，大都是迁入长沙或衡山，如此则上述三地所占比例可达九成，其余三地不足一成。这表明上层移民迁入较多的地方，其文化发展水平较高；上层移民迁入较少的地方，其文化发展水平较低，其间可能还有其他因素的影响，但上层移民对湖南文化的发展无疑是有直接推动作用的。一般民户在迁入地的分布上虽没有如上层移民那么高的吻合程度，但基本上还是体现了这一特点，前三地占67.6%，后三地占32.4%。一般民户移民在时间分布上有非常高的吻合程度，而在地理分布上吻合程度稍低，也再次说明他们是通过间接的方式推动湖南文化的发展：湖南文化的发展不是以湖南某一地区经济的发展为前提，而是以其整体水平的提高为条件。

表6-1-5　域际迁入移民与文化发展指标在地理分布上的对比

单位：%

	湘北	湘东	湘中	湘西	湘西南	湘南	总计
上层移民	14.2	3.3	26.8	5.5	0	32.8	**82.5**
一般民户	15.2	10.3	19.9	8.2	13.8	32.6	**100**
湘籍人物	30	10	27.5	0	2.5	30	**100**
进士	27.8	8.2	20.9	1.9	3.2	38	**100**
著作	21.9	6.9	28.1	1	1.3	40.8	**100**

资料来源：表3-1-6、表3-1-7、表6-1-1、表6-1-2和表6-1-3。

（二）移民与湖湘学派的兴起①

前面提到上层移民对湖南文化的发展往往起着直接推动作用，本小节则以唐宋时期湖南地区一个最重要的文化现象——湖湘学派的兴起作为个案以进一步说明之。

众所周知，宋明之际，理学思潮兴起，初时则学派林立，其说众多。南宋时期，在湖南地区也有一支理学派别，人们称之为湖湘学派。这一学派自其思想之滥觞，到其形成与发展，都与迁入湖南之上层移民密不可分。北宋人周敦颐，湖南营道人，不仅是宋代理学之祖，也是湖湘学派的思想渊源所在。这样一位大思想家也是移民的后裔，他的先祖周崇昌于唐永泰时自青州宦居宁远，后裔再迁营道之廉溪。②湖湘学派的主要创立者胡安国、胡宏父子及其门人弟子大都自外地迁入。胡安国父子为福建人，曾宦居荆门，建炎四年（1130）率儿女、弟子避乱来湘潭，创办碧泉书堂，绍兴三年（1133）再辗转迁居衡山，创办文定书堂，后其子胡宏在宁乡建立道山书院。胡氏父子以这些书院为研治学术和传播理学的基本场所，并最终创立了一个重要的理学学派——湖湘学派。胡氏父子利用书院讲学，吸引着大量湖湘弟子归附门下，从而形成了一个政治倾向和学术思想一脉相传的学者群体。当胡安国最初在碧泉书院时，不仅其子胡寅、胡宏和胡宁等皆承其家学，还培养了如韩璜、李椿、向沈（以上三人皆为外地移民），以及彪虎臣和黎明（两人皆为湖南人，彪氏已述于前文，黎明为长沙人）等弟子。后胡寅、胡宏等人继承父业，继续在衡山等地治学、讲学，培养门人弟子，如赵师孟和张栻（均自外地迁入者）等。胡氏父子及其门人弟子这一学者群体的出现，为湖湘学派崛起于南宋奠定了坚实的基础。

继胡氏父子之后，对于湖湘学派影响最大者莫过于四川人张栻。张栻于绍兴三十一年（1161）始师从胡宏于碧泉书院，《宋元学案·元城学案》称："钦夫〔张栻字〕涕泣求见，遂得湖湘之传。"③ 同年，又与父亲

---

① 本小节关于湖湘学派的师承渊源参考陈谷嘉、朱汉民《湖湘学派源流》，湖南教育出版社1992年版。
② （宋）魏了翁：《鹤山先生大全文集》卷48《长沙县四先生祠堂记》，《四部丛刊集部》，商务印书馆民国十一年再版影印本。
③ （清）黄宗羲原著，（清）全祖望补修：《宋元学案》卷20，中华书局1982年点校本，第839页。

张浚于长沙创办城南学院以讲学。乾道初，岳麓书院重建，他亲自撰写《潭州重建岳麓书院记》，确立了岳麓书院传播理学、培养人才的教学方针，并主讲期间，"使四方来学之士得以传道授业解惑焉"①，岳麓书院遂成为南宋四大书院之一。张栻在长沙以城南书院和岳麓书院为中心研究、传播"湖湘之传"，《宋元学案·岳麓诸儒学案》罗列他培养的湖湘等地弟子达三十余人，其中不乏在政界、学界有相当影响的人物。② 这也是一个学术主旨接近，并有一定规模的学者群体，标志着湖湘学派得到了进一步的发展。

综上所述，湖湘学派自其思想滥觞、建学创派，以及后来的发展扩大，都与上层移民的迁入不无密切关系。他们通过教授子弟以传家学，创办书院以播理学，在衡山、湘潭、宁乡和长沙一带广行教化，培养学者，遂致湖湘学派兴起，是为移民对湖湘文化影响之最著者。

（三）僧道移民对湖南宗教文化的影响

唐宋时期，有众多高僧与道士迁徙来湘，对湖南宗教文化的发展起到了积极的作用。就佛教高僧而言，他们自外地来湖南驻锡，弘扬佛法，影响很大。唐代时，韶州释如会居长沙东寺，"其法门鼎盛，时无可敌，谚谓东寺为'禅窟'，断可知矣。时相国崔公群慕会之风，来谒于门，答对浏亮，辞咸造理。自尔为师友之契"。③ 端州高要人希迁居南岳后，曹溪门下禅宗"江西主大寂，湖南主石头［希迁］，往来憧憧，不见二大士为无知矣"。④ 使南岳成为湖南佛教的中心，湖南禅宗之兴盛亦自此始矣。荆渚释崇信游止澧阳，"因李翱尚书激扬，时乃出世。后德山鉴师出其门，宗风大盛矣"。⑤ 上党人恒月抵长沙望湖山翠微崖下古院挂锡，"四方学者如

---

① （宋）朱熹：《晦庵先生朱文公文集》卷100《潭州委教授措置岳麓书院牒》，《朱子全书》，上海古籍出版社等2002年校点本，第20—25册，第4629页。
② （清）黄宗羲原著，（清）全祖望补修：《宋元学案》卷71，中华书局1982年点校本，第2365—2394页。
③ （宋）赞宁：《宋高僧传》卷11《唐长沙东寺如会传》，中华书局1987年点校本，第250页。
④ （宋）赞宁：《宋高僧传》卷9《唐南岳石头山希迁传》，中华书局1987年点校本，第208、209页。
⑤ （宋）赞宁：《宋高僧传》卷10《唐荆州天皇寺道悟传附宗信传》，中华书局1987年点校本，第234页。

蜂得王,翕然盛化"。① 钟陵释昙晟居澧阳云岩寺,亦"化徒孔勤,受益者众"。② 豫章释圆智居长沙道吾山,"海众相从,犹蜂蚁之附王焉"。③ 岐下释日照"禀学纳戒,传受经法,靡所不精",后来南岳,"学人波委"。④ 剑南释宣鉴于咸通初居武陵德山,"其道芬馨,四海禅徒辐凑。伏腊,堂中常有半千人矣。其于训授,天险海深,难窥边际"。⑤ 绛县释惟俨居朗州药山,"陶炼难化,护法功多,回是子之心,拔山扛鼎,犹或云易。又相国崔群、常侍温造相继问道,俨能开发道意"。⑥ 襄阳释慧演来住澧阳,由是"江南得道者多矣"。⑦ 五代时,抚州南城人居遁和尚受楚王马殷之邀居长沙龙牙山妙济禅院,"玄徒五百余人,爰奏章服、师号证空大师"。⑧ 宋代时,全州释楚圆游止潭州石霜寺,"与四海高人,日谈禅道"。⑨ 还有高僧来湘地著述立说。如福州释惟劲,光化中来居南岳,"续《宝林传》,盖录贞元已后禅门祖祖相继源脉者也。别著《南岳高僧传》,未知卷数,亦一代禅宗达士,文彩可观"。⑩ 又前举长沙妙济禅院释居遁,"出世近四十年,凡歌行、偈颂并广行于世"。⑪ 也有高僧在湖南创建佛寺,开辟了新的佛学基地。如福州大圆禅师,进入大沩山修建庙宇。郑愚《潭州大沩山同庆寺大圆禅师碑铭并序》云此处"蟠林穹谷,不知其岚几千百重,为熊豹

---

① (宋)赞宁:《宋高僧传》卷10《唐潭州翠微院恒月传》,中华书局1987年点校本,第237页。
② (宋)赞宁:《宋高僧传》卷11《唐澧阳云岩寺昙晟传》,中华书局1987年点校本,第257页。
③ (宋)赞宁:《宋高僧传》卷11《唐潭州道吾山圆智传》,中华书局1987年点校本,第259页。
④ (宋)赞宁:《宋高僧传》卷12《唐衡山昂头峰日照传》,中华书局1987年点校本,第274页。
⑤ (宋)赞宁:《宋高僧传》卷12《唐朗州德山院宣鉴传》,中华书局1987年点校本,第275页。
⑥ (宋)赞宁:《宋高僧传》卷17《唐朗州药山惟俨传》,中华书局1987年点校本,第423、425页。
⑦ (宋)赞宁:《宋高僧传》卷29《唐澧州慧演传》,中华书局1987年点校本,第731页。
⑧ (南唐)静筠二禅师:《祖堂集》卷8《龙牙和尚居遁》,中华书局2007年点校本,第403页。
⑨ (宋)普济:《五灯会元》卷12《石霜楚圆禅师传》,中华书局1984年点校本,第704页。
⑩ (宋)赞宁:《宋高僧传》卷17《后唐南岳般舟道场惟劲传》,中华书局1987年点校本,第431页。
⑪ (南唐)静筠二禅师:《祖堂集》卷8《龙牙和尚居遁》,中华书局2007年点校本,第406页。

虎兕之封，虺蜮蚍蟒之宅"。①《宋高僧传》卷 11 本传亦言当地"敻无人烟，比为兽窟。乃杂猿猱之间，橡栗充食"。在此等偏僻之地修建梵庙，无疑扩大了佛教的影响范围。以上诸僧，皆精于经要，弘法不懈，化徒不辍，甚或著书立言，新修梵寺，唐宋湖南佛教之兴盛，诸人居功至伟矣。

道士来湘者不及高僧人数多，但所来者对湖南道教文化的发展亦有贡献。如洪州西山道士胡元周，北宋时"经历"平江，倡导并主持修建葆真观，由朝廷赐额，为当时道教之盛事。②

四　移民与湖南区域政治

移民对湖南区域政治的影响主要体现在两个方面：

（一）移民对湖南割据政权的影响

唐末五代时，在湖南地域内建立起了号称当时十国之一的马楚政权。这一割据政权是典型的移民政权：建立之初，刘建锋与马殷等人所部十余万人皆为移民，这一方面是他们得以在湖南立足的基本武装，另一方面也是组成王国政府各级机构的骨干力量；政权建立后，各地士庶纷纷迁徙来湘，周边各股较小割据势力也先后归附移湘，巩固了移民政权。所以移民是唐末五代湖南割据政权得以建立并维持的基本力量。

南宋初，移民对湖南钟相、杨幺割据政权也有着重要的影响。建炎四年（1130）二月，鼎州钟相起义，"士大夫避乱者多依之"③。后钟相败亡，湖南各股武装势力也相继被平息，一部分游寇遂散落在江湖间。杨幺举义时，这些来自各地的游寇多有前往归附者，如"孔彦舟、马友、刘超、彭筠散亡之众，尽入其党，以故人数众多"④。

（二）移民对湖南政区的影响

在唐广德二年（764）之前，今湖南地域分属于江南、山南与黔中三

---

① 《全唐文》卷 820，中华书局 1983 年影印本，第 8645 页。另见（宋）姚铉编《唐文粹》卷 63，任继愈主编《中华传世文选》，吉林人民出版社 1998 年版，第 667 页，其载稍异。
② 黄诰：《葆真观记碑》，《八琼室金石补正》卷 110，《石刻史料新编》，台北新文丰出版公司 1982 年影印本，第 1 辑，第 8 册，第 5789 页。
③ 《要录》卷 31，建炎四年二月甲午，中华书局 1956 年排印本，第 613 页。
④ （宋）李纲：《李纲全集》卷 73《乞发遣水军吴全等付本司招捉杨幺奏状》，岳麓书社 2004 年点校本，第 758 页。

道，无单独政区。广德二年，唐廷始设湖南观察使，从此建立起了以潭、衡为中心地带的地方行政区。湖南行政区划的这一历史性变化，固然是由多种因素共同作用的结果，但与唐中叶以来以潭、衡为中心的经济地带的出现有着最直接的关系。而据前文所论，潭、衡地区经济的发展又与移民之迁入密不可分，所以移民对湖南政区地位的提高是起了推动作用的。唐末五代，马楚移民政权以唐代湖南政区为中心建立马楚国，并将岳、澧、朗、辰等州纳入这一区域，宋朝则沿袭唐代湖南政区为荆湖南路，以湘西、北诸州隶荆湖北路，成为今天湖南政区的雏形。另外，移民对湖南域内县级政区的增设也产生了重要影响。如北宋熙宁间新化和安化两县的设立，在很大程度上就是自五代以来移民对梅山地区大规模持续开发的结果。

五 移民与湖南民族关系

移民对湖南民族关系的影响是多方面的：从积极的一面来讲，移民在促进少数民族汉化、推动少数民族地区开发上具有重要的作用；就消极的一面来看，移民会造成少数民族与汉族关系紧张，从而给边境百姓的生产和生活带来破坏性的影响。这些不同的作用和影响又往往与特定的移民类型有关。

（一）促进少数民族汉化

这是溪洞蛮瑶向省地移民所产生的一种影响。溪洞蛮瑶向省地迁徙主要有两种形式：一是直接侵占，二是归明安置。无论是哪种形式，都会使其生产与生活方式发生变化。如溪洞首领被安置于内地后，"广田宅，结婚姻"[1]，与汉官无异。又《默记》载：

　　[郑]毅夫既没，[其弟郑猷]求监安州酒税。安州其乡里，以便亲养也。久之，湖南招降得蛮首舒光勇者，[2]溪洞生黎，面色如漆，

---

[1] （宋）李纲：《李纲全集》卷76《相度归明官任满轮易奏状》，岳麓书社2004年点校本，第783页。
[2] 据（宋）曾公亮等《武经总要·前集》卷21《边防·荆湖北路》载，允州乃南江羁縻州（《中国兵书集成》，解放军出版社等1988年影印本，第3—5册，第1035页），《默记》所载湖南应为湖北之误。

第六章 唐宋湖南移民之影响及在湖南移民史上之地位

声音侏儗，如鬼物然。朝廷不杀，以三班差使亦来监安州酒税，与猷同官。猷以其素茹蛇馅蛊之人，每于其家送食，必作两分，与之对飧。然光勇终不快意，盖未尝知中国士夫家常［本作尝，当是避讳，今改回］馔也。每食馔毕，必令拦头辈于务前饼店以四钱买胡饼二枚。光勇既取食，必大称味之美，以谓平生未尝知此味也。一日，又以对猷言如前。猷因语之曰："汝本溪洞腥臊生蛮，不知有饮食，乍得此至下之物，食之以为未始有也。"猷谓所善曰："此事固小，可以喻大，凡不知而妄作者，皆舒光勇之类也。"①

据上可知，舒光勇本溪洞生黎首领，因招降置内地，监安州酒税，并且很快喜欢上了汉人胡饼之类的生活饮食，但对于士大夫家之食馔习俗不甚快意，此亦应是迁汉地之溪洞首领的共同经历。不仅溪洞首领因置内地而逐步被汉化，一般瑶民也因迁省地而改变生产方式。《忠肃集》卷12《直龙图阁蔡君墓志铭》载：

> 潭、邵间所谓上下梅山，其地千里，马氏以来，瑶人据之，号莫瑶。国朝有厉禁，制其耕垦出入，然岁久公然冒法，又稍招萃流浪。

又《长编》卷290载：

> ［元丰元年六月癸卯］，"权知邵州侍其瑾言，扶竹水山瑶梁义等愿附招纳，籍为省民，隶邵阳县，输丁身钱米。诏荆湖南路安抚司问义，如不愿往湖北，即邵州安存之。"

又《宋史》卷494《蛮夷二·西南溪峒诸蛮下》载乾道七年（1171）时，前知辰州章才邵说：

> 沅陵之浦口，地平衍膏腴，多水田，顷为瑶蛮侵掠，民皆转徙而田野荒秽。会守倅无远虑，乃以其田给靖州仡伶杨姓者，俾佃作而课

---

① （宋）王铚：《默记》卷中，中华书局1981年点校本，第33—34页。

其租，所获甚微。①

瑶族侵掠、佃据省地，或归附后迁省地，耕垦纳税交租，当与汉民之生产方式趋同。

随着生产与生活方式发生变化，溪洞之民归化后还主动接受儒学教育和汉地社会风俗。《要录》卷151绍兴十四年（1144）二月丁亥条下载：

> 靖州乞依旧置新民学，教养溪洞归明子弟，以三十人为额。从之。

靖州在绍兴十四年之前就曾设有教养溪洞子弟的新民学，至是由朝廷批准复设。又《宋史》卷34淳熙元年（1174）四月条下载：

> 壬申，许桂阳军溪洞子弟入州学听读。

又李光《靖州通判胡公（份）墓志铭》言：

> 渠阳士亡几，公招携以礼，酋争遣子入学，士科对者，以内郡礼祖行，溪瑶向化，翕然守条，死要不相鱼劫。②

另汪藻《靖州营造记》言：

> 初，夷人散居溪谷间，各为酋长，及上版图职方氏为王民，与彼之山川壤比疆连，犬牙相入也。虽岁久，声教有覃，去椎髻之俗而饰冠巾，转侏离之音而通字画，奉官吏约束，一如中州。③

---

① 《宋传》所载系年不明，另参考《历代名臣奏议》卷336，宋孝宗乾道七年前知辰州章才邵上言，上海古籍出版社1989年影印本，第4363页。
② （宋）李光：《庄简集》卷18，《景印文渊阁四库全书》，台湾商务印书馆1986年版，第1128册，第630页。
③ （宋）汪藻：《浮溪集》卷19，《丛书集成初编》，商务印书馆民国二十四年排印本，第215—216页。此本"髻"本作"结"，今改之。

周必大《靖州太守李君发墓志铭》亦言：

> 今上［宋孝宗］登极，改靖州，转朝散郎。沅、靖介僚夷，控驭稍不至，鸱张蛇结，为害一方。公抚以诚信，兴崇学校，使荒远悍戾之习，浸淫教化，咸帖帖无事。①

可见沿边州军普遍设学以教化归明溪洞子弟，乃为蛮瑶移民汉化之重要途径，由此还可安抚蛮夷、移风易俗和稳定边境。

（二）加快少数民族地区的开发

这主要针对迁入溪洞之汉民而言。汉民因逃税、避罪、耕垦或被掳掠等原因进入溪洞，使少数民族地区得到开发。如上下梅山原为蛮瑶所据，开发程度不高，而自五代开始，有大量移民迁入此地。据《湖南移民表》之新化和安化表，五代有14例移民迁入，宋熙宁之前再迁入31例。熙宁中开梅山后得主客14809户，丁79089口，田260436亩，② 其中户口数应包括大量先前迁入之汉民。朝廷在此设安化、新化二县，应与先期迁入的移民对这一地区的开垦与开发有着密不可分的联系。又《长编》卷345元丰七年（1084）五月己酉载：

> 荆湖路相度公事、右司员外郎孙览言："……徽、诚蛮多典卖田与外来户，乞立法：溪峒典卖田与百姓，即计直立税，田虽赎，税仍旧。不二十年，蛮地有税者过半，则所入渐可减本路之费。乞下诚、沅、邵三州施行……。"诏："……立蛮人地税，……并施行。"

宋神宗元丰时，已有不少汉地百姓前往诚、徽、邵等州溪洞购买土地耕种，并且在人数上呈日渐增多的趋势。而朝廷乘机计直立税，说明湘西南溪洞蛮人土地已被汉民大量开垦利用。

（三）不利于边境稳定，并对省地之民的生产造成破坏

在迁往溪洞的汉民中间，有一些汉民挑动蛮瑶为乱，危害边境。如宋

---

① （宋）周必大：《省斋文集》卷33，《丛书集成三编》，台北新文丰出版公司1999年版，第46册，第478页。
② 《长编》卷245，熙宁六年五月癸亥，中华书局1979—1995年点校本，第5956页。

仁宗庆历三年（1043）前后，"有吉州巫黄捉鬼与其兄弟数人皆习蛮法，往来常宁，出入溪峒，诱蛮众数百人，盗贩盐，杀官军，逃匿峒中"①。宋孝宗时，武冈军客户郭三逃入靖州中洞，"诱引小夷姚明据有一洞田产，不遵王度。……聚众烧毁来威、零溪两寨，杀戮人民"②。而武冈之新宁、永州之东安等地溪洞亦有"游民恶少之弃本者，商旅之避征税者，盗贼之亡命者，往往由之以入，萃为渊薮，交相鼓扇，深为边患。如武冈杨再兴、桂阳陈峒相继为乱，实原于此"③。南宋大臣周必大也在一道奏折中说："辰、沅、靖三州之蛮，粗知曲折，大抵散居诸洞，莫相统摄，初无背叛之意。只缘沿边州县作过之吏与夫奸滑小人，因事逃入洞中，多方扇诱，遂至侵扰省地。"④

蛮瑶向省地迁徙，往往采取强行侵占的方式，这就会对省地之民的生产造成破坏。如唐末之时，溪洞蛮僚乘乱"颇恣侵掠，为居民患"⑤。北宋时，澧州蛮侵占汉地达四百里，汉民不得不向朝廷申诉。⑥南宋时，沅陵之浦口，本是地平土肥、多水田之地，为蛮瑶侵略后，"民皆转徙而田野荒秽"⑦。

第二节 唐宋湖南移民在湖南移民史上之地位

这主要通过对比历代湖南移民个案的分布，来了解唐宋时段之湖南移民在整个湖南移民史上之地位。而在目前已知的湖南移民个案中，以氏族资料所记录者数量最多、覆盖最全，故这一比较主要通过统计氏族资料所

---

① 《长编》卷143，庆历三年九月乙丑，中华书局1979—1995年点校本，第3430页。
② （宋）周必大：《周益公奏议》卷6《乞申严谋人溪洞人法》，《丛书集成三编》，台北新文丰出版公司1999年版，第19册，第186页。另参考《宋史》卷494《蛮夷二·西南溪峒诸蛮下》，中华书局1977年标点本，第14191页。
③ 《宋史》卷494《蛮夷二·西南溪峒诸蛮下》，中华书局1977年标点本，第14193—14194页。
④ （宋）周必大：《周益公奏议》卷6《乞申严谋人溪洞人法》，《丛书集成三编》，台北新文丰出版公司1999年版，第19册，第186页。
⑤ 《长编》卷4，乾德元年八月甲申，中华书局1979—1995年点校本，第103页。
⑥ 《长编》卷78，大中祥符五年八月己亥，中华书局1979—1995年点校本，第1778页。
⑦ 《宋史》卷494《蛮夷二·西南溪峒诸蛮下》，中华书局1977年标点本，第14192页。

记载的个案来进行。

一 唐宋域际迁入移民与历代域际迁入移民之比较

据表6-2-1对《湖南移民表》所作统计，湖南历代域际迁入移民个案及其所占百分比依次为：隋以前33例，占0.6%；唐代89例，占1.6%；五代114例，占2.1%；宋代853例，占15.6%；元代689例，占12.6%；明代2699例，占49.4%；清代685例，占12.5%；迁移时间不详者299例，占5.5%。从移民个案总量及其所占比重来看，唐宋之宋代位列上述七个年代之第二，五代第五，唐代第六，唐宋总计1056例，为历代移民之19.3%，近五分之一。再从各时段之内年平均个案（总个案除以总年份）来看，隋以前为0.03，唐代为0.31，五代为2.15，宋代为2.67，元代为7.74，明代为9.78，清代为2.57，平均为2.29。从隋以前至明代呈明显的递增趋势，到清代则已大大回落。在湖南移民发展的这一趋势中，唐宋是一个明显的转变：唐代较隋以前增长10倍，五代又为唐之7倍，接近历史平均水平，宋代则为唐之8.6倍，始超过历史平均水平。此后之元明时期虽移民人数众多，却再没有如唐宋时期之快速增长，元代为宋之2.9倍，明代为宋之3.7倍，皆远远低于唐宋时期7—10倍之增长。但唐宋六百多年的年平均个案较少（1.6），仅为同跨六百余年的元明清年平均个案（6.4）的四分之一。

表6-2-1　　　　　　湖南历代域际迁入移民之分布

	隋以前	唐代	五代	宋代	元代	明代	清代	不详	总计
个案总数（例）	33	89	114	853	689	2699	685	299	**5461**
比重（%）	0.6	1.6	2.1	15.6	12.6	49.4	12.5	5.5	**100**
年平均个案（例）	0.03	0.31	2.15	2.67	7.74	9.78	2.57	——	**2.29**

资料来源：《湖南移民表》，中国戏剧出版社2008年版。

说明："年平均个案"是指相应历史时段移民个案总数与所跨年份相除而得的个案数。各个时段起止年份依次为：隋以前（公元前475[1]—618），唐代（618—907），五代（907—960），宋代（960—1279），元代（1279—1368），明代（1368—1644），清代（1644—1911）。

---

[1] 个案最早者见于战国。

二 唐宋域际迁出移民与历代域际迁出移民之比较

据表6-2-2对氏族资料所作统计,湖南历代域际迁出移民个案及其所占比重依次为:确定为隋以前者无;唐代2例,占0.3%;五代7例,占0.9%;宋代26例,占3.5%;元代11例,占1.5%;明代43例,占5.7%;清代88例,占11.7%;不详年代572例,占76.5%。由于不详年代者接近八成,会在很大程度上影响历代域际迁出移民在各个时段分布之比例,但据历代移民之背景来看,年代确定之移民个案在历代之分布大体上是与历史实际相吻合的。从移民个案总量及其所占比重来看,唐宋之宋代位列七个年代之第三,五代第五,唐代第六,与在历代域际迁入移民之位置大体相当,说明在唐宋时期,域际迁入移民与域际迁出移民基本是正相关的关系:迁入较少的时期,迁出亦少;迁入较多的时期,迁出亦较多。而明清时期则与之完全相反。再从各时段之内年平均个案来看,隋之前无考,唐代为0.007,五代为0.132,宋代为0.082,元代为0.124,明代为0.156,清代为0.33,平均为0.315。从唐代至清代大体呈增长趋势。其中有两个急剧增长的时期,一是从唐代到五代,增长近19倍;另一为明代至清代,增长约2倍余,而五代至明代比较平稳,中间只有宋代稍低。换言之,在历代域际迁出移民的发展过程中,唐宋之五代是一个重要的转折时期,之前时段近于无的状况自此得到改变,并开启此后历代长时间迁出移民的年平均水平,直到清代才有大规模的突破。若将时间跨度大略相当的唐宋与元明清相比较,前者之年平均个案(0.053)仅为后者(0.225)之四分之一。

表6-2-2 湖南历代域际迁出移民之分布

	隋以前	唐代	五代	宋代	元代	明代	清代	不详	总计
个案总数(例)	0	2	7	26	11	43	88	575	752
比重(%)	0	0.3	0.9	3.5	1.5	5.7	11.7	76.5	100
年平均个案(例)	0	0.007	0.132	0.082	0.124	0.156	0.33	——	0.315

资料来源:《湖南移民表·迁出移民表》,中国戏剧出版社2008年版。
说明:参见表6-2-1之说明。

三 唐宋域内移民与历代域内移民之比较

据表6-2-3对《湖南移民表》所作统计，历代域内移民个案及其所占比重依次为：隋代以前1例，占0.02%；唐代9例，占0.2%；五代15例，0.36%；宋代259例，占6.2%；元代224例，占5.4%；明代1008例，占24.1%；清代977例，占23.4%；不详年代1691例，占40.4%。不详年代者达四成，也会在一定程度上影响移民个案在各个时段的分布比例。从年代确定的个案分布来看，唐宋之宋代居七个时段之第三，五代位第五，唐代为第六。唐宋总计283，为历代总数之6.8%，考虑到年代不确定之移民个案，这个比例应稍高。再从各时段之内年平均个案来看，隋代以前为0.0009，唐代为0.03，五代为0.28，宋代为0.81，元代为2.52，明代为3.65，清代为3.66，平均为1.75。从隋以前至清代一直呈现递增趋势。在湖南域内移民发展的这一趋势中，唐宋是一个增长幅度最大的时期，从隋以前至唐代增长33倍，五代又比唐代增长9余倍，而宋代则为唐代之27倍。而之后的元代为宋代之3.1倍，明清为宋代之4.5倍，是相对比较稳定的增长期，再也没出现过像唐宋时那样的高速增长。但唐宋年平均个案整体较少（0.43），与元明清相差悬殊（3.5），仅为其八分之一。

表6-2-3　　　　　　　湖南历代域内移民之分布

	隋以前	唐代	五代	宋代	元代	明代	清代	不详	总计
个案总数（例）	1	9	15	259	224	1008	977	1691	**4184**
比重（%）	0.02	0.2	0.36	6.2	5.4	24.1	23.4	40.4	**100**
年平均个案（例）	0.0009	0.03	0.28	0.81	2.52	3.65	3.66	—	**1.75**

资料来源：《湖南移民表》，中国戏剧出版社2008年版。
说明：参见表6-2-1之说明。

以上分别从域际迁入移民、域际迁出移民和域内移民三个方面比较了唐宋移民与历代移民在个案总数与比重、年平均个案等方面的差异，以及在历代移民趋势中的独特之点，大体可以得出有关湖南区域之唐宋移民在历代移民中地位的如下一些结论。一是从总量与所占比重来看，唐宋移民较之前的时期，数量较多，较之后的时期，数量较少，两者悬殊均较大，而从单个时段来看，唐宋之宋代始终列于七个时段之前二、三位，唐、五代则始终居于第六、第五的位置；在唐宋时期之内，时段靠前，数量较少，时段靠后，数量较多，其间悬殊亦较大。二是从移民年平均个案来看，唐宋移民较之前的时期较多，较之后的时期较少，悬殊同样较大，无论从单个时段，还是从整体来看，一般都是如此（域际迁入之清代为例外）；在唐宋时段之内，时间靠前者较少，时间靠后者较多（域际迁出例外）。三是从移民发展的趋势来看，唐宋时期是增长最快的时期，但其总量仍很少，而之前的时期不仅数量更少，增长速度也是最慢的时期，之后的时期虽在数量上要远远超过唐宋，但其增长速度要相对平稳。

参考文献

一 基本史料

（一）正史、野史、笔记和碑刻等史料

[1]（汉）班固：《汉书》，中华书局1964年标点本。

[2]（唐）魏征等：《隋书》，中华书局1973年标点本。

[3]（唐）道宣：《续高僧传》，《中华大藏经》，中华书局1993年影印本，汉文部分，第61册。

[4]（唐）李吉甫：《元和郡县图志》，中华书局1983年点校本。

[5]（唐）吴兢：《贞观政要》，齐鲁书社2000年点校本。

[6]（唐）李肇：《唐国史补》，上海古籍出版社1979年标点本。

[7]（唐）范摅：《云溪友议》，古典文学出版社1957年标点本。

[8]（唐）杜甫著，（清）仇兆鳌注：《杜甫全集》，珠海出版社1996年点校本。

[9]（唐）柳宗元：《柳宗元集》，中华书局1979年校点本。

[10]（唐）刘禹锡：《刘禹锡集》，中华书局1990年点校本。

[11]（唐）元结：《元次山集》，中华书局1960年点校本。

[12]（唐）高仲武：《中兴间气集》，《唐人选唐诗（十种）》，上海古籍出版社1978年版。

[13]（唐）戴孚：《广异记》，《中华野史》，泰山出版社2000年辑录整理本，唐朝卷。

[14]（唐）沈汾：《续仙传》，《景印文渊阁四库全书》，台湾商务印书馆1986年版，第1059册。

[15]（五代）韦庄著，聂安福笺注：《韦庄集笺注》，上海古籍出版社

2002年版。

[16]（五代）王定保：《唐摭言》，中华书局1959年标点本。

[17]（后晋）刘昫等：《旧唐书》，中华书局1975年标点本。

[18]（南唐）静筠二禅师：《祖堂集》，中华书局2007年点校本。

[19]（宋）王溥：《唐会要》，中华书局1955年排印本。

[20]（宋）孙光宪：《北梦琐言》，《全宋笔记》，大象出版社2003年点校本，第1编，第1册。

[21]（宋）乐史：《宋本太平寰宇记》，中华书局2000年影印本。

[22]（宋）欧阳修等：《新唐书》，中华书局1975年标点本。

[23]（宋）宋敏求编：《唐大诏令集》，商务印书馆1959年排印本。

[24]（宋）薛居正等：《旧五代史》，中华书局1976年标点本。

[25]（宋）欧阳修：《新五代史》，中华书局1974年标点本。

[26]（宋）陶岳：《五代史补》，《中华野史》，泰山出版社2000年整理本，宋朝卷一。

[27]（宋）徐铉：《徐骑省集》，商务印书馆民国二十六年（1937）排印本。

[28]（宋）王珪：《华阳集》，商务印书馆民国二十四年（1935）排印本。

[29]（宋）路振：《九国志》，齐鲁书社2000年点校本。

[30]（宋）司马光：《资治通鉴》，中华书局1956年标点本。

[31]（宋）李昉等编：《文苑英华》，中华书局1966年影印本。

[32]（宋）姚铉编：《唐文粹》，任继愈主编《中华传世文选》，吉林人民出版社1998年版。

[33]（宋）曾公亮等：《武经总要》，《中国兵书集成》，解放军出版社等1988年影印本，第3—5册。

[34]（宋）徐铉：《稽神录》，《宋元笔记小说大观》，上海古籍出版社2001年校点本，第1册。

[35]（宋）李昉等编：《太平广记》，中华书局1961年点校本。

[36]（宋）曾慥编：《类说》，文学古籍刊行社1955年影印本。

[37]（宋）王铚：《默记》，中华书局1981年点校本。

[38]（宋）李焘：《续资治通鉴长编》，中华书局1979—1995年点校本。

[39]（宋）周羽翀：《三楚新录》，《全宋笔记》，大象出版社2003年点校本，第1编，第2册。

[40]（宋）龙衮：《江南野史》，《全宋笔记》，大象出版社 2003 年点校本，第 1 编，第 3 册。

[41]（宋）郑文宝：《江表志》，《全宋笔记》，大象出版社 2003 年点校本，第 1 编，第 2 册。

[42]（宋）张唐英：《蜀梼杌》，商务印书馆民国二十八年（1939）排印本。

[43]（宋）夏竦：《文庄集》，《景印文渊阁四库全书》，台湾商务印书馆 1986 年版，第 1087 册。

[44]（宋）苏颂：《苏魏公文集》，中华书局 2004 年点校本。

[45]（宋）余靖撰，（民国）黄佛颐辑：《武溪集》，《丛书集成续编》，台北新文丰出版公司 1988 年版，第 124 册。

[46]（宋）刘挚：《忠肃集》，《丛书集成新编》，台北新文丰出版公司 1985 年版，第 62 册。

[47]（宋）曾巩：《曾巩集》，中华书局 1998 年点校本。

[48]（宋）苏辙：《苏辙集》，中华书局 1990 年校点本。

[49]（宋）张齐贤：《洛阳搢绅旧闻记》，《丛书集成初编》，商务印书馆民国二十八年（1939）排印本。

[50]（宋）马令：《南唐书》，《丛书集成初编》，商务印书馆民国二十四年（1935）排印本。

[51]（宋）王谠撰，周勋初校证：《唐语林校证》，中华书局 1987 年版。

[52]（宋）刘攽：《彭城集》，《丛书集成新编》，台北新文丰出版公司 1985 年版，第 61 册。

[53]（宋）马永易：《实宾录》，《景印文渊阁四库全书》，台湾商务印书馆 1986 年版，第 920 册。

[54]（宋）阮阅编：《诗话总龟》，人民文学出版社 1987 年校点本。

[55]（宋）邓椿：《画继》，于安澜编《画史丛书》，上海人民美术出版社 1963 年版，第 1 册。

[56]（宋）李心传：《建炎以来系年要录》，中华书局 1956 年排印本。

[57]（宋）李纲：《李纲全集》，岳麓书社 2004 年点校本。

[58]（宋）徐梦莘：《三朝北盟会编》，上海古籍出版社 1987 年影印本。

[59]（宋）汪藻：《浮溪集》，《丛书集成初编》，商务印书馆民国二十四年（1935）排印本。

[60]（宋）王称：《东都事略》，齐鲁书社 2000 年点校本。

[61]（宋）晁公武撰，孙猛校证：《郡斋读书志校证》，上海古籍出版社 1990 年版。

[62]（宋）庄绰：《鸡肋编》，中华书局 1983 年点校本。

[63]（宋）朱熹：《晦庵先生朱文公文集》，《朱子全书》，上海古籍出版社等 2002 年校点本，第 20—25 册。

[64]（宋）张栻：《新刊南轩先生文集》，《宋集珍本丛刊》，线装书局 2004 年影印本，第 60 册。

[65]（宋）魏了翁：《鹤山先生大全文集》，《四部丛刊集部》，商务印书馆民国十一年（1922）再版影印本。

[66]（宋）杨万里撰，辛更儒笺校：《杨万里集笺校》，中华书局 2007 年版。

[67]（宋）胡寅：《斐然集》，中华书局 1993 年点校本。

[68]（宋）胡宏：《胡宏集》，中华书局 1987 年点校本。

[69]（宋）孙觌：《鸿庆居士集》，《丛书集成续编》，台北新文丰出版公司 1988 年版，第 127 册。

[70]（宋）王庭珪：《卢溪文集》，《景印文渊阁四库全书》，台湾商务印书馆 1986 年版，第 1134 册。

[71]（宋）陆游：《南唐书》，《陆放翁全集》，中国书店 1986 年版，上册。

[72]（宋）陆游：《老学庵笔记》，中华书局 1979 年点校本。

[73]（宋）叶适：《叶适集》，中华书局 1961 年点校本。

[74]（宋）曾敏行：《独醒杂志》，上海古籍出版社 1986 年标校本。

[75]（宋）廖行之：《省斋集》，《景印文渊阁四库全书》，台湾商务印书馆 1986 年版，第 1167 册。

[76]（宋）欧阳守道：《巽斋文集》，《景印文渊阁四库全书》，台湾商务印书馆 1986 年版，第 1183 册。

[77]（宋）韩元吉：《南涧甲乙稿》，《丛书集成新编》，台北新文丰出版公司 1985 年版，第 63 册。

[78]（宋）孙应时：《烛湖集》，《景印文渊阁四库全书》，台湾商务印书馆 1986 年版，第 1166 册。

[79]（宋）曹彦约：《昌谷集》，《景印文渊阁四库全书》，台湾商务印书

馆 1986 年版，第 1167 册。

[80]（宋）真德秀：《西山先生真文忠公文集》，《四部丛刊集部》，商务印书馆民国十一年（1922）再版影印本。

[81]（宋）刘克庄：《后村先生大全集》，《四部丛刊集部》，商务印书馆民国十一年（1922）再版影印本。

[82]（宋）彭龟年：《止堂集》，《丛书集成新编》，台北新文丰出版公司 1985 年版，第 64 册。

[83]（宋）周必大：《周益公奏议》，《丛书集成三编》，台北新文丰出版公司 1999 年版，第 19 册。

[84]（宋）周必大：《省斋文集》，《丛书集成三编》，台北新文丰出版公司 1999 年版，第 46 册。

[85]（宋）周必大：《平园续稿》，《丛书集成三编》，台北新文丰出版公司 1999 年版，第 46、47 册。

[86]（宋）岳珂：《鄂国金佗稡编续编》，中华书局 1989 年校注本。

[87]（宋）洪迈：《夷坚志》，中华书局 2006 年点校本。

[88]（宋）王存：《元丰九域志》，中华书局 1984 年点校本。

[89]（宋）王象之：《舆地纪胜》，江苏广陵古籍刻印社 1991 年影印本。

[90]（宋）祝穆撰，（宋）祝洙增定：《方舆胜览》，中华书局 2003 年点校本。

[91]（宋）刘弇：《龙云先生文集》，《丛书集成续编》，台北新文丰出版公司 1988 年版，第 183 册。

[92]（宋）张世南：《游宦纪闻》，中华书局 1981 年点校本。

[93]（宋）赞宁：《宋高僧传》，中华书局 1987 年点校本。

[94]（宋）道原：《景德传灯录》，《永乐北藏》，线装书局 2001 年影印本，第 153 册。

[95]（宋）普济：《五灯会元》，中华书局 1984 年点校本。

[96]（宋）契嵩著，邱小毛校注：《〈镡津文集〉校注》，硕士学位论文，广西大学，2003 年。

[97]（宋）惠洪：《禅林僧宝传》，《景印文渊阁四库全书》，台湾商务印书馆 1986 年版，第 1052 册。

[98]（宋）晓莹：《罗湖野录》，《中华野史》，泰山出版社 2000 年整理本，宋朝卷二。

[99]（宋）楼钥：《攻愧集》,《丛书集成新编》,台北新文丰出版公司1985年版,第64册。

[100]（宋）陈傅良：《陈傅良先生文集》,浙江大学出版社1999年点校本。

[101]（宋）李幼武：《四朝名臣言行录》,《宋名臣言行录五集》,台北文海出版社1967年影印本,第2册。

[102]（宋）徐自明撰,王瑞来校补：《宋宰辅编年录校补》,中华书局1986年版。

[103]（宋）陈振孙：《直斋书录解题》,上海古籍出版社1987年点校本。

[104]（元）虞集：《道园学古录》,《四部备要集部》,中华书局民国二十五年（1936）校刊本。

[105]（元）脱脱等：《宋史》,中华书局1977年标点本。

[106]（元）杜本：《谷音》,《丛书集成新编》,台北新文丰出版公司1985年版,第57册。

[107]（元）佚名：《东南纪闻》,《丛书集成新编》,台北新文丰出版公司1985年版,第87册。

[108]（元）佚名：《东园友闻》,《丛书集成新编》,台北新文丰出版公司1985年版,第87册。

[109]（明）黄淮等编：《历代名臣奏议》,上海古籍出版社1989年影印本。

[110]（明）李贤等：《大明一统志》,台北台联国风出版社1977年影印本。

[111]（明）杨慎：《丹铅总录》,《景印文渊阁四库全书》,台湾商务印书馆1986年版,第855册。

[112]（明）杨慎：《升菴集》,《景印文渊阁四库全书》,台湾商务印书馆1986年版,第1270册。

[113]（明）高棅：《唐诗品汇》,上海古籍出版社1982年版。

[114]（明）王鏊：《姑苏志》,《景印文渊阁四库全书》,台湾商务印书馆1986年版,第493册。

[115]（清）徐松：《登科记考》,中华书局1984年点校本。

[116]（清）吴任臣：《十国春秋》,中华书局1983年点校本。

[117]（清）毕沅：《续资治通鉴》,中华书局1957年标点本。

[118]（清）董诰等编:《全唐文》,中华书局1983年影印本。
[119]（清）徐松辑:《宋会要辑稿》,中华书局1957年影印本。
[120]（清）厉鹗:《宋诗纪事》,上海古籍出版社1983年点校本。
[121]（清）黄宗羲原著,（清）全祖望补修:《宋元学案》,中华书局1982年点校本。
[122]（清）王士禛:《池北偶谈》,中华书局1982年点校本。
[123]（清）王士禛原编,郑方坤删补:《五代诗话》,人民文学出版社1998年校点本。
[124]（清）李调元编:《全五代诗》,巴蜀书社1992年点校本。
[125]（清）穆彰阿等编纂:《大清一统志》,《四部丛刊续编史部》,商务印书馆民国二十三年（1934）影印本。
[126] 屈守元等:《韩愈全集校注》,四川大学出版社1996年版。
[127] 中华书局编辑部点校:《全唐诗（增订本）》,中华书局1999年点校本。
[128] 新文丰出版公司编辑部编:《石刻史料新编》,台北新文丰出版公司1977—2006年影印本,第1—4辑。
[129] 周绍良等编:《唐代墓志汇编》,上海古籍出版社1992年版。
[130] 王仲镛:《唐诗纪事校笺》,巴蜀书社1989年版。
[131] 北京大学古文献研究所编:《全宋诗》,北京大学出版社1998年版。
[132] 傅璇琮主编:《唐才子传校笺》,中华书局2000年版。
[133] 李修生主编:《全元文》,凤凰出版社2004年点校本。

（二）氏族类资料

[1]（清）黄宅中等修,（清）邓显鹤等纂:道光《宝庆府志》,清道光二十九年（1849）廉溪书院刻本。
[2]（清）郭嵩焘等纂修:光绪《湘阴县图志》,清光绪六年（1880）湘阴县志局刻本。
[3]（清）刘德馨修,（清）刘奎编:光绪《耒阳乡土志》,清光绪三十二年（1906）木活字印本。
[4]（清）刘朝熙修,（清）李仙培纂:光绪《永兴乡土志》,清光绪三十二年（1906）活字本。
[5]（清）查庆绥修,（清）谢馨槐纂:光绪《郴州直隶州乡土志》,湖南

249

图书馆藏 1978 年传抄光绪三十二年（1906）刊本。

[6]（清）王树人修，（清）侯昌铭编：光绪《永定县乡土志》，民国九年（1920）铅印清光绪三十二年（1906）刻本。

[7]（清）上官廉等修，（清）姚炳奎等纂：光绪《邵阳县乡土志》，清光绪三十三年（1907）刻本。

[8]（清）朱蔚亭修，（清）黄徵纂：光绪《浏阳乡土志》，湖南图书馆藏光绪三十四年（1908）稿本。

[9]（清）张德昌纂修：光绪《武冈州乡土志》，清光绪三十四年（1908）活字印本。

[10]（清）金蓉镜纂辑：光绪《靖州乡土志》，清光绪三十四年（1908）刊本。

[11]（清）佚名：光绪《会同乡土志拟稿》，湖南图书馆藏光绪抄本。

[12]（民国）吴剑佩等修，（民国）金立淇纂：民国《溆浦县志》，民国十年（1921）活字印本。

[13]（民国）王彬等修，（民国）雷飞鹏等纂：民国《嘉禾县图志》，民国二十年（1931）刻本。

[14]（民国）陈必闻等修，（民国）庐纯道等纂：民国《汝城县志》，民国二十一年（1932）活字印本。

[15]（民国）雷飞鹏修，（民国）成守廉纂：民国《蓝山县图志》，民国二十二年（1933）刻本。

[16]（民国）陈书农修，（民国）段毓云编：民国《南县志备忘录》，湖南图书馆藏民国二十六年（1937）稿本。

[17]（民国）曹家铭修，（民国）邓典谟纂：民国《宜章县志》，民国三十年（1941）活字印本。

[18]（民国）申悦庐修，（民国）郑廉侯纂：民国《石门县志稿》，民国三十三年（1944）石印本。

[19]（民国）张翰仪等修，（民国）徐謇儒纂：民国《益阳县志》，民国三十三年（1944）稿本。

[20]（民国）文骏等纂修：《桃源县志初稿》，湖南图书馆藏民国三十七年（1948）稿本。

[21]（民国）陈鲲修，（民国）刘谦纂：民国《醴陵县志》，民国三十七年（1948）长沙湘行印刷厂铅印本。

[22]（民国）黄绍琼编：民国《湘阴县高明乡志》，湖南图书馆藏民国三十七年（1948）稿本。

[23]（民国）湖南省文献委员会：湖南诸姓《氏族源流》（200余册），湖南图书馆藏民国三十六年—三十八年（1947—1949）稿本。

[24]（民国）湖南省文献委员会：《湖南省志稿氏族志稿初编》（12册），湖南图书馆藏民国三十六年—三十八年（1947—1949）稿本。

[25]（民国）湖南省文献委员会：《汝城姓氏源流》，湖南图书馆藏民国三十六年—三十八年（1947—1949）稿本。

[26]（民国）湖南省文献委员会：《蓝山县氏族源流调查表》，湖南图书馆藏民国三十六年—三十八年（1947—1949）稿本。

[27]（民国）湖南省文献委员会：《桃源县氏族志》，湖南图书馆藏民国三十六年—三十八年（1947—1949）稿本。

[28]（民国）钟显尧纂：民国《常宁文献四辑》，民国三十八年（1949）常宁德泰生石印本。

[29] 衡山县县志编纂委员会：《衡山县志》，岳麓书社1991年版。

[30] 湖南省永州、冷水滩市地方志联合编纂委员会：《零陵县志》，中国社会出版社1992年版。

[31] 双峰县志编纂委员会：《双峰县志》，中国文史出版社1993年版。

[32] 桃江县志编纂委员会：《桃江县志》，中国社会出版社1993年版。

[33] 安化县地方志编纂委员会：《安化县志》，社会科学文献出版社1993年版。

[34] 道县志编纂委员会：《道县志》，中国社会出版社1994年版。

[35] 桂阳县志编纂委员会：《桂阳县志》，中国文史出版社1994年版。

[36] 湖南省平江县志编纂委员会：《平江县志》，国防大学出版社1994年版。

[37] 谭宗林：《麻阳姓氏》，政协麻阳苗族自治县委员会文史资料研究委员会文史资料专辑1994年版。

[38] 湘潭县地方志编纂委员会：《湘潭县志》，湖南出版社1995年版。

[39] 马亮生：《湖南回族史料辑要》，湖南出版社1995年版。

[40] 陈良学：《湖广移民与陕南开发》，三秦出版社1998年版。

[41] 湖南省通道侗族自治县县志编纂委员会：《通道县志》，民族出版社1999年版。

[42] 胡能改：《梅山客户：新化姓氏探源》，香港国际炎黄文化出版社 2001 年版。
[43] 邹华享：《湖南家谱解读》，湖南人民出版社 2004 年版。
[44] 湖南图书馆编著：《湖南氏族源流》，岳麓书社 2006 年版。
[45] 薛政超：《湖南移民表：氏族资料所载湖南移民史料考辑》，中国戏剧出版社 2008 年版。

二 论文及专著

[1] 张希清：《论宋代科举取士之多与冗官问题》，《北京大学学报（哲学社会科学版）》1987 年第 5 期。
[2] 曹树基：《湖南人由来新考》，《历史地理》第 9 辑，上海人民出版社 1990 年版。
[3] 王云裳：《〈宋史·刘锜传〉补正》，《浙江学刊》1995 年第 5 期。
[4] 何忠礼：《略论南宋初年平定游寇的斗争》，《浙江大学学报（人文社会科学版）》1999 年第 4 期。
[5] 谭其骧：《湖南人由来考》，《长水粹编》，河北教育出版社 2000 年版。
[6] 高明峰：《吴可新研二题》，《绍兴文理学院学报》2004 年第 1 期。
[7] 王立新：《胡门的向氏弟子》，《湖南科技大学学报（社会科学版）》2004 年第 3 期。
[8] 程杰：《墨梅始祖花光仲仁生平事迹考》，《南京师大学报（社会科学版）》2005 年第 1 期。
[9] 四川省文史研究馆：《杜甫年谱》，四川人民出版社 1958 年版。
[10] 卞孝萱：《刘禹锡年谱》，中华书局 1963 年版。
[11] 吴廷燮：《唐方镇年表》，中华书局 1980 年版。
[12] 赵效宣：《宋李天纪先生纲年谱》，《新编中国名人年谱集成》，台湾商务印书馆 1980 年版，第 9 辑。
[13] 翁俊雄：《唐初政区与人口》，北京师范学院出版社 1990 年版。
[14] 陈谷嘉、朱汉民：《湖湘学派源流》，湖南教育出版社 1992 年版。
[15] 冻国栋：《唐代人口问题研究》，武汉大学出版社 1993 年版。
[16] 吴松弟：《北方移民与南宋社会变迁》，台北文津出版社 1993 年版。

［17］彭武文：《溪州铜柱及其铭文考辨》，岳麓书社1994年版。
［18］张伟然：《湖南历史文化地理研究》，复旦大学出版社1995年版。
［19］翁俊雄：《唐朝鼎盛时期政区与人口》，首都师范大学出版社1995年版。
［20］葛剑雄主编，葛剑雄、吴松弟、曹树基著：《中国移民史》（第1—6卷），福建人民出版社1997年版。
［21］傅璇琮等：《唐五代文学编年史》，辽海出版社1998年版。
［22］翁俊雄：《唐后期政区与人口》，首都师范大学出版社1999年版。
［23］葛剑雄主编，葛剑雄、冻国栋、吴松弟、曹树基著：《中国人口史》（第1—6卷），复旦大学出版社2000—2002年版。
［24］李孝聪：《中国区域历史地理》，北京大学出版社2004年版。
［25］周振鹤主编，李昌宪著：《中国行政区划通史·宋西夏卷》，复旦大学出版社2007年版。
［26］梁方仲：《中国历代户口、田地、田赋统计》，中华书局2008年版。
［27］王勇：《湖南人口变迁史》，湖南人民出版社2009年版。

索　引

移民　1－9，11－15，24，26，28，36，39，48，52，55－57，78－84，95，97－99，101－105，120，122，123，125，128，132，133，135，151，152，154－167，169，171－176，178－196，198－223，225，227－231，233，234

上层移民　1，2，11－13，28，36，57，78，81，105，161，162，171，178，182，193，194，198，201，204，221，222，228－231

世俗移民　2，8，13，135

僧道移民　2，3，7，14，135，151，204，222，231

域际迁入移民　1－3，7，8，13，14，24，78，154，156－158，160，162，164，167，171，176，201，213，216，217，227－229，239－241

域际迁出移民　1－3，7，8，13，14，125，172，173，175，176，178－181，183，213，216，239－241

域内移民　1－3，7，8，13，14，151，152，183，185，187，188，190，191，213，217，240，241

移民身份　161，178

官僚士大夫　1，13，24，28－30，34，36，39，43，57，78，81－83，95，97，101，102，105，161，162，171，178，182，193，198，201，204，221，222，228

一般民户　1，11－14，24，26－29，34－36，39，53，55，57，78－81，99，101，102，104，105，124，161，171，178，182，195，198，203，204，215，217，221，222，227－229

游寇　97，98，102，214，233

良人　124，125

蛮瑶　128－131，133，134，201，209，219，234，237，238

生黎　234，235

迁入地　1，2，12－14，29，35，39，96，104，135，153，162－167，169，171，179－181，183，186－191，197，198，202－204，209－212，229

迁出地　1，2，8，13，14，88，153，154，156－158，160，162，

163，165，172－176，178－180，
182，184，185，189，190，192，
194，198，202，203
始迁地　8，12，87，96，173，
191，200
迁距　190，191，217
袁州　2，45，51，121，122，196，
199，207，208
醴陵　2，5，7，17，20，21，87－
89，99，163－165，167，174，
175，184，185，187，188，199，
207，208，222，224，226
吉州　2，43，52，57，89，93，
95，104，105，134，196，202，
203，206，207，211，238
攸县　2，17，20，21，46，96，
163－165，167，174，175，184，
185，187，188，207，224，226
筠州　2，45，208
浏阳　2，6，7，17，20，21，47，
79，89，97，121，122，140，151，
163－165，167，172－175，184，
185，187，188，208，221，222，
224，226
南昌　1，2，16，199，208
平江　2，5，16，20，22，80，97，
141，163－165，167，174，175，
184，185，187，188，208，218，
221，222，224，225，233
湖南　1－9，11－21，24，26－31，
33，36，38－57，78－85，88－90，
93，96－105，120－127，129－

131，133，135，140，141，143，
151－165，167，169，171－176，
178，180－186，188－210，212－
225，227－234，237－241
湘北　1，4，5，7，8，28，36，
57，81，102，104，105，151－
153，162－167，169－175，177－
179，184－188，190，191，196，
197，199，200，215，218，222－
225，229
湘东　7，8，28，36，57，81，96，
105，153，162－167，170－175，
177－179，184，185，187，188，
190，191，199，206，218，222－
226，229
湘中　2，5，7，28，30，36，40，
55，57，81，84，89，102－105，
153，162－167，170－175，177－
179，184，185，187，188，190，
191，198，199，205，206，208，
213，215，218，220，222 －
226，229
湘西　2，4，5，7，23，27，28，
36，57，81，105，128，131，151－
153，162－168，170－175，177－
179，184－191，199，200，206，
209，215，217，219，220，222－
226，229，234，237
湘西南　4，7，27，28，57，81，
105，153，162，163，165，166，
168，170－172，174，175，177－
179，184－187，189－191，199，

200，215，217，220，222－226，
229，237
溪洞　2，123，126－135，152，
163，164，172－174，178，201，
202，204，209，219，234－238
省地　9，13，128－132，134，
201，204，209，234－238
荆南　29，36－38，42，46，79，
81，90，97，98，100－102
荆湖　21－23，39，41，56，79，
80，87，88，90，93，97，99，101－
104，126，127，129，130，132－
135，152，195，196，201，204，
207，210，214，215，218，221，
234，235，237
湖湘　3，24，26，34，41，42，
44，45，47，53，54，56，57，83，
84，99，138，143，213，214，
222，229－231
梅山　6，7，11，22，129，130，
133，200，209－212，219，234，
235，237
氏族资料　1－9，11，12，14，28，
36，57，81，105，125，152，156，
158，161，162，165，167，171，
174，175，178，180－183，191，
193　－　195，216，217，227，
238，239
割据政权　3，37，38，43，46，
47，233
纳土　127－130，134
计直立税　133，200，237

跋 一

人生几何，又是三易寒暑匆匆过。

吾本天性鲁钝，又生于农耕之家，长于山樵土作，而不知诗书礼乐。后从小学到大学，再由读硕到攻博，一路走来，除机缘相助，可能还与湖南人与生俱来之"霸蛮"气概不无影响。在南大三载，生活于向以温文尔雅著称的江南之乡，湘民之性仍无多少改易。可博士阶段之为学非仅仅靠努力，还需在细致的学术规范里去耐心求索，今日得以顺利完成博士学位论文，吾师李昌宪先生居功最伟。先生尚朴学，每坐而论道，罕作天险海深之谈，所谆谆教诲者，无外乎明史料、溯史源、为真学问，南大素称百年学府，学术渊源深厚，吾等从先生身上已有最深刻之感受。又此文从选题到开题，从写作到修改，每一环节都凝聚了先生无数心血，尤其是初稿完成后，先生校对文字，核对史料，批注不当，无不一一仔细审阅。当先生反馈论文之时，吾心除感羞愧，更多者乃是对于先生的深深敬意！

本文在评阅及答辩过程中，宋史研究会会长朱瑞熙先生，浙江大学历史系何忠礼先生，南京大学历史系胡阿祥教授、胡成教授和夏维中教授，以及南京师范大学的施和金教授和湖南师范大学的曹松林教授都提出了中肯的批评与建议，如朱先生提出的史料版本问题，何先生提出的论文体例和移民分类问题，胡阿祥老师提出的移民图例问题，夏维中老师提出的移民对经济影响的问题，胡成老师提出的理论提升问题，施和金老师提出的地理沿革问题，曹松林老师提出的表格排列问题等，不一而足，为本文的修改与提升指明了方向。胡阿祥老师还多次指导，借予珍藏书籍。前辈学者严谨的治学态度和对后辈学生的鼓励与支持，令我终生难忘。

在搜集资料的过程中，湖南图书馆历史文献部的寻霖主任，姜彦稚、龙玉明、文红英等老师提供了热情周到的服务，在此深表感谢。

求学三年，疲于奔命，幸有佳邻好友在生活上经常给予照顾，让我经常有"蹭"饭吃的机会，如石小叶、肖婷夫妇，蒋敏、陈志超夫妇，邓小虎、赵曦夫妇，以及夏雪等，一并致谢！

吾之父母，有养育之恩，有期盼之心，有牵挂之情，虽不知他们的儿子之所学所研，但仍是吾心向上、刻苦奋进之力量来源，谨以此文上达谢意。

薛政超

2006 年 6 月 4 日于南大上海路博士生公寓

跋 二

从南京大学历史系毕业九年之后，当年借以获得博士证书的学位论文终于要出版了，欣慰之余，当然会有一些感慨。

在攻读博士学位之初，本想延续硕士阶段的研究，继续做唐宋时期的民族政策，而导师李昌宪先生认为此选题较为陈旧，意义不大，让我多考虑考虑。当时复旦学者的多卷本《中国移民史》已出版，受到学术界的广泛关注，先生便让我从图书馆借来阅读，并向他汇报读书心得。说实在话，一开始看到由这些名家写成的皇皇巨著，心中只有崇拜，觉得是前无古人、后无来者之作，想要有新的突破很难。后来先生让我从核对补充史料入手，以唐宋湖南的移民研究作为学位论文的选题。我虽心中没底，但还是硬着头皮应了下来。研究具体从两方面着手：一是查阅、核对和扩充正史、野史、笔记、碑刻等基本史料；二是回到我的家乡湖南，搜集整理家谱、方志中的材料。其中后者所费时间较长，前后用时一年多，但收获也比较大，特别是发现了很多尚未使用过的氏族资料。在前一方面的工作中也找到了已有研究中不少需要订正和补充的地方。这就给了我很大的信心。这两方面的工作完成后，论文的写作相对要简单一些，所以按时提交了论文并完成了答辩。

答辩之前还有一个很有意思的插曲。当时请了一位答辩老师，他看了我的论文之后，就在上课时跟一个班的博士生说，"胆子真大，名家做过的东西也敢再来做"。由于我的同门师弟也在这个班上，这个消息就很快传到了李先生那里。先生一听很紧张，立刻找到我，问："自认为写得怎么样？"我安慰先生说："没问题，不会丢脸！"后来答辩时，包括那位老师在内的所有答辩委员评价都不错，以全"A"的成绩顺利通过了答辩。

博士毕业之后，我将论文的基本思路做了一些调整，在《中国历史地理论丛》《国学研究》等刊物发表了系列论文十余篇，并以此为基础成功申请获得国家社科基金立项。提交的结题成果，除了仔细核对史料和调整部分结构，还补充删减了一些移民个案，最终以良好等级结项，并入选到第四批《中国社会科学博士后文库》出版。

这是拙稿写作的由来及伴生的一些"故事"，其实也是我学术心路历程中重要的一环。在此之前，曾经一度认为史无用处，一心想考社会学的博士，不仅系统钻研了相关理论与方法，还看了一本名叫"*Sociology*"的英文原版书。而近来的研究，已转向到经济史领域做一些较宏观的课题，也不再纠缠于历史学意义的问题（或者说已经找到答案）。我想说的是，无论是所读不同学科之书，还是所研小题或大作，都能扩展视野，丰富思维的向度。

身在高校，常有各种"绩效"考核，又多又快地出科研成果成为了评价的风向标，实际上也确实有很多"牛人"在同样的时间段已出了十几本书，发表了上百篇论文，而本人出成果的速度相形而见绌，只有望之而兴叹。只是认为，学术之途虽然辛苦，先生们、老师们教给的治学原则和方法要始终坚持下去，做到在学术态度上的"专业"水准，至于学术能力上的"速度"或"高度"，各人自有先天资质上的差别，顺其自然吧！

薛政超

2015 年 7 月 16 日于昆明翡翠湾龟龙湖畔